中国书院旧事

曹华清　别必亮◎著

人民出版社

责任编辑：洪　琼

图书在版编目（CIP）数据

中国书院旧事 / 曹华清，别必亮　著 . — 北京：人民出版社，2021.5
ISBN 978－7－01－023334－5

I.①中…　II.①曹…②别…　III.①书院－教育史－中国　IV.① G649.299

中国版本图书馆 CIP 数据核字（2021）第 064022 号

中国书院旧事
ZHONGGUO SHUYUAN JIUSHI

曹华清　别必亮　著

人 民 出 版 社 出版发行
（100706　北京市东城区隆福寺街 99 号）

中煤（北京）印务有限公司印刷　新华书店经销

2021 年 5 月第 1 版　2021 年 5 月北京第 1 次印刷
开本：710 毫米 ×1000 毫米 1/16　印张：16.5
字数：260 千字

ISBN 978－7－01－023334－5　定价：59.00 元

邮购地址 100706　北京市东城区隆福寺街 99 号
人民东方图书销售中心　电话（010）65250042　65289539

目　录

1

前　言

著名史学家侯外庐指出："在历史上，书院是研究和传播儒学的文化教育机构。但它有别于官立学校，多半具有民间色彩，因而也比较容易普及。书院虽肇端于中唐之后，然至宋方盛。宋代书院的兴盛，为理学的出现准备了必要的条件，而理学浸盛又反过来促进了书院的发展。"① 事实的确如此，书院是我国古代特有的一种教育机构和学术研究场所，不仅对传播中华文明、推进世界文明向前发展作出了重大的贡献，还对我国教育、藏书、建筑、学术等文化事业的进步，对民俗民风的培植以及思维习惯与伦常观念的养成等都起到了巨大的作用。

书院教育历时一千多年，是我国教育发展史上的一颗璀璨明珠。书院在不同的发展时期，为了满足不同地区、不同层次读书人的文化需求，铸就了由底座到塔身、塔尖的教学等级之塔，下一级的书院不断地向上一级书院输送生源，形成了较为完备的书院教育体系。底层书院分布广、数量多，主要由私立家族书院和民办乡村书院组成，起着普及文化知识和社会教化的作用；中间层即塔身是县立书院，担负着传播文化知识与儒家思想及秉承朝廷旨意影响民间价值信仰的责任；高层的塔尖为州府

---

① 湖南大学岳麓书院文化研究所编：《岳麓书院一千零一十周年纪念文集》第一辑·序言，湖南人民出版社1986年版。

之类的书院，发挥着引导学术理念政治化、涵养学派、锻造传扬儒家精神和从事学术研究的任务，那些由学术大师主持或创建的书院大多如此。

作为教育场所，书院教育虽然也兼顾"举业"，但其根本追求是道德教化。为此，书院谨遵儒家的道德理想来设计人才培养模式，践行以"道"为核心的人文精神。为将道德教育渗透到教育教学活动的每一个环节，书院将其制度化为章程、学规等形式，使书院重视道德教育的人文精神充分彰显出来。比如，朱熹在白鹿洞书院订立的《白鹿洞书院揭示》中，要求生徒严格遵守儒家的道德规范。南宋以后，许多书院都遵循这一学规，只是在不同的时间根据各自的实际情况又补充了一些大同小异的条目。

书院诞生之初就与修书、藏书紧密相联。元代欧阳玄在《贞文书院记》中说："唐宋之世，或因朝廷赐名士之书，或以故家积书之多，学者就其书之所在而读之，因号为书院。及有司设官以治之，其制遂视学校……"唐代早期的官办书院是朝廷修书、侍讲的地方。唐朝立国之初，国家历经多年的战乱，百废待兴，为统一思想、繁荣文化、收集校勘和整理经籍，成立了专门机构。唐玄宗开元年间，在全国征集收藏于民间的图书，共收集到图书3060部、51852卷，尚不包括佛经、道经等，数量大大超过了前代。为了更好地整理这些图书，除了在国家藏书机关兼校书机关秘书省、弘文馆、崇文馆等处藏书和校书之外，还专门设置了丽正修书院，后改称集贤殿书院，掌管校刊经籍、征集遗书、辨明典章诸事务。正因为如此，清代诗人袁枚在《随园随笔》中认为："书院之名，起于唐玄宗时，丽正书院、集贤书院皆建于朝省，为修书之地，非士子肄业之所也。"

书院都有数量可观的藏书，只是限于环境和条件，在藏书规模上有大小的差别而已。图书的收集、整理与流通，始终是为书院的讲学活动服务的。书院建有藏书楼、尊经阁等，藏书种类多为经籍，一般按照经、史、子、集"四部法"进行分类排列，编有书本式目录以便查检，如岳麓书院曾先后有《岳麓书院新置官书总目录》《岳麓书院新捐书目录》《捐助岳麓书院书籍题名》三部藏书目录。藏书由书史或专人负责管理，利用"悬榜"的方法，公布藏书和借阅情况，如文正书院规定，"……诸书，须编目缮写悬牌书院门首，通晓阖邑多士""每月肄业诸生所借之书，须由斋成榜示门首，使借书者一览便知，免至相左"。书院藏书的主要来源有：朝廷赐书；地方官私人捐赠；地方豪绅、社会贤达及书院肄业生徒捐赠；地方官统一购书后分发；收藏书院山长、生徒所著书籍或校勘的书籍；书院自行刊刻的书籍与版片等。书院刻书印书的主要办法是：设局刻书，刊印经史著作和书院师生研习所得；刊印阅读参考书籍，包括学生课卷、课艺、论文、老师讲义、书院学规、章程、方志、先贤遗著等。

我国古代书院设置的地点一般选择在环境宁静、景色秀丽、绿水近绕的名山大川。书院的建造蕴含着山水人文交相辉映的美学表达，足发圣贤玄奥，以利澄心治学，正如朱熹在《石鼓书院记》中所说："予惟前代庠序之教不修，士病无所于学，往往择胜地，立精舍，以为群居讲习之所。"经过精心创意与规划建造的书院，不仅巧借天然的山川形胜之美，而且还汇集了楼台亭榭等人工景致之胜，匠心独运，别具一格。

我国古代书院建筑十分讲究中和、平易、含蓄的传统审美情趣。宫、庙、殿、堂、楼、馆、轩、舍、斋、廊、阁、阙、亭、台、坛、榭、坊、桥、园等种类繁多，按其性质和用途，可以分为祭祀纪念性建筑、讲学建筑、藏书建筑、生活居住建筑及供师生游人憩息的园林建筑等类别。祭祀建筑主要用来祭祀儒学创始人孔子、书院创始人先贤大师及其学脉传人，有文庙、供祠等；讲学建筑主要包括讲堂及大门、牌坊、石碑、学斋等；藏书建筑有藏书楼、尊经阁、典籍室等；生活居住建筑包括先生住的精舍、生徒住的学舍及饭堂、厨房等；园林建筑主要有月河、石桥、泮池、亭台、轩廊等。在建筑的布局上，受官学"左庙右学"形制的影响，一般左侧为供奉"至圣先师孔子之神位"的堂庙和祭祠，其后为藏书的楼阁；右侧为泮池、石桥、讲堂等。各地的书院所处地域环境不同，呈现出不同的建筑风格，如，金台书院有着京派的风格，嵩阳书院属中原风格，东林书院、学道书院有着江南的风格，岳麓书院属湖湘风格，尼山书院有着齐鲁的风格，白鹿洞书院属江西风格，关中书院则有着陕西的风格等。

书院作为我国古代知识分子治学读书、讲学授徒的文化组织，极大地推动了我国古代学术思想的繁荣。在这一组织中，相对宽松且独立自由的办学环境、纷至沓来的学术大师、师生相互答疑问难的脑力激荡场，都让书院成为我国古代学术创新的思想高地。宋代的程颐、程颢、朱熹、张栻、陆九渊、吕祖谦，明代的心学大师王阳明、湛若水、王艮、钱德洪，清代的汉学大师惠栋、钱大昕、王鸣盛等人都在相当长的时间内讲学于书院，他们的重要学术研究成果不少是在书院讲学过程中完成的。我国古代学术发展的三次高潮，即宋代的程朱新儒学、明代的王湛心学、清代的乾嘉汉学和实学都与书院息息相关。1901 年，光绪帝一纸诏令，改书院为学堂，终结了中国书院的发展历史。书院改制之后，胡适先生曾经感慨说："书院之废，实在是吾中国一大不幸事。一千年来学者自动的研究精神，将不复现于今日"。

事易时移，书院在人们的视野中已然淡去，但针对现代教育体制"批量化、标准化"的缺陷，人们又开始期待复兴书院，期望以书院的师徒授受方式，来加强对人的教化养成；寄望用这种"野蛮"自在的方式打破刻板的学术研究藩篱，为民间思想者提供学术理论创新的空间。2017 年 6 月 9 日，朱汉民教授在《中国艺术报》上撰文《激活书院，功莫大焉》，呼吁复兴书院价值、推动书院"申遗"。不料，朱汉民的申遗梦想被韩国捷足先登。2019 年 7 月 8 日，第 43 届联合国教科文组织世界遗产委员会会议上，"韩国新儒学书院"入选世界文化遗产名录。韩国书院深受中国儒家文化、中国书院的影响，韩国书院"申遗"成功，对我们来说无疑是巨大的冲击，让我们震惊。基于这样的背景，我们对这部 2011 年 8 月在山东画报出版社出版过的《中国书院的故事》做了增删修订，并更名为《中国书院旧事》，以期为人们追忆书院历史、传承书院"自动的研究精神"、弘扬中华优秀传统文化、从古代书院中吸取办学智慧打开一扇窗。全书分为书院成长轨迹、书院名人寻踪、书院名院集萃三个部分。

在上篇"书院成长轨迹"部分，讲述了书院从诞生到成熟，再到归于沉寂、尴尬重现的曲折历史。唐朝官方的丽正书院（后改为集贤书院）及民间的光石山书院、瀛洲书院、李公书院、张说书院、松洲书院等，从官、民两方面同时宣告了书院的诞生，一种新型文化组织的星星之火悄悄点燃。在五代离乱的环境里，许多文化人避入山林，聚徒讲学，民间书院由个人的读书治学之所逐渐向讲学机构转变。两宋是书院的发展成熟期，尽管发展过程曲折，但理学大师的偏爱及帝王的奖赐还是让书院走向了兴盛，其数量剧增，规制完备，造就了尊圣崇道、兼收并蓄、独立自主的书院文化，书院成为重要的思想文化与社会教育组织。元朝书院在宋朝遗民的坚守和政府的积极倡导下，延续了两宋的发展势头，特别是北方书院的迅猛发展为思想文化的北移奠定了基础。书院在明朝的命运可谓一波三折，大起大落，走过了风风雨雨的两百多年：明朝前期的打压政策让书院在低谷徘徊了百余年；从正德到万历年间，书院踏着王湛心学兴盛的节奏，迅速走向辉煌；辉煌也是灾难的开始，从嘉靖到天启，书院数次罹祸，惨遭禁毁，伤痕累累。清朝从顺治十四年（1657）起，书院开始复苏，此后即发展迅速。清朝书院无论在数量上还是地域分布上，前朝都不可与之同日而语。然而，在中西文化的交流碰撞中，书院表演至高潮时戛然谢幕，1901 年朝廷下旨改书院为学堂，书院退出了历史舞台。

在中篇"书院名人寻踪"部分，以 16 个人物为典型，勾勒了书院里一群为学术、为教育、为国家发展不懈追求的人物群像。才学超群的张说是"集贤十八学士"的代表，也是书院修史、藏书功能的开创者；

泰山三先生孙复、胡瑗、石介不仅同为泰山苦读的学者，更是同道君子，他们推崇儒家的圣人之道，是理学先驱；理学开山鼻祖周敦颐酷爱莲花，清廉正直、淡泊实诚正是他为官、为学、为人的写照，从周敦颐开始，书院成了传播理学的重要阵地；程颢和程颐为同胞兄弟，都师从周敦颐、邵雍父子等，曾在嵩阳书院讲学，后来又分别在明道书院和伊川书院传播其学术思想——"洛学"；朱熹、张栻和吕祖谦并称"东南三贤"，他们是同时代可以并驾齐驱的理学大师，学识宏博，影响深远，朱熹创立了"朱学"，张栻是"湘湖学派"形成的关键人物，吕祖谦则是"婺学"的宗师，三人都在书院这块土地上辛勤耕耘，朱熹的白鹿洞书院、张栻主持的岳麓书院、吕祖谦兄弟的丽泽书院都是我国古代书院史上浓墨重彩的一笔；元代南吴北许二先生，撑起了元代理学的一片天空，在一定程度上左右了书院的教学内容；心学大师王守仁是一个奇才，战场上他运筹帷幄、纵横捭阖，书院里他潜心悟道、循循善诱；东林先生顾宪成冲破明末陷入玄虚极端的心学樊篱，开创了"事事关心"的东林书院崭新学风；明末清初的大思想家黄宗羲以两千多万字的宏大著述站在了中华文化的高峰，以对君主专制的尖锐批评而成为我国民主思想的启蒙者，以在甬上证人书院等地的讲学形成了独特的学风和精神追求；颜元执着地实践其实学教育理想，并在漳南书院进行了大刀阔斧的改革。这些人物留下了一个个流传久远的故事：引觞同饮、视民如伤、程门立雪、划粥割齑、如坐春风、朱张会讲、四世一品、颜子之乐、同归于寂、天泉证道等。从这些人物身上，我们看到了传统知识分子"为天地立心，为生民立命，为往圣继绝学，为万世开太平"的人生境界。

在下篇"书院名院集萃"部分，以历史公案"四大书院"开篇，主要介绍了岳麓书院、白鹿洞书院、石鼓书院、应天府书院、嵩阳书院、象山书院、丽泽书院、鹅湖书院等在"公案"中所涉及到的著名书院。"四大书院公案"中还提到了徂徕书院、茅山（金山）书院，但因其存在的时间较短，留存下来的资料不多，因此未被记入。鹅湖书院虽未列入四大书院，但因两次鹅湖之会让它在书院史上熠熠生辉：朱熹与陆九渊兄弟鞭辟入里的哲学阐释和智慧碰撞、辛弃疾与陈亮的剑胆琴心和忧国忧民情怀，都让我们对鹅湖书院肃然起敬。此外，还特别介绍了正音书院，它独具特色，其功能就是推广官话。事实上，在漫长历史长河中曾经存在过的所有书院，无论其存在时间的长短，也无论其规模的大小，都为造就我国古代书院的辉煌留下了值得记忆的一笔。

"等闲识得东风面，万紫千红总是春"，让我们一起走进书院，走进我们祖先创造的这段灿若星河的历史吧！

上篇　书院成长轨迹

书院诞生于何时？这是一个颇有争议的问题。南宋陈傅良言："以余所闻，汉初郡国往往有夫子庙而无教官，且不置博士弟子员，其学士尝课试供养与否，阙不见传记。然诸儒以明经教于其间，率从之者数十百人，辄以名其家，齐、鲁、燕、赵之间，诗书礼易春秋论，论家各甚盛，则今书院近之矣。"① 由是可见，书院源远流长。从多数学者的观点来看，书院名称的真正出现是在有唐一代。

古北·英华书院

---

① 陈谷嘉、邓洪波主编：《中国书院史资料》，浙江教育出版社 1998 年版，第 109—110 页。

一、中唐盛世：书院应景问世

繁荣与开放铸就了我国古代史上的盛世唐朝，中唐时期的开元盛世更是堪称盛世极点，甚至可以说是我国古代最灿烂辉煌的鼎盛局面。书院之名即诞生于此时。

（一）官方书院的开端

唐玄宗开元五年（717），朝廷开展了一次大规模的修书行动。"玄宗命左散骑常侍、昭文馆学士马怀素为修图书使，与右散骑常侍、崇文馆学士褚无量整比。会幸东都，乃就乾元殿东序检校……及还京师，迁书东宫丽正殿，置修书院于著作院。其后大明宫光顺门外、东都明福门外，皆创集贤书院，学士通籍出入"[①]。简言之，唐玄宗命令通览经史的昭文馆学士马怀素和称得上目录学家的褚无量共同负责遍搜天下图书并进行编订。这是一项浩大的工程，为使修书工作顺利开展，开元六年改乾元修书院为丽正修书院，作为专门的修书场所，丽正书院由此得名。自此，书院作为一种文化机构的专用名称正式问世。当然，此时

唐玄宗

---

① （宋）欧阳修等：《新唐书·艺文一》卷六三。

的丽正书院只是官方的修书机构，与后来以聚徒讲学为主的书院略有差异。

唐玄宗李隆基从他懦弱的父亲李旦手中接过大唐统绪后，励精图治，整肃朝政，安定边防，开创了大唐历史的新篇章。为向天地祷告功绩，开元十二年底十三年初，以吏部尚书裴漼、侍中源乾曜、中书令张说等为首的文武百官多次建议玄宗仿效秦皇汉武，举行泰山封禅大典。唐玄宗在几经推辞后终于应允。开元十三年，张说受诏与右散骑常侍徐坚、太常少卿韦绦等议撰封禅仪式。为表彰张说等人的功劳，唐玄宗于集仙殿赐宴张说及礼官学士等一众大臣。君臣相谈甚欢，情随境生，由集仙而思集贤，"谓说曰：'今与卿等贤才同宴于此，宜改名为集贤殿。'因下制改丽正书院为集贤殿书院，授说集贤院学士，知院事"①。将丽正书院改为集贤殿书院，取意为集贤纳士以济当世。东宫、京师、东都三所丽正书院至此都更名为集贤书院。此后，又先后创设了兴庆宫集贤院和华清宫集贤院。书院的主要人员封为集贤院学士，"掌刊辑古今之经籍，以辨明邦国之大典，而备顾问应对"②。

集贤书院门楼

---

① （五代）刘昫：《旧唐书》《列传四七》。
② （唐）张九龄等：《唐六典·中书省》。

对于丽正书院和集贤书院的事务，清代袁枚说得很明白："唐玄宗时丽正、集贤书院，皆建于朝省，为修书之地，非士子肄业之所也"①。搜书、校书、写书、藏书确实是集贤书院的首要任务，也是最主要的工作。集贤书院广搜天下图书，按经、史、子、集四部分类整理、抄录辑佚，在文化的保存与传播方面书写了浓墨重彩的一笔。据《唐六典》记载，集贤出的书"皆御本也。书有四部：一曰甲，为经；二曰乙，为史；三曰丙，为子；四曰丁，为集。故分为四库……四库之书，两京各二本，共二万五千九百六十一卷"②。对于集贤书院刊辑古今经籍盛况，《唐会要》、新旧《唐书》都有详细记载。

诵诗论道、资政垂询则是集贤书院的又一重要活动。文人雅士，聚集一堂，诗赋相和，自不待言，甚至还集结出版了《集贤院壁记诗》二卷。依托集贤书院藏书多、学者多的优势，集贤书院充当了皇帝的顾问，集贤学士蒋乂的朝廷应对就是一个明显例子。蒋乂因博通群书而进入集贤书院修书。他不仅编撰图书两万余卷，而且常常利用自己在经史方面的长项应对皇帝咨询，所以史书上说蒋乂"在朝垂三十年，前后每有大政事、大议论，宰执不能裁决者，必召以咨访。乂征引典故，以参时事，多合其宜"③。正所谓"诵诗闻国政，讲易见天心"④，辨明邦国大典，以备皇帝垂询是集贤书院事务的常态。

当然，丽正书院和集贤书院与后来的书院有很大不同。后来的书院一般包括了藏书、讲学、祭祀、学田四大功能，而这两所书院显然功能不全。所以，有人提出，"唐朝是否有名副其实的书院，现在还很难判断"⑤。然而，如果考虑到书院作为一种复杂的文化现象，其功能、规制

① （清）袁枚：《随园笔记》卷十四。
② （唐）张九龄等：《唐六典全译》，甘肃人民出版社1997年版，第295页。
③ （五代）刘昫等：《旧唐书》《列传九九》。
④ （唐）张说：《恩制赐食于丽正殿书院宴赋得林字》。
⑤ 徐梓：《元代书院研究》，社会科学文献出版社2000年版。

都有一个发展完善的过程，那么，将丽正书院和集贤书院作为书院的滥觞当是说得过去的。

（二）民间书院发轫之争

除了高居庙堂的丽正书院、集贤书院外，唐朝有没有处江湖之远的"草根化"或民间性质的、更符合一般功能设定（如藏书、讲学、祭祀、学田等）的书院呢？找到这样的书院，方能真正坐实书院始于唐朝的论断。

根据邓洪波的考证，唐代有比丽正书院更早且更符合所设定的书院功能的民间书院，湖南攸县的光石山书院、陕西蓝田的瀛洲书院、山东临朐的李公书院、河北满城的张说书院，要算中国历史上最早的书院了①。

对于这四所民间书院，史载较略。光石山书院仅在苏师道的《司空山记》中提及，即"司空宅在山之西……宅左有光石山书院，故基尚存"。司空山原名紫麟山、麒麟山，传说因南齐司空张岊在此修道成仙，遂更名为司空山。天宝十四年，潭州刺史苏师道来此祈雨抗旱，参观了司空山的仙踪遗迹后，作《司空山记》。另三所书院均见于当地方志。关于瀛洲书院，《陕西通志》卷二十七记载："瀛洲书院在（蓝田）县治南，唐学士李元通建。明弘治时，知县任文献重修"；李公书院在嘉靖《青州府志》和《临朐县志》中都有记载，内容大同小异，即李公书院是"李靖读书处。又云靖从太宗征闾左，因于此阅司兵法"②，也就是说，李公书院是唐初帮助李唐平定天下的文武全才李靖读书或习兵法战术的地方；张说书院见于《保定郡志》，称张说在未出仕前，"过满城，筑书院于花阳山，以为藏修之所，后人名其居曰相公堂"，张说书院初建时，只是张说收藏图书、研习学问之处。

---

① 邓洪波：《中国书院史》，东方出版中心 2004 年版。
② 嘉靖刊《青州府志》卷九、《临朐县志》卷四。

2012 年《中国书院史》再版时，邓洪波先生再次借助方志与诗赋等论证了唐代民间书院的存在。当然，有人针锋相对地提出了不同观点，认为唐代的这些士人读书治学之所与后世书院性质是否相同有待商榷①。确实，唐初的这四所书院除光石山书院语焉不详外，另三所书院都是个人读书治学的地方，类似于书斋，它们顶多可视为是中国书院的雏形。

不过，唐代确实有兼藏书与传道讲学于一体的书院。福建漳州浦南镇松洲村的松洲书院就是其中之一。松洲书院是"唐陈珦与士民讲学处"②。这九个字告诉我们：松洲书院已不仅仅是个人藏书、读书治学之所，而是聚徒授学之馆，至于该书院是否有祭祀习礼的相关内容则不甚明了。松洲书院的创办人陈珦是首任漳州刺史陈元光的儿子。唐垂拱二年（686），漳州这个地方开始设"州"，陈元光为首任州刺史。陈元光上任后，以"兴庠序"为地方治理要务，并设"文学"官职执掌教育事务。这为松洲书院的创办提供了沃土。陈珦在武则天当政的万岁通天元年（696）举明经及第，授职翰林承旨直学士。他不满武后称帝，朝廷昏乱，因此郁郁寡欢。任职 12 年后，借口双亲年迈，上疏请求返乡奉养双亲。回乡后，陈珦担任了州"文学"之职，龙溪县令礼聘他主持乡校，松洲书院就此创办（时在公元 708 年，此"书院"概念只见于后世所编方志中，初设之时是否称为"书院"存疑）。陈珦在书院"与士民论说典礼。是时，州治初建，俗固陋，珦开引古义，于风教多所裨益"。陈珦于唐玄宗先天元年（712）重入官场，开元二十五年（737），又上疏乞休，再到松洲书院聚徒讲学。归纳以上情况，有三点值得关注：其一，松洲书院不是个人修身之地，而是带有学校性质的教学场所，其教学对象是士民及生徒；其二，松洲书院的创办目的不是应科举试，而是在"州治初建，俗固陋"

---

① 张兢兢：《唐代书院的性质探讨——再续邓洪波〈中国书院史〉》，《南昌教育学院学报》2014 年第 3 期。

② 《福建通志》卷六四。

的背景下，试图通过讲论典礼，教化乡里，移风易俗；其三，陈珦的讲学旨在化民成俗，这正是后世诸多书院主持人所追求的理想与精神。有鉴于此，松洲书院无论是否有书院之"名"，都有后世书院之"实"。陈珦的松洲书院在书院发展史上具有里程碑意义。

此外，经李才栋先生考证，唐代江西即有十余所书院，如东佳书院、桂岩书院、登东书院、景东书院、皇寮书院、罗山书院等[1]。其中罗山书院的存在似乎证据确凿，因为在罗氏宗谱中发现了一篇魏少游作于唐大历六年（771）的《罗山书院记》。据此记载，晋代罗文通"隐迹丰城池山岭，聚徒八百讲学，以饱德为膏粱，以令闻为文绣，诵诗，读书，乐尧舜之道，以待天下之清"，到唐大历年间，名相李泌因当时宰相元载嫉恨排挤而到江西任职，他来到罗文通授课的地方，"新其学舍，历稽公（罗文通）之素履，嘉其志，叹其为人。遂于云霄观额署其门曰'罗山书院'"。

到唐朝中后期时，书院已如星星之火，撒播在华中、华东、华南、西南的多个省区。根据邓洪波的统计，当时的陕西、山西、河北、山东、浙江、福建、江西、湖南、广东、贵州、四川等省共有书院近50所[2]。只是这些所谓的书院大多数只是士人读书治学之处，同时接纳朋友访客，谈诗论道。有鉴于此，在书院的发展史上，将有唐一代书院的发展阶段定位在萌芽水平上可能更为准确。

综上，唐代一些读书治学之所因广纳朋友，弘扬文化，不再是封闭的私人书斋，而是具有广泛社会性的崭新文化机构——书院。唐代是我国古代文化发展的一座高峰，破土萌芽的书院也是构筑这一高峰的众多元素之一。

---

① 李才栋：《江西建于唐代书院的"发现""再发现""新发现"》，《南京晓庄学院学报》2009 年第 1 期。

② 邓洪波：《中国书院史》，东方出版中心 2004 年版，第 26 页。

二、五代离乱：书院潜德养晦

907 年，朱温废黜唐哀帝，建立后梁，中国历史进入了五代十国的大分裂时期。短短五十余年间，中原地区后梁、后唐、后晋、后汉、后周相继登场，朝代更替频繁；其余地方十国并立，战乱不休。这一时期是野心家、阴谋家的天下，是武人凭借兵强马壮觊觎最高权柄的时代。他们僭越礼制，分裂割据，征战连连。战乱环境对文化传承与教育均产生了重大影响，也挑战着文人的操守与信念。

在唐末至宋初的半个世纪里，地方官学不兴，教育没落，文化危机。离乱中的文人士子结庐山中，开馆授徒，拯救斯文于不坠。在一定程度上，正是由于官学不兴，才给了私学性质的书院更有利的生存空间和更重要的生存价值。

唐末五代，为躲避战火，士人大量迁徙到远离尘嚣的僻静山野之中。这样就出现了两种情况：一是原已在山野间的佛、道二教，趁此机会广招信徒，升坛布道；二是不信佛、道的士人自发组织起来，研习经文，建舍讲学。不少后来很有名的书院都渊源于此。如，岳麓书院即可追溯到五代十国时期，当时岳麓山寺庵林立，文人常到山中寺庙借宿，随着文人日益增多，寺庙已无法满足需求，寺中僧人即为这些文人另建书院，让他们有屋住、有书读，还可以交流讲学。五代十国时期，诸如此类的山野书院成为乱世中的一方净土。

根据邓洪波的统计，五代十国时期的书院共有 13 所，分别是北京的窦氏书院，河南的太乙书院和龙门书院，江西的留张书院、匡山书院、梧桐书院、华林书院、兴贤书院、云阳书院、光禄书院、东佳书院，福建的蓝田书院，广东的天衢书院。

　　这里特别值得一提的是匡山书院。匡山书院位于江西吉州泰和县，由后唐端明殿学士罗韬创办。罗韬勤奋好学，淡泊名利，在被授端明殿学士后，因见宦官弄权，朝纲混乱，于是称病返乡，隐居于匡山脚下，潜心读书。其时有一些仰慕罗韬学问的青年人专程来到匡山脚下向他请教。为解决前来学习者的住宿吃饭、学习交流等问题，罗韬创建了书院。书院中建了孔子圣殿、五经阁等，并置学田。书院不仅培育贤才，还教化乡里，净化民风。后唐明宗喜闻书院功绩，特命翰林学士赵凤书写"匡山书院"匾额颁赐给书院，并发文大加表彰，文曰"后学云从，馆起匡山之下；民风日益，俗成东鲁之区，朕既喜闻，可无嘉励。兹敕翰林学士赵凤大书'匡山书院'四字为匾额。俾从游之士乐有赡依，而风教之裨未必无小补焉"[①]。受到表彰的匡山书院在宋元时期仍兴学不断。皇帝的表彰赐匾使匡山书院在书院发展史上具有重要地位，它是目前已知的第一个得到皇帝表彰并赐匾的书院。这意味着官方对民间书院的认可。此后的两宋时期，皇帝恩赐书院的现象屡见不鲜。

　　在我国古代书院的成长历程中，五代十国时期无疑是一个特殊的时期，它有三点值得我们关注：

　　第一，与唐代书院主要是个人读书治学之所不同，五代十国时期的书院大多招徒讲学，已具有一定的学校性质，在拯救斯文、传播文化、净化民风方面发挥着重要作用。

　　第二，五代十国时期的书院大多为避战乱而兴建于山野之间，为维持书院生存，书院师生必须开垦荒地以求自给，这是一种新型读书方式，江堤称其为"书院耕读时代"[②]，后世书院的田产则主要是官府赐予学田。

　　第三，五代十国时期的书院虽然数量不多，但它的规制渐趋成熟，

---

① 李才栋：《江西古代书院研究》，江西教育出版社1993年版，第31—32页。
② 江堤：《书院中国》，湖南人民出版社2003年版，第5页。

更接近于后世书院。可以说，该时期书院是在唐代萌芽的基础上，韬光养晦，潜滋暗长，为两宋书院的发展成熟准备了条件。

五代十国时期，书院创办者的独立文化品格及开拓精神，使人们在战乱的黑暗中看到了前行的曙光，正如钱穆先生所言："它是黑暗中的一线光明，潜德幽光，必大兴于后世"①。

---

① 钱穆：《五代时之书院》，《责善半月刊》1941 年第 17 期。

三、两宋重文：书院迤渐辉煌

就书院的发展来说，两宋时期称得上是黄金时期。经过官方与民间力量的共同推动，以及硕学鸿儒的执着追求，书院发展到了成熟阶段，迎来空前辉煌时期。这一时期，书院数量剧增，规制完备，形成了崇圣崇道、兼容并蓄、独立自由之书院精神。书院与官学并立，成为重要的文化与教育组织。

（一）北宋书院：前后两重天

960 年，赵匡胤发动陈桥兵变，建立宋朝。从 960 年到 1127 年为北宋时期，共 168 年。就北宋的教育而言，以 1044 年的庆历兴学为界，前后各 80 余年。书院在这前后 80 余年的命运大不相同，可以说是兴衰不由人，晴雨两重天。

1. 北宋初年的书院勃兴

北宋前半期（从北宋建立到庆历兴学前的 80 余年），是书院由五代时期的潜滋暗长到蓬勃兴盛时期。一方面书院数量显著增加，到仁宗朝时，已建有书院 29 所（部分书院的具体办学年份不确定而未计入，实际数字可能不止 29 所）。29 这个数字虽然不算大，但相比唐末五代，已经翻了不止一番，而且书院品质大大提升，藏书、修书、讲学、祭祀、学田等规制完备，出现了一批影响悠远、光耀史册的著名书院，如岳麓、石鼓、睢阳、白鹿洞、嵩阳、徂徕、茅山等书院，尤其是作为千年书院标榜的岳麓书院和白鹿洞书院的再开张，更提升了这一时期的书院水准。另一方面，官府对书院发展不仅不加限制，而且加恩赏赐，从太宗至仁宗的 60 余年间，皇帝及地方对书院的褒奖赏赐达 20 余次。朝廷对书院的各种赐田、赐额、赐书等也营造出了书院发展蓬勃兴盛的景象。吕祖谦所言"国初斯民，新脱五季锋镝之厄，学者尚寡，海内向平，文风日起，儒生往往依山林，即闲旷以讲授，大率多至数十百人"①，就勾画出了宋初书院大师聚徒讲学之盛况。

为什么北宋前期会有如此兴盛的书院景象？总结起来，大致有四方面的原因：

首先，北宋初年官学不兴与科举举额扩大构成一对矛盾。宋太祖以武夺天下后，希望偃武兴文，巩固统治，因而大大增加科举取士名额。如开宝三年（970）原拟只取进士 8 人，结果宋太祖见未及第之人太多，又赐 106 人出身；宋真宗咸平三年（1000），皇帝亲试，共取各科登第者 1800 人。李才栋先生称宋科考是"严其考试，广其名额，厚其荣禄"，这使得读书人对科考趋之若鹜。对于读书科考的好处，真宗皇帝的《劝学诗》讲得淋漓尽致：

　　　富家不用买良田，书中自有千钟粟。

　　　安居不用架高堂，书中自有黄金屋。

　　　出门莫恨无人随，书中车马多如簇。

　　　娶妻莫恨无良媒，书中自有颜如玉。

　　　男儿欲遂平生志，五经勤向窗前读。

现实诱惑加上《劝学诗》推波助澜，宋初读书风气浓厚，无数人皓首穷经以求一朝登第。那位 82 岁得中状元并写"皓首穷经，少伏生八岁；青云得路，多太公二年"楹联的梁灏就是代表之一。梁灏 82 岁中状元后，自知年岁太大，难再为官，于是请辞回乡，宋太祖准其荣归故里，享受俸禄。在这种追求科举功名的氛围中，社会对教育的需

---

① （宋）吕祖谦：《东莱集》卷六《白鹿洞书院记》。

宋真宗

求大增。然而，作为养士之所的地方官学在北宋初年却处于废弛状态，士无所养。早在五代时期即由于战乱不休、朝代更替频繁，使唐朝建立起的一整套地方官学体系被破坏殆尽。宋建立后，忙于统一战争的统治者对于文教也是有心无力。因此，在宋朝建立后的前80余年间，除国子监和太学外，官学基本上处于瘫痪状态。这样的状况为书院兴盛提供了契机。书院成为解决因官学不兴而致士无所养问题的关键。可以说，这一时期的国民教育很大程度上仰赖于书院这样的民间组织。

其次，宋初宽松的人文政策也有利于书院的发展。宋太祖以武力夺取天下，对武人很是忌讳，担心有人以彼之道还施彼身，发动兵变夺其政权，所以建国之初即令武人解甲，而重用文人治国。宋太祖甚至立下遗训：不杀读书人，不杀上疏者（这一祖训到宋高宗时被打破，宋高宗杀了上疏请求他坚守中原抗金的太学生陈东和平民欧阳泽，从而开启了宋朝因言获罪的恶例）。北宋重文抑武的政策使得朝廷对文官的需求量大增，培养文官的教育机构也相应变得更重要；同时"不杀读书人"的宣言给了读书人空前的自由，他们可以自由讲学传道。自由宽松的环境正是书院得以长足发展的基本社会条件。

再次，文人群体钟情书院，在其中开拓耕耘，从而成为推动书院发展的内在力量。在宋初"海内向平，文风日起"，而国家又"庠序不能，士病无所于学"时，文人们特别是有影响力的硕儒怀揣"修身、齐家、治国、平天下"的理想,"往往依山林,集闲旷以讲",自觉担负起了明教化、传斯文的社会责任。所以,他们为书院集图书、明宗旨、定规制、开讲会等,推动书院最终成长为品格独立、成就卓著的文化机构。有趣的是,自唐末五代直至两宋,书院选址大都在远离闹市、僻静清幽的乡野山间,如位于华林山玄秀峰下的华林书院便被誉为"高隐仙山下,依山携草堂"①,衡州石鼓书院则是"山头云木郁青苍山,下江流净鉴光亭阁"②,更不必说岳麓山的灵秀、五老峰的峻峭。寄情山水自是文人风雅使然;风雅之外则是清幽环境与传统士人旷达清高又忧国忧民的精神追求的高度统一。山野中的书院因士人弦歌而雅致;士人则以书院为精神家园,可以出仕兼济天下,可以治学读书独善其身,还可以讲学传道化民成俗。

最后,北宋前期中央到地方各级政府对书院的赏赐嘉奖、推广表彰也是成就宋初书院辉煌的重要因素。

在官方与民间两股力量的共同推动下,北宋前期书院扬名天下,声名显赫。

2.北宋中后期三兴官学与书院发展的挑战和机遇

经过宋初的休养生息,北宋经济逐渐恢复元气,政治比较安定,整个社会呈现出繁荣景象。从仁宗庆历年间到徽宗崇宁年间,北宋政府开展了三次大规模的复兴官学运动,困扰宋初官学发展的不利因素基本排除。

第一次兴学开始于宋仁宗庆历四年(1044)。宋初书院代替官学养士,但书院毕竟有限,难以满足需要。政府既倡科举又无力兴学,因而,造成了科举"不务耕而求获"的弊端。为此,"兴学校"成为范仲淹主持的庆历新政的重要内容之一,旨在砥砺士风、改革科举、认明经

---

① 傅璇琮等主编:《全宋诗》,北京大学出版社1995年版。
② (宋)刘挚:《忠肃集》,中华书局2002年版。

旨、培养人才，其重要内容是"精贡举"。其时，宋祁、欧阳修等八人联名上奏认为"教不本于学校，士不察于乡里，则不能核名实……莫若使士皆土著而教之于学校"，强调应由官方学校培养人才。庆历四年春，宋仁宗根据范仲淹等人的建议，"下诏令州县皆立学，本道使者选属部官为教授，三年而代；选于吏员不足，取于乡里宿学有道业者，三年无私遣，以名闻。士须在学业三百日，乃听预秋赋"①。简单地说，就是要求各州县都得设立学校（官学）；士人必须在校学习三百日方有资格参加科举考试。显然，这一次兴学既是要完善官方的学校教育体系，也是要确立学校教育的权威。

第二次兴学是在宋神宗熙宁年间，由王安石发起，属于王安石变法的一部分。熙宁四年（1071）的一天，宋神宗垂询王安石关于科举的事项，王安石回答"今以少壮时当讲求天下正理，乃闭门学作诗赋，及其入官，世事皆所不习。此乃科法败坏人材，致不如古"②。王安石主要批

王安石

评了当时科举考试重诗赋而弱义理的问题。为解决这个问题，王安石提出了变革科举选拔方式的主张，其核心是实施"三舍法"，即将太学分为外舍、内舍和上舍三等，生员可以从外舍升内舍，再升上舍，上舍生员可以直接授官。升舍和授官的依据是年终考试成绩及平时的学业品行，也有学习年限规定。上行下效，一些地方官学紧随其后，纷纷推行此

① （清）毕沅：《续资治通鉴》卷四六。
② （清）毕沅：《续资治通鉴》卷六八。

法，如后文将进一步说明的"潭州三学"。"三舍"学习以读经为主，意在矫正科举偏重文辞的弊端。"三舍法"的实施进一步确立了学校教育的权威性。但"三舍法"并不如科举那样客观、公正，苏轼言"三舍既兴，贿赂公行"①，就指陈了其中的不足；清代毕沅在《续资治通鉴》中更是直指"其设三舍，盖亦欲引用其党也"，太学"三舍"沦为党争的一个阵地。

第三次兴学是在宋徽宗崇宁年间，其发起人是蔡京。蔡京将"三舍法"扩展到了整个教育系统，于崇宁元年（1102）奏请"天下州县并置学，州置教授二员，县置小学。县学生选考，升诸州学；州学生每三年贡太学，至则附试，别立号"②，从而将县学、州学和太学连接成一个升学系统。接着，又在崇宁三年提出"将来科场取士，悉由学校升贡"，学习好的可以依次由外舍升内舍、再升上舍，上舍毕业后即可直接做官。当然这一政策主要是针对百姓子弟，官僚子弟可以免试入学。蔡京兴学的另一项措施是设置各路提举学司，管理所属州县学政。这一次改革再次强化了学校教育的重要性，同时加强了国家对各级官学的行政领导。

北宋中后期，政府的这三次兴学对书院的冲击不言而喻。首先，因为官学被定为养士的正途，普通士人除非进入受政府严密控制的州县学和太学，否则不能进入官员队伍，这就等于阻绝了书院学生的上升之路。在此政策挤压下，书院的学生急剧减少，逐渐衰落，甚至停办，如白鹿洞书院即被废弃。其次，一些书院直接被改造纳入到地方州县学中，成为官学的一部分，其中最典型的当数"潭州三学"。当崇宁年间在全国推行"三舍法"时，潭州地方官员未仿行在州学和县学设三舍的做法，而是别出心裁推出了"潭州三学"，这三学分别是潭州州学、湘西书院和岳麓书院，三者分别对应外、内、上三舍，学生通过考试依成

---

① （明）王圻：《续文献通考》卷六〇。
② （明）毕沅：《续资治通鉴》卷八八。

绩升舍。在这里，湘西书院和岳麓书院都被迫成为官学体系的一部分，书院出现官学化势头。在"潭州三学"中，岳麓书院处于最高等级，它既反映了岳麓书院的办学成就，也基本确立了岳麓书院作为高等学府的地位。

书院失去了掌握着财力资源与话语权的官方表彰推动、弱化了科举应试的价值，似乎也就失去了在主流教育中的地位和影响，以致从喧闹与显赫走向沉寂。然而，这其实只是问题的一面。如果我们从书院应有的个性化追求及独立自由之精神等方面去看待北宋的三次兴学，去认识它对书院的影响，就会发现问题还有另一面：书院的解放——书院从科举场中解放出来，重新做回独立自主的学术机构及教育场所。从根本上讲，建于清幽山野的书院本就与喧闹、显赫无关。所以，官学复兴运动正是书院做回自己、获得新生的机遇，是书院之幸，也是中国学术之幸。宋元学案中的众多学者，很多正是借助书院这个自由的平台来探究学术、传播道统，进而实现立德、立功、立言的。

北宋中后期，书院仍在发展，其发展速度甚至超过了宋初。据白新良统计，北宋新建书院达71所[1]，多为北宋中后期所建；李才栋也谈到，江西建于北宋的大约40多所书院中，有五分之三始于庆历后[2]。

在我国书院的成长史上，北宋书院写下了极为重要的一笔。这主要表现为四个方面：

首先，北宋书院所留下的最深印记当数其对书院教学功能的强化。宋初声名显赫的书院几乎都扮演了同一个角色：替代官学，承担地方主要的教育任务。书院成为民众求学和官府养士之所，书院的主要工作是授徒讲学，学校性质的书院成为书院的主流，以至于当人们想到书院时，首先想到的便是其教育教学功能。因此，可以说，是北宋书院奠定

---

① 白新良：《中国古代书院发展史》，天津大学出版社1995年版，第4页。

② 李才栋：《江西古代书院研究》，江西教育出版社1993年版，第64页。

了书院融讲学、藏书、祭祀于一体的模式。这是书院发展中的一个里程碑。只是这时的书院讲学偏重于科举应试，与后世书院的自由讲学略有不同。

其次，显示了民间力量在书院发展中的重要推动作用。比如，江西在庆历至靖康以后所建的24所书院中，至少有20所是由民间士人所办。民间力量虽不似政府那么强大，但它作为官办学校的有益补充，对于推动学术文化向前发展功不可没。

再次，书院在办院宗旨与追求上呈现出百花齐放、多姿多彩的气象。如庆历年间修复的岳阳书院主要是文人吟诗作赋之所，衡阳石鼓书院以招徒授受为突出特点；欧阳修、范仲淹、曾巩等利用书院倡导古文运动；"二程"先在嵩阳书院讲洛学，后又分别创立明道书院、伊皋书院作为"著书讲道之所"，"二程"高足杨时建有东林书院，在无锡讲学达18年之久，他们奠定了理学发展的基础。许多书院积极入世，褒贬时政，如王安石变法时，不少书院不同程度卷入关于变法的论争，黄庭坚、文彦博等人还因此牵连到了元祐党案中。元祐党案是北宋时期历经宋神宗、宋哲宗、宋徽宗三世，持续50多年的重大政治事件，它既是当时守旧派与革新派的对垒，更是北宋极其严重的党争问题的大爆发。事件肇始于元祐元年，垂帘听政的宣仁太后起用元丰年间因反对新法而被贬的司马光等人——他们通称元祐党人，同时压制贬谪革新派官员；元祐八年宋哲宗亲政，重新启用变法派人士，将反对变法的苏轼、苏辙、黄庭坚等人流放；到宋徽宗继承大统后，向太后垂帘听政，再次起用反对变法的元祐党人；向太后很快去世，宋徽宗亲政，以蔡京为相，再推行王安石的新法。蔡京就任后，于崇宁元年（1102）开始清算元祐党人。崇宁三年，蔡京奉诏列出元祐党人名单，共309人，这份名单直接刻在石碑上，立于文德殿的殿门东边墙壁上，作为世世代代的党争警告。同时下诏将所有列入党籍的人或贬官或流徙，其子孙不能做京官。直至宋徽宗政和三年（1113），才诏令废除前诏。

最后，北宋书院起起伏伏的发展历程提出了一个关于书院发展的重大课题，即书院与官学的关系问题。在这里，我们看到了书院与官学的四种关系：一是官学不兴时，书院代替官学为官僚机构输送人才，如北宋前期；二是官学与书院成对立态势，官学利用政治权力挤压书院发展空间，如三兴官学中的官学兴盛而书院式微现象；三是书院纳入官学体系，成为官学的一部分，如"潭州三学"中的湘西书院和岳麓书院；四是书院自成体系，独立发展，成为思想文化高地，以弥补官学因过度科举化而弱化思想文脉传承与弘扬的缺憾，如"二程"于明道书院著书讲道。与此相关的另一个问题则是官府在书院发展中的作用，事实上，从北宋开始，书院就因与官学的错综纠结而致发展道路跌宕起伏。

与北宋前期书院在官方支持下的喧闹、张扬相比，北宋中后期的书院则是默默满足士人的不同文化需求，形成了自由探究学问的风尚。这一风尚到南宋时得到了进一步发扬。

（二）南宋书院：成就光荣与梦想

1127 年，宋室南渡，历史进入南宋时期。南宋时书院发展到成熟期和高峰期：奠定了书院探究学术的品格；确立了书院教育规程，以及书院研究、讲学、藏书、刻书、祭祀、学田六大基本规制；形成了书院在招生、教师招聘、教学、考课等事项中的一整套行之有效的制度。可以说，南宋时期成就了我国古代书院的光荣与梦想。

1.山河破碎，书院担道义

南宋书院的发展高峰是在一种很特殊的环境下形成的。

山河破碎、战乱不休、偏安苟延是南宋时期突出的时代特点。宋钦宗靖康二年（1127），宋朝经历了著名的靖康之难，金人攻陷宋都东京（今开封），掳走徽、钦二帝及皇室、大臣 3000 余人，直接导致北宋灭亡。宋徽宗第九个儿子康王赵构幸免于难，于宋南京应天府（今商丘）建庙称帝，是为宋高宗。后在金人持续不断的南侵袭扰下，宋高宗再度南迁，最后迁都杭州，改杭州为临安。都城命名"临安"代表了南宋王朝北返中原的梦想，只是历史证明这个梦想遥不可及。

在我国所有大一统的封建王朝中，宋朝管控下的疆域不仅偏小，而且四境不安。北有辽、金、蒙先后大兵压境，西南有大理尚未归顺，内部常有民众反抗，如钟相、杨幺起义，朝廷内部主战派、主和派争斗不休。总之，烽烟四起，社会动荡不安。到后来，偏安一隅的南宋朝廷，满足于江南的富庶，沉溺于秦淮的风月，"直把杭州作汴州"，大多无意于收复失地，只求稳定目前的统治局面。面对如此复杂混乱的情势，诸多士人转向对义理的探讨与传播。长江流域的书院藉由这样的偏安环境而得到极大发展。

南宋政府不仅继承了北宋重视文人、尊崇儒学的基本政策，而且希望能够找到一种思想或者理论来匡扶人心、维系统治。这一政策为书院繁荣发展创造了宽松的政治条件。

南宋时期印刷术的发达也为书院大发展提供了重要条件。印刷术的革新进步，使得书籍可以大量印刷，而且成本降低，这就意味着办学成本降低，书院可以收藏更多图书，更多乡村子弟可以有读书的机会。乡村书院因之大量涌现。相对于州县学复杂的批复程序来说，乡村书院的创立要简单得多，只要有乡贤愿意提供田舍，有心发扬本土学风、教化乡民子弟，就可以创建书院。由此，乡村书院成为南宋书院繁盛局面的重要组成部分。

官学腐败与科举弊端是催生南宋书院繁盛的关键原因。自汉唐以来，官学在大多数时间里都是儒家理论的传播机构，是主要的养士之所。但是，官学养士却养出了大量醉心举业、不明儒道的追名逐利之辈。对于当时的官学及科举之弊，宋光宗时期拜相的宗室赵汝愚有一段精辟的描述，他说："中兴以来，建太学于行都，行贡举于诸郡，然奔竞之风胜，而忠信之俗微。亦惟荣辱升沉，不由学校，德行道艺，取决糊名，工雕篆之文，无进修之志，视庠序如传舍，目师儒如路人"①。朱熹也说:"所谓太学者,但为声利之场,而掌其教者,不过取其善为科举之文,而尝得隽于场屋者耳。士之有志于义理者,既无所求于学,其奔趋辐辏而来者,不过为解额之滥,舍选之私而已。师生相视漠然如行路之人,间相与言,亦未尝闻之以德行道艺之实"②。《三朝北盟会要》更是淋漓尽致地揭露了那些官学培养出来的士人见利忘义、寡廉鲜耻的行径:"金人索太学生博通经术者,太学生皆求生附势,投状愿归金者百余人,比至军前,金人胁而诱之曰:'金国不要汝等作义策论,各要汝等陈乡土方略利害。'诸生争持纸笔,陈山川险易,古今攻占据取之由以献。又妄指娼女为妻妾,取诸军前"③。士为四民之首,然而士风败坏如此,何以引领社会风气? 社会亟须革新教育,以收拾人心、重塑士人的价值观。以道德性命为标榜的书院自然成为有识之士改革教育的希望所在。

南宋统治者需要新的思想理论来重建纲常、安定人心,发端于北宋的理学正堪此大任。南宋初年,统治者放松了对理学的控制,特别是在宋理宗当政时,实施了更为宽松的文化政策,允许学者自由讲学传道,建立理学宗庙,对有作为的书院大肆褒奖。理学的正统地位得以确立,作为理学传播阵地的书院也因此一荣俱荣,空前地兴盛起来。书院实际上发挥了以文化人、化民成俗、作育人材的作用。

南宋书院兴盛的直接表现就是数量空前多。据白新良统计,南宋有书院当在500所以上④,分布在江西、浙江、湖南、福建、江苏、安徽、湖北、广东、广西、贵州、四川等11个省区,其中江西的书院数量最多,有147所(李才栋统计为175所)。从书院诞生以来,江西的书院数量在各省中就一直位居榜首。

---

① (元)脱脱、阿鲁图:《宋史·选举三》卷一五七《志一一〇》。
② (宋)朱熹:《朱文公文集》卷六九。
③ (清)丁传靖辑:《宋人轶事汇编》卷二〇。
④ 白新良:《中国古代书院发展史》,天津大学出版社1995年版,第10页。

南宋书院兴盛的另一个表现是书院的名气大。在朱熹、吕祖谦、张栻、陆九渊等理学大师的积极倡导和躬身力行下，南宋留下了一批声名远播的著名书院，如白鹿洞、岳麓、象山、丽泽、考亭、明道、濂溪、丹阳、紫阳、武夷等书院都有不俗的成就。

2.走向辉煌之路

（1）南宋前期理学家的复兴书院运动

官学沦为名利场的现实让理学家们深感忧虑，他们希望寻求"山川环合，草木秀润"的燕闲清旷之地，开辟教育的新途径，以拯救官学、消弭科举弊端。传统的书院正是建在这样的理想之地，置身山川，远离尘嚣，远离名利，可以静心修学。为此，修身养性的理学大师们掀起了复兴书院运动。

复兴书院运动的关键所在是争取官府对书院的支持，形成官府与民间共同推动书院发展的局面，这一过程也是理学家们追求理学合法地位的过程。这从理学家们恢复北宋著名的岳麓书院和白鹿洞书院的历程中即可见一斑。

岳麓书院先是在北宋末年淹没在"潭州三学"中，后又于绍兴元年毁于战火，嗣后的复兴之路首先由胡宏发起。胡宏是湘湖学派的创立者，人称"五峰先生"。他的父亲是被赠谥文定公的胡安国。胡安国潜心学术，推崇经学，致力于确立周敦颐及"二程"学说的地位，于绍兴七年（1137）上疏奏请"加程颢、程颐、邵雍、张载四人封爵"，朝廷虽未批准，但实际上放松了对道学的限制，并在科举考试中开始采用程颐之说，要求"自今勿拘一家之说"。胡安国为后世一些学者所诟病的是与秦桧交好。胡宏深受父亲影响，以弘扬道学为己任，但对秦桧的和议卖国政策并不赞同。绍兴八年胡安国去世后，秦桧曾写信给胡宏，想招他入朝做官，笼络其为"党羽"。胡宏在回信中婉言拒绝了秦桧的邀请，同时提出兴复岳麓书院。胡宏在信中写道"长沙湘西岳麓山书院原是赐额，祖宗时尝命山长主之，今基址皆在，湘山负其背，文水萦其前，静深清旷，真士子修习精庐之地也。至道二年，潭守李允则修而广之，乞降书史以厚民风。天圣八年，漕臣黄总奏乞特授山长进士孙胄一官，当时皆从之。今若令潭守与漕臣兴复旧区，重赐院宇，以某有继述其先人之志，特命为山长，依州县监当官，给以廪禄，于以表朝廷崇儒广教之美"①。显然，胡宏是想利用秦桧自视为胡安国旧交的关系，由朝廷任命自己为山长以修复岳麓书院，从而把官方扶持纳入他的书院重建力量之中。可惜，尽管胡宏搬出了先王赐额、委任山长等旧制，秦桧仍然未能为他圆梦。

此后，张栻等人遵循胡宏的思路，继续寻求官方支持书院建设。这一努力终于在乾道元年（1165）有了结果。乾道元年，潭州知州刘珙面对湘人修复书院的请求，悚然曰："是故章圣皇帝所以嘉惠一方，劝厉长养以风天下者，而可废乎？"②刘珙命令州学教授邵颖专门负责修复岳麓书院事宜，并从官方经费中拨出专款用于书院建设。有了地方官府的大力支持，不到半年即修复完工，并聘请张栻作为书院主讲。

白鹿洞书院的修复则是在朱熹担任书院所在地最高行政长官后完成的。当时，朱熹出任南康军知军，利用此职务之便，于淳熙六年（1179）指令军学教授杨大法及知县王仲杰共同办理白鹿洞书院的修缮事宜。

有官方的人力财力支持，白鹿洞书院在修建校舍、收藏图书、添置学田、延师招生、订立学规、设立课程等方面都得以顺利推进。但是，朱熹的书院建设目标不止于此，他还要寻求最高统治者的认可，得到皇帝的赐书、赐额。为此，他于1181年上疏《乞赐白鹿洞书院敕额》。在这份给皇帝的请赐报告中，朱熹说："臣窃尝伏读《国朝会要》，恭睹太宗皇帝尝因江州守臣周述之奏，诏以国子监九经赐庐山白鹿洞书院……

① （宋）胡宏：《胡宏集·与秦桧之书》。
② （宋）张栻：《南轩集·潭州重修岳麓书院记》卷一〇。

欲望圣明俯赐鉴察，追述太宗皇帝、真宗皇帝圣神遗意，特降敕命，仍旧以白鹿洞书院为额，诏国子监，仰摹光尧寿圣宪天体道性仁诚德经武纬文太上皇帝御书石经及印版九经注疏、《论语》、《孟子》等书，给赐本洞奉守看读。"[1] 朱熹很有策略，搬出了皇帝祖上，搬出了旧制，希望以此说服孝宗皇帝。但遗憾的是，由于朝中已久无奖赐书院之例，朱熹的请赐无果。然而，朱熹并未就此放弃。1181 年 11 月，已调离南康的朱熹得以面圣，于是当面向皇帝提出了赐书、赐额请求。功夫不负有心人，孝宗皇帝恩准了朱熹所求。几经波折后，朱熹终于使朝廷重开了对书院颁赐的实例。

至此，理学家们的书院复兴运动已见成效，书院建设获得了朝廷的认可和支持。官方力量与民间力量形成合力，掀起了南宋书院发展的春江大潮：宋孝宗时期新建书院即达 63 所，超出宋高宗时期一倍，几乎等于北宋新建书院的总数。

（2）庆元党禁，书院冷落

然而，书院发展热潮没有持续下去，很快便急转直下，进入了低谷。从宋光宗到宋宁宗开禧年（1189—1207）的 19 年间，新建书院仅有 9 所，其中，宋光宗时期新建书院的数量为零。书院受到冷落，"庆元党禁"是将书院打入"冷宫"的罪魁祸首。

早在宋孝宗淳熙末年，朱熹的学说即遭到政治攻击。淳熙十五年（1188），侍郎林栗上疏弹劾朱熹，说他："本无学术，徒窃张载、程颐绪余，以为浮诞宗主，谓之道学，妄自推尊。所至辄携门人数十人，习为春秋战国之态，妄希孔、孟历聘之风。绳以治世之法，则乱人之首也。今采其虚名，俾之入奏，将置朝列，以次收用，而熹闻名之初，迁延道途，邀索高价，门徒迭为游说……而辄怀不满，傲睨累日，不肯供职。是岂程颐、张载之学教之然也？望将熹停罢，以为事君无礼者之

---

[1] 《江西通志》卷一一五。

戒"①。这篇奏疏为朱熹戴上了不学无术、装腔作势、唯利是图及无视君上的帽子，对理学的生存状态而言，则大有山雨欲来风满楼之势。

对朱熹一派学说最严酷的打击是韩侂胄发动的庆元党禁。庆元党禁本是一场外戚韩侂胄打击政敌宗室赵汝愚的政治事件，但因赵汝愚对道学的力挺和反道学者对韩侂胄的倚重，而使得这场斗争演变为伪学逆党之争，理学成为最大受害者。事情起源于"绍熙内禅"事件：绍熙五年（1194），由于宋光宗身体及精神状况不佳，难以问政，宗室赵汝愚和宫廷内臣韩侂胄在太皇太后吴氏支持下拥立赵扩登基，即为宋宁宗，史称"绍熙内禅"。宋宁宗登基后，论功行赏，升赵汝愚为右相，韩侂胄希望皇帝封他做节度使，遭到了赵汝愚的反对，韩侂胄于是怀恨在心。赵汝愚个人尊崇道学，广纳名士，将朱熹召入宫中侍讲，成为宋宁宗的老师。此间，朱熹曾提醒宁宗要留意权臣专权，这引起正试图找机会除掉政治对手赵汝愚的韩侂胄"大恨"。某次，韩侂胄在请宁宗赏戏时，乘机进言"熹迂阔不可用"，结果朱熹被罢。庆元元年（1195），赵汝愚罢相，被贬至永州（今湖南零陵）。庆元二年正月，赵汝愚病死在衡阳；同年，朱熹等奉行的道学（理学）被定性为"伪学"。当权的韩侂胄举起"伪学""逆党"的大棒对理学当头打下，理学及其信奉者遭到严酷打击。首先是在科举考试中摒除义理之学，庆元二年二月，科举取士即规定"稍涉义理者悉皆黜落"。然后是做官升迁者必须声明"非伪学之人"。是年十二月，在韩侂胄授意下，太常少卿胡纮和监察御史沈继祖上书为朱熹罗织了不忠不孝、不仁不义、不公不廉等十宗罪，说朱熹是"剽窃程颐、张载之绪余，寓以吃菜事魔之妖术，簧鼓后进，张浮驾诞，私立品题，收召四方无行义之徒以益其党伍，潜形匿迹，如鬼如魅"②。

---

① （明）陈邦瞻：《宋史·纪事本末》卷八〇。
② （明）陈邦瞻：《宋史·纪事本末》卷八〇。

朱熹已被妖魔化，紧接着就有人上书请斩朱熹。庆元三年，朝散大夫刘三杰上书将"伪学"罪名升级为"逆党"，然后仿照元祐党争的做法开列伪学逆党名籍，朱熹、彭龟年、吕祖谦兄弟、叶适、袁燮等各派理学名家均"榜上有名"。显然，对朱熹等人及理学的迫害在不断加码，以致"老师宿儒，零替殆尽；后生晚辈，不见典型"①。庆元六年，朱熹在血雨腥风的庆元党禁中病逝，四方生徒准备前来奔丧祭奠。对此，朝廷令地方官严守防范，提出"四方伪徒，聚于信上，欲送伪师之葬。会聚之间，非妄谈时人短长，则谬议时政得失。乞下守臣约束"②。一代宗师追求学理却为奸猾权臣所不容，晚年命途多舛，到死也未得安宁。

在这样严酷的形势下，朱氏门人有的阿谀权臣；有的狎游市井；有的变易衣冠，与朱氏撇清关系。当然更多的朱氏门人选择了归隐乡间山林，承继老师衣钵，潜心理学。残酷的政治迫害增强了他们的凝聚力、认同感，他们将是下一轮书院复兴的主力军。这一时期，作为理学大本营的书院备受冷落也是在所难免了。由此我们也看到，源于民间的书院即便有了官府的认可，也仍是脆弱的，政治上的风吹草动都会在一定程度上左右书院的命运；但起于民间的书院也是坚韧的，"野火烧不尽，春风吹又生"，它在困境中积聚力量，等待机会。

因此，当党禁解除后，南宋书院的发展迎来了新的春天，走向了又一个高峰。

（3）嘉定更化，书院建设走向新的高峰

嘉泰二年（1202），韩侂胄因担心"不弛党禁，恐后不免报复之祸"，解除了庆元党禁。嘉泰四年，著作郎李道传上奏言："臣愿陛下特出明诏，崇尚此学（即程朱之学），指言前日所禁之误，使天下晓然知圣意

---

① （宋）魏了翁：《鹤山大全文集》卷一六。
② （宋）陈邦瞻：《宋史·纪事本末》卷八〇。

所在"①。这一明确为程朱之学平反昭雪的要求虽然未能如愿，但已显示出朝廷对于理学态度的重大变化。

到嘉定二年（1209），朝廷对理学及理学家们的态度发生了根本性的转变。首先是追谥朱熹为文公，彻底为朱熹平反；接着，又在嘉定八年谥张栻为宣公，九年谥吕祖谦为成公，十三年分别谥周敦颐、程颢、程颐、张载为元公、纯公、正公、明公。这一系列事件历史上统称为"嘉定更化"。"嘉定更化"标志着北宋以来的理学大家及他们所追求的理学道统正式得到官方认可。到宋理宗时，理学的地位达到极致，理宗对朱熹的《四书集注》赞扬有加，追封朱熹为徽国公，并下令将周敦颐、张载、程颢、程颐与朱熹一起从祀学宫。至此，程朱理学成为官方正统思想，一直延续到晚清。

宋理宗

与理学一起正位繁荣的是书院。普通士民需要通过书院学习理学、了解理学，理学家们需要通过书院探讨理学、发展理学、传播理学，朝廷则看到了书院对于匡正民心、化民成俗的价值。这样，书院的发展就形成了官方扶持、民间推动、大师导引的新局面。

朝廷对书院的支持和鼓励为书院的再度繁荣提供了有力的政治保障。宋宁宗在嘉定年间曾为福建云庄书院和江西东湖书院赐额，这一举动标志着统治者恢复了对书院的实质性支持，对书院的发展产生了巨大

---

① （明）陈邦瞻：《宋史·纪事本末》卷八〇。

的推动力。据统计，宋宁宗时期新建的 47 所书院中，从庆元到开禧仅建 9 所，嘉定年间即新建 38 所，前后相较，可谓大踏步前进。宋理宗和宋度宗对书院更是偏爱有加，采取了积极持久的支持政策。

关于宋理宗对书院的鼎力支持，有两点特别值得提及。一是在位 40 年间，坚持对书院赐田、赐额、赐书，根据邓洪波统计，得到理宗赐田赐额赐书等恩泽的书院多达 37 所①。二是亲自手书《白鹿洞书院揭示》，颁行天下，成为书院共同遵守的教条，理宗皇帝的这一行动既是对朱熹书院理想的高度认同，也从一个侧面体现了白鹿洞书院及《白鹿洞书院揭示》无与伦比的文化价值，为书院建设树立了一面旗帜。理宗驾崩后，承继大统的度宗同时继承了理宗的书院政策，一如既往支持书院，为书院赐田、赐额、赐书。上有所好，下必效之，皇帝对书院的政策直接影响着地方官员对书院的态度。在朝廷和地方政府的大力推动之下，南宋又一次掀起了书院建设热潮，理宗时期建书院 83 所，数量居南宋各时期之首；度宗掌朝仅仅十年，建书院即达 40 所，年均建书院最多。从这两组数据中，不难感受到南宋中后期书院的蓬勃发展之势。

就本质而言，即便有官府参与，书院仍然是民间机构。但官府或者说政治在民间书院发展中扮演的角色却不可小视。政治迫害会令其一蹶不振，而一旦有政府倡导支持，书院则又会焕发勃勃生机。南宋中后期官方的鼓励极大地调动了民间力量建设书院的积极性，创办书院成为一种潮流，而众多理学大师的弟子们抓住了政策宽松、政府支持这一机遇，成为书院建设潮流中的主力军，袁甫、魏了翁、欧阳守道、真德秀等即是其中的典型代表。据吴万居考证，庆元党案后，朱熹弟子与书院有关系的就达 60 余人②，他们或者亲自创建书院传播先贤之学，或者受

---

① 邓洪波：《中国书院史》，东方出版中心 2004 年版，第 139—140 页。
② 吴万居：《宋代书院与宋代学术之关系》，台湾文史出版社 1991 年版，第 247—250 页。

聘讲学于书院，或者为书院题诗作记。这样一种文化自觉铸就了这一时期书院的灵魂，他们的书院情结对于书院在数量和品质上的发展都功不可没。

一波三折，几经沉浮，我国书院在南宋后期发展到成熟水平。南宋书院发展中的三个特点是其成熟的标志。

第一，书院各项工作规范化。这主要反映在以下四个方面：

一是形成了基本统一的书院建筑格局。南宋书院一般都由讲堂、斋舍、先贤祠堂、藏书楼、仓廪厨房等功能不同的几部分构成。文天祥所描述的安湖书院结构就有一定的代表性："书院之制，前为燕居，直以杏坛，旁为堂，左先贤祠，祠后为直舍，缭斋以庑，不侈不隘"①。这样的建筑布局确保了书院讲学、研究、祭祀、接待访学交流等活动都能各得其所。

二是确定了书院的基本功能。书院既不同于官学，也有别于私塾性质的学校，其基本功能不是为科举考试服务，也不是启蒙教育，而是追求"继绝学"，化民俗。为此，讲学传道、交流学术、祭祀先儒成为书院最为重要的活动。每一所著名书院背后都矗立着若干道学家，如朱熹不仅精心经营白鹿洞书院，还到岳麓书院、武夷精舍、沧州精舍等地开展讲会活动，发表学术见解；陆九渊不只是在他的象山精舍讲心学，还到理学大本营白鹿洞书院论道。讲学目的则在于"讲明义理，以修其身，然后推以及人"②。书院的学生不拘地域，只要有志于学，或倾慕某人大名，都可前来学习，书院还提供食宿。这样的功能使书院与各地传统官学、私学基本划清了界限。

三是构建了比较完备的组织管理系统，书院职事分工明确。较大的书院一般设山长作为最高领导，下设堂长、讲书、司录、斋长等职分管

① （宋）文天祥：《文天祥全集》，江西人民出版社1987年版。
② （宋）朱熹：《朱文公文集》卷七四《白鹿洞书院教条》。

相关事务。有些书院的管理机构分工相当细，如明道书院设了山长、堂长、提举官、堂录、讲书、堂宾、直学、讲宾、钱粮官、司计、掌书、掌仪、掌祠、斋长、医谕等15种职位，可以说是事无巨细，均有专人管理。

四是订立了书院的规章制度。在书院规章制度建设方面最典型的就是制定学规章程以规范书院的日常事务、约束书院师生的行为举止。如吕祖谦的《丽泽书院学规》对学习者的品德修养、学习方法、学习纪律等都有具体规定；朱熹的《白鹿洞书院揭示》以简明扼要之语，精择先圣成训，规定了学习内容（五伦）、学习层次（学问思辨行）以及修身、处事、接物的要义。朱熹订此学规，意在匡正当时教育存在的"钓声名，取利禄"弊病。《白鹿洞书院揭示》充分体现了书院之精神，后来由宋理宗颁行天下，成为许多学校共同遵守的学规。《明道书院规程》在仿行《白鹿洞书院揭示》的基础上，还对入学资格、教学内容及时间安排、学业与德业考评奖惩、请假与考勤等都做了硬性的规定，以保证书院的品质和正常运行。

第二，书院祭祀对象个性化。北宋时期书院的祭祀对象主要是儒家先贤，如岳麓书院"祀先师、十哲、七十二贤"，江西秀溪书院"中设夫子位置，翼以颜曾思孟"。实际上，当时书院所祭祀的关键人物就是官方认可的至圣先师孔子及亚圣孟子。到南宋时，书院祭祀的对象日益多样化、个性化，在祭祀孔孟的同时，还祭祀能够象征本书院学术渊源与特色的人物，如明道书院专祀程颢，朱熹门人经营的书院则当然祭祀朱熹，陆象山传人在书院中主要祭祀陆象山。由于南宋书院主要传播理学，所以周敦颐、"二程"、张载及后来的朱熹、陆九渊、张栻、吕祖谦等都成为许多书院的崇祀对象，并延续至后世。此外，书院也祭祀那些本方乡土的有德之人、在此地做官于本土有功之人、在此地学有大成之人或教化一方卓有成就之人。凡那些与本土有一定关系（包括学术渊源）且德行道义足以垂范后人者都可能入祀书院。

第三，书院教学方式多样化。与官学师授生受的教学方式相比，书院的教学具有以下两个突出特点：

一是强调学生的自主学习及相互启发。如《丽泽书院学规》之《乾道五年规约》就要求学生学习时"凡有所疑，专置册记录。同志异时相会，各出所习及所疑，互相商榷，仍手书名于册后"①；朱熹也鼓励学生"自去理会，自去体察，自去涵养"，教师"只是做得引路底人，做得个证明底人，有疑难处，同商量而已"②。用今天的话说，就是让学生真正成为学习的主体，开展自主学习、合作学习、探究学习。

二是开展不同层次的讲学活动。书院的讲学既有大师讲会以探究学理；也有山长、堂主主持的意在传播学术的专题教学，这一层次的讲学所占比例较大；甚至还有开放式的对广大民众进行教化的讲学。书院还常常从其他地方聘请名人讲学，朱熹本人就经常应邀到各地书院讲学，朱熹也邀请他人到白鹿洞书院讲学，如曾经请与他学术观点迥异的陆九渊到白鹿洞书院，以"君子喻于义，小人喻于利"为题讲学，听者"莫不悚然动心"，甚至涕泣，朱熹本人也高度赞扬这位学术论敌的洞见。

还需要提及的是，南宋书院与学术研究融为一体，其突出表现就是书院与理学的同命运、共荣辱。南宋的理学家们正是在书院中找到了精神家园，书院也因理学家的耕耘而确立了文化品格。

---

① （宋）吕祖谦：《吕东莱文集》卷一〇。
② （宋）朱熹：《朱子语类》卷一三。

四、元朝治下：书院顺势北进

蒙古族人用草原铁骑结束了宋辽夏金长期对峙征战的局面，代汉入主中原，建立了中国历史上第一个由少数民族当政的大一统王朝。兵燹战火会给书院的发展带来什么灾难？蒙古族的统治会给已成气候的书院带来什么命运？历史已经给出了答案。

书院是幸运的，虽然连年兵燹，难免殃及书院，但元朝统治者保护、建设书院的政策是明确而坚决的。书院在元朝时期的发展基本上延续了南宋的良好势头，保持了繁荣兴盛局面。据统计，元朝仅存的98年间，新建书院282所，兴复旧有书院124所，共有书院406所。元朝年均新建或修复的书院数量超过了南宋，在元世祖和元惠宗时期出现了两次建设书院的热潮。

（一）推动元朝书院发展的两只巨轮

元朝书院之所以在战火纷飞后能很快恢复元气，滚滚向前，主要得益于它有两只坚实的巨轮：宋遗民与元政府。

1. 宋遗民（此处指士人阶层）栖身书院，讲学传道

宋遗民为保留文人气节寄情书院以延续圣贤一脉的精神追求是推动元初书院发展的重要因素。相当数量的中国传统士人都自觉担负着"为天地立心，为生民立命，为往圣继绝学，为万世开太平"这一崇高使命。因此，当战火燃烧、道统可能不继时，当在其时被视为"化外之民"的少数民族成为最高统治者可能让斯文扫地时，许多士人决绝地选择了归隐传道。另外，传统读书人特别讲究气节，"饿死事小，失节事大"，早在商周鼎革之际就有伯夷叔齐不食周粟，饿死首阳山的前例。

在理学的纲常人伦、忠孝节义浸淫下成长起来的宋末士人，更看重气节。宋元交战时，他们选择抵抗，岳麓书院师生的抗元斗争就是一个缩影。当元朝在全国建立统治已成事实时，相当多的士人选择或身随国去，或悲哭终生，或落发为僧，或隐而为道，继续圣人的事业，如在宋朝为官的文天祥、陆秀夫等人，以及朱熹的三传四传弟子王应麟、黄震等等。

宋遗民与书院的关系可分为三种情况：

一是自己创建书院讲学。这是一些自己有足够房舍和田产的宋遗民。如，理学大师吴澄的弟子夏友兰就自建鳌溪书院，且捐田500亩以维持书院的正常运行，夏友兰去世后，其子又捐田160亩以继膏火；武陵人丁易东"入元屡征不仕，筑石坛精舍，教授生徒，捐田千亩以赡之"①，后朝廷赐额沅阳书院。根据徐梓的考证②，元初宋遗民自建的书院有16所。

二是接受官方聘请讲学书院。时称"江汉先生"的名儒赵复在被俘后受聘在元燕京（1272年更名为大都）的太极书院讲学就是一个典型。《元史》记载，赵复被俘后，随行元军的姚枢很欣赏他，带他北上。路上，赵复因家仇国恨而想投水自杀，被姚枢劝下。后来，忽必烈曾问赵复："我欲伐宋，君可导之否？"赵复说："宋，吾父母国也，未有引他人以伐父母者。"③世祖忽必烈听了赵复之言，感于其气节，也就不再强要他出仕。朝廷建太极书院后，即请他担任了主讲，传播程朱学说。也有史料说，当时赵复并未随姚枢北上④，只是将自己所录程朱学说送给姚枢携带北上，直到五年后，杨惟中与姚枢主持建立太极书院，才聘请赵

① 光绪《湖南通志》卷一六四。
② 徐梓：《元代书院研究》，社会科学文献出版社2000年版，第33—36页。
③ （明）宋濂：《元史》卷一二三《列传七六》。
④ 陈谷嘉、邓洪波主编：《中国书院史资料》，浙江教育出版社1998年版，第376页。

复到燕京主持教学。无论如何争论，赵复受官府所聘讲学太极书院、传道化民都是不争的事实。大多数遗民受官方所聘讲学，既是生计所迫，更有传承道学、教化一方的文化使命。

元世祖

三是一些无财力自己创办书院，又不愿或不能受聘于官方书院的遗民，则选择栖身于乡人或弟子创办的书院中。如郑玉讲学的师山书院就是由他的学生捐钱、捐田创建的。

书院为宋遗民提供了能坚守圣人教化的精神家园；而宋遗民对书院的情有独钟，又推动着元初书院事业向前发展，为元初书院赓续兴盛局面作出了贡献。

2. 元政府积极的书院政策

中国古代，伴随周边民族铁骑横扫中原的往往是生灵涂炭，田舍被毁，斯文扫地。而这一次宋元间的改朝换代，尽管到处是惨烈的战场，但书院及其他教育机构基本上幸免于难，因为，蒙古族统治者采取了积极的书院保护政策。

中统二年（1261）六月，即谕令伐宋前两个月，元世祖下诏曰："宣圣庙及管内书院，有司岁时致祭，月朔释奠；禁诸官员使臣军马，毋得侵扰亵渎，违者加罪。"[①]忽必烈的这道诏书成为战火中许多南方书院的护身符，从而免遭毁灭。当然，城门失火，难免殃及池鱼，战火纷飞中，"护身符"也未必能尽保书院的完好和安宁，湖南岳麓书院和湘西

---

① （明）宋濂：《元史》卷四《本纪四》。

书院、桂林宣成书院、福建凤岗书院等就在战火中化为废墟。

不过，总的来说，南进元军基本能够奉诏行事，并在统治区域制止破坏书院的行为。如至元二十八年（1291），朝廷查处西夏商人、江南佛教事务总摄杨琏侵占书院产业一案即是一个有力例证。当时，杨琏依仗权势，霸占了其统辖范围内的许多宫观、庙宇、学舍、书院、民房、田地、山林，其中就包括湖州的安定书院、镇江的淮海书院等。杨琏在霸占这些地方后，"不为修理爱护，摧毁圣像，喂养头匹，宰杀猪羊，恣行蹂践"，杨琏的所作所为，搞得当地民怨沸腾。于是，朝廷派人前往查办，不仅查抄了杨琏所霸占的一切公私物件，将书院、学舍的产业物归原主，而且张榜告示，以起到警示作用①。此后，在元成宗和元武宗时期也都先后颁布过类似的保护书院田舍、不许随便占用的诏令。可见，元朝对书院的保护政策具备一定的连贯性。

至元二十年，先后有浙东宣慰使石国秀、原赣州通判尹应元拟将江南学田挪作他用。对这种觊觎书院田产的行为，至元二十年时明确规定："江南赡学田产所收钱粮，令所在官司拘收见数，明置簿籍，另行收贮。如遇修理庙宇，春秋释奠，朔望祭祀，学官请给，住坐学生员食供，申覆有司，照勘端的，依公支用。若有耆宿名儒、实无依倚者，亦于上项钱内酌量给付养赡，毋令不应人员中间虚费钱粮"②；至元二十三年，元世祖又诏令："江南诸路学田昔皆隶官，诏复给本学，以便教养"③。由上可见，朝廷明文规定专款专用，学田收入只能用于书院的各项活动。这一规定从经费层面保证了书院的正常运行。

元政府在认可南方已有书院的同时，还鼓励私人创办书院。至元二十八年，元世祖忽必烈诏令："江南路学及各县学内，设立小学，选

---

① 《庙学典礼》卷三。

② 《庙学典礼》卷一。

③ （明）宋濂：《元史》卷一四《本纪一四》。

老成之士教之，或自愿招师，或自受家学于父兄者，亦从其便。其他先儒过化之地，名贤经行之所，与好事之家出钱粟赡学者，并立为书院。"[①] 也就是说，只要与"先儒""名贤"有一定关系的地方，在具备维持书院正常活动的经济实力的前提下，只要愿意都可创办书院。应当说，这个办书院的政策是相当宽松的。政府的奖励措施一般是委任创办者为书院山长，这自然有利于调动办学者的积极性，但也难免因此鱼目混珠，有人就将办书院当山长作为进身之梯。

元政府对书院的积极支持政策自然有其政治上的意图，如笼络人心、争取士人阶层、缓和民族矛盾、控制思想等，但就其实际效果来看，确实是在朝廷的保护、支持下，元朝南方书院基本继续了南宋的发展势头，北方书院也获得了长足的进步，官办书院更是起到了很好的示范作用。

（二）元代书院的成长印记

在我国古代书院的成长历程中，元朝书院有着属于那一个时代独特而鲜明的特点。

1. 书院向北发展

宋金对峙期间，北方书院遭到破坏。尽管金在后期受南宋书院发展大势的影响，曾修复或新建了一些书院，如河南应天书院和黄华书院、直隶封龙书院、山东状元书院和武城书院、山西翠屏书院等，但总的来说，数量很有限，和当时南宋的 500 余所书院相比，北方的书院数量可谓微不足道。

到了元朝，北方书院这种无足轻重的局面日渐改观。元以大都为都城，政治中心在北方，发展北方的经济文化、提升北方的地位以控制南方就显得很必要。为此，统治者不仅在科举考试中将名额向北方倾斜，

---

① （明）宋濂：《元史》卷八一《选举一》。

尤其是中书省、河南行省、陕西行省的录取名额都高于南方各省，而且着力引导理学北传——当时理学与书院是荣辱一体的。甚至在战争中，也没忘记寻找饱学之士北归，如《元史》中就有这样的记载，"岁乙未，南伐，诏枢从惟中即军中求儒、道、释、医、卜者"①，短短数语，我们看到了忽必烈谋求文化北传的远见卓识。在此次征伐中，姚枢寻到了名儒赵复，并将一批程朱学说的抄本带回了大都。此外，元朝统治者还在北方开建官方书院。据《续文献通考·学校考》记载："自太宗八年，行中书省事杨惟中从皇子库春伐宋。收集伊洛诸书送燕京，立宋儒周敦颐祠，建太极书院，延儒士赵复、王粹等讲授其间，此元建书院之始。"② 太极书院的创建对北方书院建设起到了很好的示范作用，此后，昌平有谏议书院，河间有毛公书院，景州有董子书院，京兆有鲁斋书院……北方书院就这样星星点点燎原开来。

在前述政策的引领和带动下，北方书院得到了快速发展。根据邓洪波的统计，元代黄河流域共有书院43所，占当时书院总数的18.94%（宋代为13所，占3.25%）③；如果按省区分布，则北方六省（北京、河北、河南、山东、山西、陕西）共有书院67所，北京实现了书院的零突破；白新良的统计认为，到元末时直隶、河南、山东、山西、陕西五省新建书院达80所，几乎占全国新建书院数的30%④。由于种种原因，不同学者的统计存在一定的差异，但这并不妨碍我们对北方书院发展走上快车道这一趋势的认识。元代北方书院的发展促进了北方思想文化的繁荣，也为明清时期书院的继续北向发展奠定了基础。

2.官方深度介入书院建设，书院趋向官方化

官方介入书院的建设当然不是从元朝才开始的。实际上，书院从产

---

① （明）宋濂：《元史》卷一五八《列传四五》。

② （明）王圻：《续文献通考》卷六〇。

③ 邓洪波：《中国书院史》，东方出版中心2004年版，第218、219页。

④ 白新良：《中国古代书院发展史》，天津大学出版社1995年版，第36页。

生起，就多多少少与官方发生着关系。南宋时，官方通过赐额、赐书、赐田、发表扬信、任命山长等（宋理宗时尤为突出）方式进一步密切了与书院的关系。到元代时，官方介入书院的方式已远不止赐额、赐田、赐书或发表扬信，而是深度介入到了书院建设的方方面面，不断将书院推向官方化。这主要表现为以下四个方面：

第一，实施严格、繁琐的书院报批手续。如前所述，元朝初期出于笼络士人策略，政府鼓励民间创办书院，书院创办政策很宽松，只要当地有过宿儒名家足迹，只要是具备有财力的"好事之家"，都可自由建书院。但到元朝中后期时，书院的创办就不那么容易了，需要经过官府的层层审批才行。要办一所书院，第一步是向地方官（一般是县官或州官）提出书面申请；在县、州政府认可后，报廉访使者，并进一步上报行省；接下来行省再报中书省；中书省一般交由礼部、集贤院和国子监分头讨论；中书省综合三家意见后决定是否批准；中书省批准后，再按原来上报的程序，次第返回①。这样一个来回，没有三五年时间报批手续办不下来。给人的感觉，似乎是要用程序之繁琐、时间之迁延来考验办学者的耐心和决心。

由于书院的最终批准权在中央，于是有人为了节约时间，简化手续，直接到京师找门路疏通关系，让其申请直达最高层。如南宋大师魏了翁的曾孙魏起，为兴复魏了翁创办的鹤山书院就走了这样的报批路子："泰定甲子（1324）之秋，乃来京师，将有请焉。徘徊久之，莫申其说。至顺元年（1330）八月乙亥，上在奎章之阁，思道无为，鉴书博士柯九思得侍左右，因及魏氏所传之学与其曾孙起之志。上嘉念焉，命臣集题鹤山书院，著记以赐之。"②魏起因与时任翰林直学士兼国子监祭酒的虞集在曾祖父辈有同窗之谊，因此才得以走上层路线来解决书院的

---

① 参见徐梓：《元代书院研究》，社会科学文献出版社2000年版，第55—56页。
② （元）虞集：《道园学古录》卷七《鹤山书院记》。

报批问题。然而，从1324年动议到1330年批准，也历经六年之久，捷径尚且如此，其余的足可想见其艰难程度。

元政府通过对创办书院的严格审批，使书院从诞生之日起就处于政府的控制之中。在这样繁琐、拖沓的审批手续下，民间办书院实属不易，这自然影响了书院的正常发展势头。

第二，山长学官化，官府控制着书院领导权。山长是书院主持教学与管理的负责人，一般由名师鸿儒担任。南宋后期，山长开始学官化，出现由地方学官任山长或由吏部授山长的情况。到元朝时，山长进一步纳入到地方官员体系中，成为一种学官。

至元二十八年（1291），元政府对各地方的学官设置作了明确规定："凡师儒之命于朝廷者，曰教授，路府上中州置之。命于礼部及行省及宣慰司者，曰学正、山长、学录、教谕，路州县及书院置之。路设教授、学正、学录各一员，散府上中州设教授一员，下州设学正一员，县设教谕一员，书院设山长一员。中原州县学正、山长、学录、教谕，并受礼部付身。各省所属州县学正、山长、学录、教谕，并受行省及宣慰司札付。凡路府州书院，设直学以掌钱谷，从郡守及宪府官试补。直学考满，又试所业十篇，升为学录、教谕。凡正、长、学录、教谕，或由集贤院及台宪等官举充之。谕、录历两考，升正、长。正、长一考，升散府上中州教授。上中州教授又历一考，升路教授。教授之上，各省设提举二员，正提举从五品，副提举从七品，提举凡学校之事。"[①]该规定明确告诉我们，山长属于各级学官中的一级。不仅山长的遴选需经过集贤院及台宪等提名，再由礼部、行省或宣慰司任命的程序，而且还确定了山长的考评升迁办法，即山长可以由通过考核的学录、教谕升任，而山长通过相关的考试后，也可以向上一级学官晋升。此外，山长的俸禄也有统一规定，如至元二十四年规定北方山长俸禄为

————————
① （明）宋濂：《元史》卷八一《选举一》。

每月粮三石，钞三两。食君之禄，忠君之事。可以说，元朝的山长已经成为官僚系统的一部分。政府可通过对山长的考核任免来控制山长，进而控制书院。

山长是书院的灵魂，道德文章均需为世人称道。宋朝的书院山长往往是硕儒名师，至少在当地堪作世范。然而，在官府的干预下，作为元朝官员的山长，其候任人选有时随意得令人难以置信。当然，有一些山长仍是名师大儒，或者昔贤后嗣，如太极书院的山长赵复、明经书院的山长胡炳文、景星书院的山长黄泽等等都是著名的理学传人。但这只是一小部分，还有相当多的山长是官府根据各种因素任命的。比如元仁宗延祐二年（1315）四月，为解决"太阴犯壁垒阵"的问题，"赐会试下第举人七十以上从七品流官致仕，六十以上府州教授，余并授山长、学正"①，这样的封赏显而易见大大降低了山长的水平。元惠宗至正三年（1343）三月，根据监察御史成遵等人的建议，同意"用终场下第举人充学正、山长，国学生会试不中者，与终场举人同"②，山长人选水平再次被拉低。下第举人至少有年高优势，而国学生则初出茅庐，既没有学术成就，也缺乏教学历练，何以堪当山长？此外，地方官在举荐山长时，难免出于私利，将

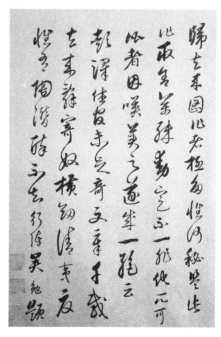

虞集·跋何澄归庄图卷（局部）

---

① （明）宋濂：《元史》卷二五《本纪二五》。

② （明）宋濂：《元史》卷四一《本纪四一》。

一些不学无术的亲戚也塞进山长队伍。这样的山长队伍无疑会导致书院的教育质量下滑。当时的太常博士、集贤院修撰虞集就曾痛斥这种现象："师道立则善人多，今天下教官，猥以资格注授，强加之诸生之上，而名之曰师。有司生徒，皆莫之信，而望师道之立可乎？"①

山长变学官，终将导致山长的追逐名利之风，进而影响书院的健康发展。

第三，介入学田，掌控书院的经济命脉。对于书院来说，学田就是其得以正常运行的生命线，是书院坚实的经济基础。书院学田来源一般有三个途径：

一是书院创办者自己置办，一定数量的学田也正是创办书院必备的前提条件之一。

二是民众的慷慨捐赠，如师山书院的学田大多是主讲郑玉的弟子们捐助的，民众捐赠是书院学田比较稳定的来源渠道。

三是官府划拨。政府有时会对一些有成就的书院赐田以示奖励，有时也拨田给有困难的书院，如元成宗就曾下诏："其无学田去处，量拨荒闲田土，给赡生徒。"②

当书院属于民间组织时，书院的学田毫无疑问是书院的私有财产，不归官方管。然而，当书院被官方化后，学田就成了国有的学产。元朝政府正是这样直接介入了对书院学田收支的管理中。比如，对江南学田，政府明文规定："江南赡学田产所收钱粮，令所在官司拘收见数，明置簿籍，另行收贮。如遇修理庙宇，春秋释奠，朔望祭祀，学官请给住坐学生员食供，申覆有司，照勘端的，依公支用。若有耆宿名儒、实无依倚者，亦于上项钱内酌量给付养赡"③，根据这个

---

① （明）王圻：《续文献通考》卷五〇。

② （元）宋禧：《庸庵集》卷一四《高节书院增地记》。

③ 《庙学典礼》卷一。

规定，学田的收入交由相关的官员登记在册，专门管理；书院用费则需要向相关部门申请支取。为此，还专门设"直学"一职掌管书院田产的收支。至此，政府牢牢控制了书院的经济命脉，同时也更有效地控制了书院。

第四，官府直接创办书院，强化书院的官方色彩。说到元朝的官办书院，首先当推名臣杨惟中和姚枢主持创办的太极书院。太极书院影响力很大，它由朝廷直接办理，延请名儒赵复主讲。太极书院是元朝京师第一所书院。延祐二年（1315），河南创建诸葛书院，该书院也由朝廷办理。总的来说，由朝廷出面办理书院的案例尚属个别。元朝的官办书院主要还是各级地方官办理的，典型代表有宣慰使张宏范修复安徽采石书院、按察副使粤屯希鲁建江西绍文书院、知州汪元奎建安徽紫阳书院、廉访副使王俣建浙江石门书院、监邑阿里建江西草堂书院、银场提举侯勃兰奚建江西正德书院。对于官办书院占书院总数的比例，曹松叶统计为30.63%，邓洪波统计为17.23%[①]。统计结果的差异自然有统计口径、统计误差的原因，但主要还是与官办书院的性质判定标准相关，如地方官出面创办的书院是否就是官办书院，还值得商榷。

就书院创办的草根性与民间传统而言，即便认定只有17.23%的官办比例，这也已经很可观了。还需要注意的是，由于元朝中后期对书院创办审批手续的严格、复杂，使得各级政府能充分利用自己的有利条件，深度介入到书院的创办之中。

元政府深度介入书院的建设，体现了官方对书院文化与教育价值的充分认同，不仅使书院发展有坚强的后盾，而且官办书院对其他性质书院的创办具有显而易见的引导与示范作用。但同时也要看到，官学化的书院难免逐渐泯灭书院的自由精神与学术魅力。江堤将元朝书院归纳为"锋芒消失的时代"，此言不无道理。

---

① 邓洪波：《中国书院史》，东方出版中心2004年版，第197页。

大都太极书院

3. 多民族共建书院

元代书院还有一个突出的亮点：少数民族成为创办书院的有生力量。传统书院一般由汉族官绅士人创办，但在元代，已能考证到的至少有蒙古族、女真族（今称满族）、苗族人士参与到书院创办中。蒙古族作为元朝的统治民族，自会充分利用政策及地位优势参与书院建设。其中，值得在此记述的当数蒙古族从三品秘书监达可在四川成都创办书院的义举。达可退休后回到生长地四川，定居成都，然后用自己的私人积蓄在成都创办了石室、草堂、墨池三所书院，竭尽全力为书院购置学田、书籍，上表请赐。刘岳申在《西蜀石室书院记》中盛赞达可这种热心教化、慷慨无私的精神，情不自禁连呼"贤哉秘书"；有人甚至将达可与西汉的文翁相提并赞。此外，女真族（今称满族）的富珠哩氏在河南创办博山书院、苗族的杨再成在湖南创办儒林书院，也都表明元代多民族人士加入到了创办书院的队伍中。

少数民族加入创办书院的行列，成为有元一代推动书院发展的重要力量，还为明清时期更多少数民族人士投身书院建设起到示范作用。

孔子在《春秋》中说："夷狄入中国，则中国之；中国入夷狄，则夷狄之。"圣人之言不虚。不过，更应记住的是元世祖忽必烈，他"度量弘广，知人善任使；信用儒术，用能以夏变夷"①。元世祖对中原文化的敬重和远见卓识，终于使得书院文化得以在元统治时期继续发扬光大。

当然，元代书院在发展中至少有两个缺陷是不能被忽视的：

一是虽然书院的绝对数量不逊于宋朝，但考虑到元朝疆域空前辽阔，再考虑到元朝官学数量巨大（较为普遍的观点认为是两万多所），两相比照，就不得不承认元书院其实是寥若晨星。

二是官方深度介入的本质是为了有效控制书院，这样的做法让书院逐渐成为政治的附庸，失去书院的独立品格和自由精神，这也是最为可怕的。

---

① （明）宋濂：《元史》卷一七《本纪一七》。

五、有明一代：书院大起大落

书院发展到明朝，既创造了新的辉煌，又屡屡罹祸。可谓一波三折，命途多舛，实乃喜忧参半，可喜而又可怜、可悲。

（一）明前期：在低谷中徘徊

元朝军队南下攻宋之时，书院得到了来自元朝统治者的政策呵护，尽管有池鱼之祸，但很快得以恢复元气。而在元明鼎革的过程中，书院不再有那样的幸运：战火燃处，玉石俱焚，新朝建立，又被打入另册。在明朝前期的近百年里，书院陷入无奈的沉寂之中。

实际上，在明朝刚刚建立时，朱元璋曾经让书院的拥护者对书院发展前景充满希望。因为洪武元年（1368），朱元璋下令在孔子故乡修复洙泗书院和尼山书院，预示着书院似乎又将在战火蹂躏后重生。然而，形势很快就来了个一百八十度转弯。也是在这一年，朱元璋又下令"改天下山长为训导，书院田皆令入官"[①]。洪武五年，又进一步"革罢训导，弟子员归于邑学"[②]。书院的灵魂人物山长被革罢、书院经济支柱学田被没入官、书院的学生要入官学就读，同时作为原来创办民间书院重要力量的士人也在太祖"愿与诸儒讲明治道"及"有司礼遣"[③]的政策下选择积极入仕。就这样，书院被整个社会冷落了。出身草莽的朱元璋在洪武元年修复洙泗书院和尼山书院的行为至此可以解读为只是一种重视文

---

① 雍正《宁波府志》卷九。

② 陈谷嘉、邓洪波主编：《中国书院史资料》，浙江教育出版社1998年版，第478页。

③ （清）张廷玉等：《明史》卷二《本纪二》。

教的对外宣示罢了，毕竟两书院都与孔子相关。这样的宣示无疑有助于争取到读书人对新政权的支持。

与书院备受冷落形成鲜明对照的是，明初历洪武、建文、永乐、洪熙、宣德五朝统治者秉持"治国以教化为先，教化以学校为本"的教育

尼山书院

洙泗书院

理念，不遗余力支持官学。概括起来，主要表现为以下三个方面：

第一，确立了从中央到地方的各级官学系统。

元至正二十七年（1367）七月，改应天府学为国子学，作为国家最高等级官学。明朝建立后，将国子学迁到南京鸡鸣山下，并改名为国子监。永乐元年（1403）又在北京增建国子监。于是，南北国子监共同构成明朝中央官学。洪武二年"诏天下郡县立学"①，令曰："朕惟治国以教化为先，教化以学校为本。京师虽有太学，而天下学校未兴。宜令郡县皆立学校，延师儒，授生徒，以讲论圣道，使人日渐月化，以复先王之旧。"②洪武八年，又诏令天下立社学；弘治十七年（1504），下令各府州县都应建立社学，选择明师，将民间 15 岁以下幼童送入读书。这样，从国子监到城乡社学，明朝确立了比较完备的官学体系。

第二，朝廷从生活待遇上给予优惠政策，以吸引学生入学。

洪武十三年，"命天下学校师生，日给廪膳"③，对各级学校师生不仅给米，而且还要求"有司给以鱼肉"。国子监学生的待遇就更好了，不仅"厚给廪饩，岁时赐布帛文绮、袭衣巾靴，正旦元宵诸令节，俱赏节钱"，而且"孝慈皇后积粮监中，置红仓二十余舍，养诸生之妻子"。也就是说，国子监的学生们有优厚的膳食津贴，有节日赏赐，还要发放衣帽布帛等物品；不仅自己衣食无忧，而且他们妻子儿女的生活也有专门供养；对于打算娶妻者，"赐钱婚聘及女衣二袭，月米二石"；监生们回乡探亲时，朝廷还要送衣、送路费，"赐衣一袭，钞五锭"④。

第三，官学学生的政治前途也一片光明。

明初倚重官学的学校教育，其中重要的一点就是国子监的监生可以直接做官。洪武二十六年，朱元璋一次就提拔了 64 个监生，"为行省

---

① （清）张廷玉等：《明史》卷二《本纪二》。

② （清）张廷玉等：《明史》卷六九《选举一》。

③ （清）张廷玉等：《明史》卷二《本纪二》。

④ （清）张廷玉等：《明史》卷六九《选举一》。

布政按察两使及参政参议副使佥事等官"①，对监生的重用程度不可谓不高。即便到后来，由于开"纳粟"捐监生之例，监生有些泛滥且质量下降，但仍可在地方直接谋个小官职。府州县学学生"入国学者即可得官"，府州县学每年向国子监选贡生员。不同时期名额略有不同，洪武二十五年确定的名额为府学二人，州学两年三人，县学一人。这些备选生员经过翰林考试后，"中试者一等入国子监，二等入中都，不中者遣还"。当然，府州县学大量的学生是通过科举考试取得进身资格的。洪武三年曾规定："使中外文臣皆由科举而进，非科举者毋得与官"，同时规定"科举必由学校"，读书人必须在学校的岁考中列入第一、二等，成为科考生员，才有资格参加乡试。这样，读书人若想要在科举之路上前行，就只有进入学校学习。

明朝前期，在这样的"教化以学校为本"教育理念指导下，教育政策明显地表现为对书院的抑和对官学的扬。一抑一扬之中，书院在战火燃烧后的废墟里苟延残喘，生存空间变得逼仄压抑；而官学则是扬眉吐气，呈现"学校之盛，唐宋以来所不及"的空前繁盛景象。

从明太祖洪武元年到明英宗天顺年（1368—1464）的近百年间，全国仅新建书院68所，修复书院75所②。其中，从洪武到宣德的五朝68年中，新建、修复、重建的书院全部加起来只有77所，这一数据无论与前代元朝相比，还是与明中后期相比，都显得有些微不足道。书院在明朝前期低谷徘徊近百年！

（二）明中期：书院发展曙光重现

书院在明朝发展的转机出现在成化年间（1465—1487）。从宪宗成化到孝宗弘治的41年间（1465—1505），新建及修复书院达173所，超

---

① （清）张廷玉等：《明史》卷六九《选举一》。
② 白新良：《中国古代书院发展史》，天津大学出版社1995年版，第56—66页。

明宪宗

过前期近百年的总数。书院重获生机，这既是官学走向衰败的结果，也是一部分有识之士倾力拯救书院的结果。

翻过明朝前期那一页历史后，呈现在我们面前的明朝中期已是衰象尽显，高度集权的国家政权开始走向腐败，皇帝荒淫，宦官专权，农民起义与西北边患此伏彼起。而这时，国家教育也走向了堕落，作为教化之本的学校和作为选才依据的科举都面临诸多问题。中央官学的监生素来由地方择优推荐，并经过翰林考核，大多数还算有些真才实学。但在土木堡之变、边地战事吃紧后，国家为开财源巩固边防，于景泰元年（1450）开了纳粟纳马捐监之例，从此，许多人就靠捐财物当上了监生。大多数"财物监生"不仅才学粗疏，而且人品低下，在他们眼里，有钱能使鬼推磨，一旦当官则大肆搜刮以捞回本钱。捐监之例使得"为士子者，知财利可以进身，则无所往而不谋利，或买卖，或举放，或取之官府，或取之乡里，视经书如土苴，而苟苴是求；弃仁义如敝屣，而货财是殖，士心一蠹，则士气士节，由此而丧"①。监生品学鱼目混珠，学风日衰，士风沦丧，官风混浊，进而败坏整个社会风气。

中央官学逐渐失去了其在国家教育中的价值，而地方官学的教学质量则问题更多。一方面，地方官学师资力量薄弱，正如成化十三年

---

① 《明宪宗实录》卷四〇。

（1477）御史胡璘所言"天下教官，率多岁贡，言行文章，不足为人师范。请多取举人选用，而罢贡生勿选"①。然而举人"厌其卑冷"，不愿意就教职，无可奈何，还是只有那些"不足为人师范"的岁贡生来滥竽充数，教育质量可想而知。就如当时的浙江布政司右参议戴同吉所言，"近年以来，为师多记诵之学，经不能明，身不能正，生徒仿效而不敢责，有所问辩而不能对。故成材者少，无良者多"②。另一方面，学校教育目标严重功利化。学校本是学生进学修德之所，承担着教化一方的责任，但是，朝廷对八股功名的过度褒扬将读书人引上利禄之途，渐渐湮没了学校的化民作用，学校成为科举奴隶。政府通过岁考的方式将学生划分为六个等级，并制定相应的奖惩标准，以科考成绩衡量教官工作业绩，"定学官考课法，专以科举为殿最"，任教九年后，科举考得好的教官得以升迁，殿后者则可能面临黜降③。在这样的氛围中，学校教育变成科考教育。明中叶以后，为追逐功名，学子认真读书、专注学问的极少，即使用功读书，也是惟求科举成名，只津津于八股；与此同时，科举也是"盛名之下，其实难副"，弊端日益显露，科场舞弊时有发生，"贿买钻营，怀挟倩代，割卷传递，顶名冒籍，弊端百出，不可穷究，而关节为甚，事属暧昧，或快恩仇报复，盖亦有之"④。明朝尽管采取了许多措施以防备科场舞弊，却是防不胜防。

明宪宗时期，科举考试还遭遇了另外的问题，那就是即便通过科举考试获得了好的出身，也不一定能谋到相应的官职。宪宗耽于声色，随意以好恶为标准让宦官传旨任免官员，如一些江湖术士、道士番僧等当上了官，时人称这些官员为"传奉官"，而且，自从有了传俸官，朝中竟然有一字不识的文官和从没拿过弓箭的武官。这样的现实也让一些士

① （清）张廷玉等：《明史》卷六九《选举一》。
② 《明宣宗实录》卷一〇。
③ （清）张廷玉等：《明史》卷六九《选举一》。
④ （清）张廷玉等：《明史》卷七〇《选举二》。

人对官学、对科举失去了信心。可以说，地方官学是成也科举，败也科举。

官学及科举的种种弊端让有识之士忧心忡忡。为了给教育寻找新的出路，书院重新进入了他们的视野，书院承载"匡冀学校之不逮"的使命悄然复兴了。这主要表现为：

第一，作为书院旗帜的岳麓书院、白鹿洞书院得以修复。

岳麓书院的修复历时较长，先是在宣德七年（1432）和成化五年（1469）修复了部分建筑，弘治初年进行了大规模重修。岳麓书院修复过程中留下了许多感人故事，这里略举一二。有一个名叫陈钢的长沙府通判，根据吉王朱见浚的要求负责监修吉王府，工役浩繁的吉王府修建完成后，吉王很满意，问陈钢要什么赏赐，陈钢不要官也不要财，而是请求吉王将修建王府的剩余材料给他去修岳麓书院；还有一个粮刑小官彭琢，将自己的全部家财、俸禄捐献出来，用于修复书院、购置学田，而他临死却连棺材都买不起，书院师生无不为之动情流泪。正是有了像陈钢、彭琢等人对书院教育执着追求的情怀，才有了岳麓书院的再度辉煌。关于白鹿洞书院的修复，从何乔新的《重建白鹿书院记》中可以看到，它经过了江西各级地方官的共同努力才得以完成。成化初年，江西按察佥事李龄造访白鹿洞书院遗址，即开始修学舍，置学田，以养学者，书院初步恢复；到弘治八年，在按察司佥事苏葵的倡议下，广筹资金，扩建学舍，增置学田，重现了白鹿洞书院当年风采。这一次重建白鹿洞书院，甚至明宗室藩王也参与其中。岳麓书院和白鹿洞书院的修复带动了各地书院的兴建。

第二，朝廷对书院建设转向认可支持。

朝廷对书院的支持突出地表现在两个方面：一是诏令建复书院。据《续文献通考》记载，成化二十年（1484）明宪宗令地方官重建江西的象山书院，弘治二年（1489）明孝宗批准修复江苏常熟的学道书院。二是恢复书院赐额。成化十四年，明宪宗赐额浙江金华正学书院；成化十五年又应兵部右侍郎李敏之请，为李敏回家守丧期间在家乡紫云山创建的书院敕额"紫云书院"，以示褒奖；弘治初，敕建山西崇礼书院。虽然皇帝对书院的赐额表彰还只是偶尔为之，但已足以起到引导感召作用，上行下效，地方官绅也积极投入到了书院建设中。

襄城县紫云山明成化帝下诏赐名的紫云书院

第三，地方官员成为这一时期书院建设的重要力量。

地方官办书院的事例很多，这里只能管中窥豹。如河南南阳知府段坚，上任后见元朝创建的诸葛书院毁于兵燹，即组织人力予以修复；尔后，又废僧寺建豫山书院，以"聚教生徒"；与此同时，他还筹建了南阳志学书院，"聚军民子弟五百人于其中，举乡内柴升等五人为之师"。这些地方官员守土一方，教化一方，令人佩服。再如巡按御史樊祉，弘治六、七年间，先后在辽东建立了辽右书院、辽左书院、崇文书院。樊祉所为对于推动东北地区书院发展作出了开创性的贡献。地方官办书院的例子在《续文献通考·学校考》中也都有迹可循。地方官创办书院，有政策优势、经费优势、人员优势，他们对书院建设的热情大大地推动了书院的发展。

（三）明朝中后期：书院发展高潮中的辉煌与灾难

1. 走向辉煌

从正德年间开始，明朝书院迅速发展并走向了空前的辉煌。从正德到万历的 114 年间（1506—1620），新建书院 1012 所，修复书院 96 所，书院数量空前得多。正德、嘉靖、隆庆、万历四朝的平均年建书院数包揽了前四名[①]。其中，书院发展最为迅速的是嘉靖时期（1522—1566），45 年新建及修复书院数达 596 所，已远远超过了以前各个朝代的书院数。用"盛极一时"来形容这一时期书院的发展盛况毫不为过。

我们知道，南宋书院的发展与程朱理学的传播之间有一种共生关系，可以说是程朱理学造就了南宋书院的成熟，书院则是传播程朱学说的基本阵地。历史一路走到明朝中后期，学术与书院一体繁荣的景象又重现了：明书院的鼎盛即得益于王、湛心学。

王守仁和湛若水算是师出同门，他们的师祖是同一个人，即尊奉程朱学说的大师吴与弼。他们在师门下也曾经精研细读程朱学说，甚至躬身实践"格物致知"之妙处，结果发现程朱学说晦涩繁琐，对于解决当时世风日下、人心不古的社会问题根本没有效果。他们的学术思想遂转向心学，王阳明研究"致良知"，湛若水研究"随处体认天理"。有意思的是，他们在批判程朱学说、传播心学的过程中，选择了和程朱学说同样的传播平台——书院。书院为学术而生，因学术而魅力无穷！

正德二年（1506），王守仁在被贬往贵州龙场驿的途中游历了岳麓书院，他的书院情怀由此产生。到达龙场驿后，王守仁曾住在当地人为他修建的龙冈书院中讲学悟道。在龙冈书院，王守仁开始了他一生的书院教学实践；也是在龙冈书院，王阳明彻悟内心之道，催生了中

---

① 邓洪波：《中国书院史》，东方出版中心 2004 年版，第 268 页。

国学术史上的王学。王守仁与书院从此结缘，深信书院是"匡冀学校之不逮"之所，是教化明伦之地。此后，王守仁行迹所至，都留下了书院佳话。如正德十三年在漳州镇压农民起义时，即建复六所书院以教化民众"破除心中之贼"，从根本上解决社会不稳定的问题；在江西，他直接在朱子圣地白鹿洞书院宣讲心学，占领程朱学说阵地；在遭政敌打击被贬、学说被扣上伪学帽子时，仍在家乡稽山书院、阳明书院坚持讲学，听者云集。王守仁钟情于书院传道，虽天不假年而早逝，但其学说及书院情结在王门弟子的传承下，萦绕百余年。王门有成就的弟子众多，遍布各地，黄宗羲在《明儒学案》中按地域将他们分为七支，每一支都继承老师衣钵，建院讲学，蔚然成风。如溧阳的嘉义书院、安福的复古书院、青田的混元书院、辰州的虎溪书院、万安的云兴书院、韶州的明经书院、宣城的志学书院等书院的建设都与王门弟子相关。

　　湛若水也是心学大师。弘治十八年（1505）中进士之时，即与王阳明约定"共以倡明圣学为事"。此后，虽位居高位（湛若水担任过翰林编修、国子监祭酒、礼部侍郎、吏部尚书、礼部尚书、兵部尚书等职），但从未忘记过倡明圣学的使命，无论居家还是做官，都每日讲学不休，直至嘉靖三十九年（1560）以95岁高龄逝世于禺山书院。湛若水对书院情有独钟，他讲学的主要场所是书院，而且每到一处，都建书院祭祀恩师陈白沙先生。所以，《明儒学案》说他"平生足迹所至，必建书院以祀白沙"[1]。据罗洪先为湛若水所作的墓志记载，湛若水创建、讲学的书院达数十所，邓洪波统计有50余所[2]，加上湛若水作记的书院，与湛若水有直接联系的书院多至上百所。

　　正是王守仁、湛若水及他们弟子的执着追求、用心经营，才真正开

---

① （清）黄宗羲：《明儒学案》卷二七。
② 邓洪波：《中国书院史》，东方出版中心2004年版，第300页。

湛若水墓

创了始于正德年间的明朝书院的辉煌局面,"缙绅之士,遗佚之老,联讲会,立书院,相望于远近"。当然,明朝中后期书院与心学的一体繁荣也是时代发展的必然结果。前已述及,明朝中后期,官学和科举双双面临危机。功利性的科举教育最终导致不少读书人不择手段地追名逐利,学问衰退,心术变坏;地方叛乱、农民起义时有发生,正常的社会生活及统治秩序受到挑战。在这种情形下,亟须改造教育、重建理论,以教化人心、肃整纲常、维系伦理,朝廷更是希望通过书院教化"破心中贼",以保统治秩序。因此,可以说王、湛心学与书院的兴旺发达正是对这一社会需求的及时回应。

2. 书院罹祸

或许是树大招风,明朝中后期走向辉煌的书院屡屡招致祸端。从嘉靖到天启,朝廷十多次禁毁书院,书院的正常发展受到影响,严重时几至灭顶。其中,比较突出的禁毁书院事件有四次。

第一次是发生在嘉靖十六年(1537)的焚毁书院事件。这一年,御史游居敬上疏，指斥时任南京吏部尚书的湛若水"倡其邪学，广收无赖，私创书院"，进而提出"乞戒谕以正人心"①。嘉靖皇帝热衷于修道成仙，昏庸荒唐，对游居敬的上疏无意细察，即"令所司毁其书院"。万幸的是，尽管"邪说"的帽子有点吓人，但湛若水本人并未如政敌所料受到牵连，嘉靖皇帝保留了湛若水的职位。这次遭殃的主要是与湛若水有关的南京附近诸书院。

第二次是发生在嘉靖十七年的禁毁书院事件。当时吏部尚书许赞上疏说，"近来抚按两司及知府等官，多将朝廷学校废坏不修，别起书院，动费万金，征取各属师儒，赴院会讲，初发则一邑制装，及舍供亿，科扰尤甚。日者南畿各处，已经御史游居敬奉行拆毁，人心称快，而诸未及，宜尽查算，如仍有建者，许抚按据奏参劾。"②这次许赞找了另一个冠冕堂皇的理由：书院发展影响了官学及科举，浪费人力财力。嘉靖批准了许赞的奏请，书院再一次遭难，罹祸书院从南京向全国扩展。

这两次禁毁书院所打击的对象其实都是湛若水，奏禁书院只是游、许等人对湛的政治压制与打击手段。当游居敬、许赞之流打击政敌的目的达到后，对书院之禁也就不了了之。因此，总的来说，这两次禁毁对书院破坏不算太大，书院仍在既有轨道上惯性地快速推进。就像太阳黑子不能遮住太阳的光辉一样，这两次禁毁书院也没能阻挡书院前进的步伐。

第三次是发生在万历朝张居正当政之时的禁毁书院事件。早在嘉靖末年，作为内阁辅臣的张居正就对书院讲学很不以为然。张居正曾参加其老师徐阶在北京灵济宫组织的讲会，但他对讲会的印象很差，认为"窥其细处，则皆以聚党贾誉，行径捷举，所称道德之说虚而无当……

---

① （明）王圻：《续文献通考》卷五〇。
② 《皇明大政纪》，转引自邓洪波：《中国书院史》，东方出版中心2004年版，第366页。

而其徒侣众盛，异趋为事，大者摇撼朝廷，爽乱实名；小者匿避丑秽，趋利逃名"①。在张居正看来，聚众讲学只是夸夸其谈，"虚而无当"，聚众清谈议政可能动摇社稷根本。万历初年，张居正成为内阁首辅后，即展开他名垂青史的张居正改革。其改革"利于下而不利于上，利于编氓而不利于士夫"②。利益受损的一些当权者和士绅激烈反对张居正改革，他们或者在朝廷上书反对，或者在地方利用书院讲学大加抨击。这样，张居正对于当时盛行的书院讲会可以说是心怀耿耿，并在他的改革政策中纳入了对书院的整饬内容。

张居正

张居正一手策划的禁毁书院经历了从万历三年（1575）的"不许别创书院，群聚徒党"到万历七年春的"诏毁天下书院"两个阶段。万历三年五月，张居正在《请申旧章饬学政以振兴人才疏》中提出"不许别创书院，群聚徒党，及号召他方游食无行之徒，空谈废业"。事实上，当时的书院讲学确实也存在一些问题，如徐阶的灵济宫讲会本是要传承王学，但由于徐阶是嘉靖、隆庆期间炙手可热的政治红人，位居首辅，因此，难免有政治宵小打着建书院的旗号，其实只为投其所好，巴结奉迎，获得政治依附，更不用说还有人借书院讲学反对变法。从这一方面讲，张居正整饬书院其实未尝不可，只是不应扩大化，更不应发展到尽毁天下书院。

---

① （明）张居正：《张太岳文集》卷二九。
② （清）顾炎武：《天下郡国利病书》卷八〇。

万历七年，常州知府施观民以建书院为名，搜括民财，引发纠纷。这件事即给了张居正名正言顺禁毁书院的口实。在他的奏请下，明神宗"七年春正月戊辰，诏毁天下书院"①，万历朝大规模的禁毁书院行动由此开始。据《明通鉴》卷六四记载，这一次禁毁先后毁了应天府等地书院 64 处。书院蓬勃发展势头也因禁毁政策而受到遏制。虽然在万历十年张居正死后，其书院政策也被废止，朝廷下旨恢复被毁书院，但终万历一朝，书院建设已远不及先前：万历时期共历 48 年之久，新建和修复书院 295 所，与嘉靖时期 45 年新建和修复书院 596 所相比，已难以同日而语。历史上，张居正本身是一个有作为的改革家，他的禁毁书院举措毋庸置疑是有措置失当之处，但就书院自身而言，也确有需要反思检讨的地方。

第四次是发生在天启年间（1621—1627）的禁毁书院事件。这一次禁毁书院与其说是毁书院，毋宁说是一次政治大清洗运动，由阉党首领魏忠贤一手策划并实施。天启年间，国家政治生活极不正常，本为河间无赖的宦官魏忠贤与熹宗乳母客氏勾结，共同把持朝政，利用手中的特务机构不择手段地剪除异己，祸国乱民。万历二十三年（1595），顾宪成、顾允成兄弟修复了由"二程"高足杨时创办的东林书院，并聚徒讲学。东林讲学不仅讲圣人之理，而且强调"家事国事天下事，事事关心"，因此，讲学中自然会针砭时弊，臧否人物。东林讲学聚集了一批关心国事之士，在朝中也形成一股正气。这招致魏忠贤之流的忌恨，他们冠之以"东林党"名，罗织结党之罪，从而予以铲除。就这样，以迫害东林人士为根本目的的第四次禁毁书院案开始了。

禁毁从邹元标所创的首善书院开始。天启初年，都察院左都御史邹元标和左副都御史冯从吾在北京宣武门内建立首善书院，作为京师讲会交流之所。为避免授人以柄，首善书院讲会强调只谈义理，不谈朝政，

---

① （清）张廷玉等：《明史》卷二〇《本纪二〇》。

邹元标尺牍

不谈私事，不谈仙佛。然而，一方面，首善书院与东林学派关系密切，首善书院学风也类似于东林书院，听者可以提问讨论，使得讲学内容不可能完全不涉及时政；另一方面，京师讲会本来就容易让人联想到结党问题。加之，邹元标还在朝中极力向皇帝举荐意气相投人士，如赵南星、高攀龙等，这使得邹元标及其首善书院成为阉党的眼中钉，必欲除之而后快。于是，魏忠贤指使爪牙不断上疏攻击邹元标及首善书院。

先是天启二年（1622）九月，兵科都给事中朱童蒙上疏《宪臣议开讲学之坛，国家恐启门户之渐》，直接将京师讲会等同于结党；十月工科给事中郭允厚两次上疏诋毁邹元标，说邹是非不明，善恶不分，"空善类而祸国家"。邹元标不堪其辱，辞职回乡，怏怏病故。冯从吾紧随其后，五次上疏请辞回籍。随着两位主讲的退隐，首善书院名存实亡。即便这样，魏忠贤阉党仍不善罢甘休。天启五年初，首善书院建筑改成了奉祀辽阳阵亡将士的忠臣祠。同年七月，御史倪文焕再对首善书院发难，奏其"聚不三不四之人，说不痛不痒之话，作不深不浅之揖，啖不冷不热之饼"[1]，催请禁毁，最终如其所愿，书院碑记尽数毁碎；天启六年，徐复阳又奏请将书院遗址迁到城外，以彻底拔除"党根"。就这样，首善书院从京城销声匿迹了。值得庆幸的是，首善书院的建筑后来成为徐光启的历法局，总算没有完全被禁毁的浪潮一扫而光。

---

[1]　（清）张尔岐：《蒿庵闲话》卷一。

　　阉党大规模禁毁书院、打击"东林党"人始于天启五年。这年八月，被称为魏忠贤鹰犬的御史张讷上疏攻击当时影响比较大的一些书院，如诬蔑东林书院"科聚财富，竭民膏血"，山长高攀龙等人"交结要津，纳贿营私"；冯从吾的关中书院侵占田产；徽州书院耗资巨万；江右书院操柄误国等。因此，奏请尽毁天下书院。与此同时，魏忠贤手下号称"五虎"之一的崔呈秀（崔为魏忠贤的干儿子）

徐光启

向魏忠贤高叫"东林欲杀我父子"，然后仿元祐党案的做法，向魏忠贤进呈了一本名为"同志诸录"的黑名单，内列所谓"东林党"309人。魏忠贤的这两个爪牙一个伸向书院，一个伸向士人，东林士人连同他们精心经营的书院同时不保。魏忠贤则趁机矫诏拆毁书院，下令"东林、关中、江右、徽州一切书院，俱著拆毁"①。以东林书院为例，天启五年即拆除书院主体建筑依庸堂，天启六年魏忠贤派人前往查看拆毁情况，并命令"不许存留片瓦寸椽"，风云一时的东林书院从此被夷为平地。魏忠贤又按图索骥，惩办黑名单上之人，"生者削籍，死者追夺"，一时之间宵小得势，冤狱大兴，制造了"东林六君子""江南七君子"等冤案。

　　书院的万历之毁，张居正至少是抱着振兴官方教育的念头在做，为的是拨乱反正，推行学校教育改革；而天启之毁，虽然所毁书院的数量不到万历时的一半，但它本质上是一场阉党打击政敌的政治斗争，充满

————————

① 《明熹宗实录》卷六二。

东林书院旧址

了血雨腥风，手段之残忍，用心之险恶，令人发指。天启之毁不仅昭示着书院在有明一代已不可能再有建树，也昭示着政治扭曲的明朝走上了不归路。

（四）明书院的历史印记

明朝书院走过了风风雨雨的 277 年，留下了一串曲曲折折的足印，有些足迹永远地刻在了书院的成长记忆里。

1. 开疆拓土、延伸边陲

明代书院的地域覆盖面积已远超元代。元代 406 所书院分布在今天的 19 个省区，最北是北京的 3 所书院，南边的两广和云南也建有数所，总的来说，仍然集中在长江流域，一南一北只是零星分布。明朝时，这种分布形势发生了很大变化。明朝 1900 余所书院分布在今天的 25 个省区，遍布各大区：东北有辽东的 6 所书院；西北的甘肃、青海、宁夏也都实现了书院零的突破；西南的云贵川书院各有数十所之多；华南的海南也建有书院 17 所，香港第一次建书院，广东的书院数跃居全国第二；华东、华中的书院建设一如既往蓬勃向前。值得一提的是，明朝时期的书院影响力甚至超越国界，东移朝鲜，在朝鲜掀起了一股创办书院的热潮。朝鲜书院仿照中国书院传统，兼重教学与祭祀两大功能。

2. 官方化与平民化

从书院的创办来讲，明代书院的官方化远远超过了元代。根据曹松叶的统计，明代各级官办书院占新建书院总数的 68.36%；邓洪波最新统计为 57.21%，无论是曹的统计还是邓的统计都可以说明，官方成为创办书院的主要力量已是不争的事实。也可以说，官方越来越深地介入书院建设已是一种趋势，延续到清朝，官办书院比例不断增加。此外，宗室藩王投入书院建设行列也成为明朝书院发展的一道风景，如宁王朱宸濠所建的阳春书院在当时就比较有名，永丰王朱厚熿为白鹿洞书院捐田产之事也被传为美谈。

与书院创办官方化相对应的则是书院讲学有了更多的平民化色彩。书院讲学一向以探究、传播圣贤之道为本务，其深邃与纯粹非乡野匹夫所能领悟，因此，大师的讲学对象一般是士人。到王阳明建书院讲学时，情况发生了很大变化。王阳明在镇压农民起义的过程中感到"破心中贼"胜于"破山中贼"，希望通过广泛的书院讲学教化民众，让平民阶层都能讲信修睦，成为"善良之民"，养成"仁厚之俗"。王阳明在其所发布的《社学教条》中要求教者"以启迪为家事，不但训饬其子弟，亦复化喻其父兄。不但勤劳于诗礼章句之间，尤在致力于德行心术之本，务使礼让日新，风俗日美"[①]。在王阳明看来，地方书院的化民成俗工作，不仅要从娃娃抓起，而且还应教导其父母兄弟，在普通民众中广泛形成敬爱亲长、忠信礼义的风气。

---

① （明）王守仁：《王阳明全集》卷一七。

王　艮

王学中的泰州学派是实践王阳明平民化教学思想的典型代表。泰州学派的开创人王艮躬耕于田野间，后师从王阳明。他主张圣贤之道应为百姓日用之学，应该合符百姓的日常生活实际，让乡间老幼贤愚都能学懂接受，进而受到教化。因此，王艮登台讲学总是用百姓习惯的语言讲百姓日用之道理。此外，如韩贞指点农工商贾、颜钧的邗江书院讲忠孝礼义、萧雍的赤麓书院教日用风俗等等都让我们看到了这一时期书院教学内容及形式的平民化取向。

3. 再现书院与学术的一体繁荣

宋朝是我国书院发展的一个高峰，其高潮是和程朱理学的成长同步的；明朝在书院数量上数倍于前朝，到达了一个空前繁荣时期，这一繁荣局面的出现同样是由于学术的新发展：在批判程朱理学的繁琐中王、湛心学被越来越多的士人认可。虽然王、湛心学从来没有像程朱理学那样被掌握着话语权的统治阶层认可为国家正统思想，但心学浅近的理论、通俗的体悟方法使它在民间很有市场。心学的广泛传播与书院的繁荣兴盛在明中期一起成为明朝思想界与教育界的大事，书院为心学传播插上了飞翔的翅膀，心学则为书院补充了新鲜的血液。

六、清代多舛：书院蜕变谢幕

1644 年，清军攻陷北京，摧毁李自成刚刚建立的大顺政权，正式入主中原。在历时 266 年的清朝统治时期，书院的命运经历了从极度繁荣到寂然涅槃的重大转折。清朝书院无论是数量还是地域分布，前面的朝代都不能望其项背。就数量来说，清朝有书院近 5000 所，是明朝书院的 2.5 倍，其中新建书院达 3757 所（一说为 3868 所）；从地域分布来看，书院遍布今天行政区划的 34 个省市自治区，只有西藏还是书院文化未及之地。然而，书院发展到清代时也面临着亘古未有的问题：在东西文化冲突中何去何从。我们有理由相信，凭着书院的自由精神、包容胸怀、学术创生能力，书院完全可能在文化冲突中找到自己的位置，获得新生。但是，社会现实没有给书院这一机会，清廷 1901 年教育改革的一纸诏令，让书院这种文化人的精神家园盛年而殁，随着学校改制、学堂荣登大雅，书院渐渐消失在历史的长河中。

（一）顺康雍乾：从压制到鼓励

1. 顺治时期的压制与初兴

每一次改朝换代都会给文化带来灾难性的破坏。清朝取代明朝也不例外，甚至有过之而无不及。清朝是继元代之后第二个由少数民族建立的大一统政权。然而，在这两个政权建立的过程中，书院的命运却有着天壤之别。蒙古族铁骑南下时，忽必烈怀着对中原文明的尊崇与敬畏，诏令保护书院，禁止官员、使臣、军马侵扰亵渎书院圣庙。因此，书院在忽必烈统治时即迎来了一个发展高潮。清军挥师入关时，书院就没有那样幸运了。

明朝末年，书院在多次禁毁政策下已伤痕累累，而声势浩大的农民起义及王朝鼎革征战又使书院历尽劫难。大清政权建立后，清初统治者对书院的政策并不友好，试图以高压手段来抑制书院发展。他们对汉族知识分子非常痛恨，在他们看来，无论是南明政权梦想恢复朱家天下的蠢蠢欲动，还是各地义军频繁的反清复明活动，都是一些汉族知识分子在后面摇唇鼓舌、张扬气节观所致，总之，"种种可恶，皆出此辈"。因此，满族贵族通过制造一起又一起的文字狱屠杀士人，以此钳制士人表达思想的自由。

与此同时，他们还担心士人聚集自由讲学的书院成为反清的大本营，为此一度对书院采取了压制政策。顺治九年（1652），诏令"不许别创书院，群聚徒党"；还颁布《训士卧碑文》限制已有书院行为，规定不许生员上书陈言军民一切利弊，不许生员纠党结社，不许妄行刊刻所作文字。简单地说，清政府就是要限制书院师生的言论、集会、结社、出版等自由，以此来限制书院的活动。

青山遮不住，毕竟东流去。书院近千年的发展历程已充分证明了其顽强的生命力，虽历经曲折，但只要有一丝空间，它就会生长。清初对书院的压制政策并没能持续多久，就在各地不时发出的修复书院的声音中结束了。

书院在清朝的命运转机出现于顺治十四年（1657）。这一年，时任偏沅巡抚的袁廓宇上疏："衡阳石鼓书院，崇祀汉臣诸葛亮及唐臣韩愈、宋臣朱熹等诸贤，聚生徒讲学于其中，延及元明不废。值明末兵火倾圮，祀典湮坠，今请倡率捐修以表章前贤，兴起后学，岁时照常致祭。"① 朝廷批准了袁巡抚所请，这标志着清廷的书院政策开始松动，书院进入了战乱后的恢复性发展期。顺治时期共恢复和兴建书院 100 余所。虽然与清朝近 5000 所的书院总数相比，100 余所是一个小数字，

---

① （清）刘锦藻：《清朝续文献通考》卷六九。

衡阳石鼓书院石鼓

但它毕竟标志着书院冲破压制政策，走上了发展之路。此后，从顺治到乾隆，书院一直处于发展的上升阶段，并在乾隆时期形成兴盛局面。

2.康熙时期的谨慎疏引

康熙时期（1662—1722），随着南明王朝的覆灭、东南三藩及西北准噶尔叛乱的平定、台湾的收复、朝中权臣的剪除，清朝统治进入了国家统一、朝政稳固、社会比较安定的时期。与此同时，康熙皇帝也着力于文治教化以笼络人心，维系统治。

康熙帝首先就看中了程朱理学。一方面程朱理学所宣扬的纲常伦理正是收束人心的有力武器；另一方面，对程朱理学的褒扬还可以赢得汉族士人对清朝统治的认同。因此，他着力确立程朱理学的正统地位。在这方面，文韬武略的康熙对南宋书院和程朱理学的相互促进关系了然于胸，他希望书院继续成为传播程朱理学的阵地。为此，康熙帝通过对书院的赐额、赐书，既表示朝廷对书院的鼓励与支持，又体现朝廷对书院办学方向的引导。据《清朝文献通考》记载，康熙先后给堪称理学圣地的白鹿洞书院、岳麓书院、紫阳书院赐额"学达性天";给朱熹晚年讲学之所考亭书院赐额"大儒世泽",并赐对联"诚意正心阐邹鲁之实学,主敬穷理绍濂洛之心传";给鹅湖书院赐额"穷理居敬",同时赐对联"章岩月朗中天镜,石井波分太极泉"——鹅湖因朱陆学理之辨而光耀史册——暗藏深意的此联也永远镌刻在鹅湖书院的御书楼上;给为纪念"二程"高足杨时而建的龟山书院赐额"程氏正宗"……康熙赐额的书院还有很多,这些书院基本都曾是理学发扬光大之地。除赐额外,康熙帝还将国子监所刊的经史图书赐给各书院,如康熙二十六年赐给白鹿洞书院国子监刊十三经、二十一史。

学达性天(康熙赐额)

康熙帝给书院的赐额、赐书本质上反映了朝廷对书院的基本态度及政策:一是支持书院建设;二是书院建设方向应与国家文治方针一致,即确立程朱理学为正统思想。康熙着意褒扬理学,就是要引导书院以程朱理学为讲学正宗。

综上,康熙时期一改顺治时以抑制为主的书院政策,而转向积极的疏导、慎重的支持。这样,书院在康熙时期便得到了较快发展,据统计,康熙年间共建书院785所,是顺治时期的7倍多。

3.雍正时期的诏建书院

1722年,康熙病逝,经过残酷皇储斗争的皇四子爱新觉罗·胤禛坐上了皇位,是为雍正皇帝。在雍正当政的十余年间(1722—1735),

书院政策经历了从举棋不定到诏令创建的重大转折。

雍正四年（1726），针对江西巡抚裴律关于为白鹿洞书院选授山长的奏请，雍正谕称："设立书院，择一人为师，如肄业者少，则教泽所及不广；如肄业者多，其中贤否混淆、智愚杂处，而流弊将至于藏垢纳污。"①看来，雍正帝对书院能否培养人才心存怀疑。当然，对书院功能的怀疑背后可能是政治上的考量，那就是担心争夺皇位斗争中被他打倒的兄弟们利用书院东山再起或蛊惑人心。要知道争储大战中颇有实力的皇三子胤祉身边可是团结了一帮学人的。

随着时间的推移，雍正的皇位日益巩固。雍正六年，他发布正音诏令，推广官话，书院的转机即基于此诏令。正音诏令发布后，福建地方官员积极响应，迅速创建了110余所正音书院，这些书院对于在闽台地区推广官话发挥了重要作用。雍正皇帝也因此开始改变对书院的看法，并在雍正十一年调整了其对书院的态度和政策。谕令建立书院，提出"择一省文行兼优之士，读书其中，使之朝夕讲诵，整躬砥行，有所成就，俾远近士子观感奋发，亦兴贤育才之一道也。督抚驻劄之所，为省会之地，著该督抚商酌举行，各赐帑金一千两。将来士子群聚读书，须豫为筹画，资其膏火，以垂永久……则书院之设，于士习文风有裨益而无流弊，乃朕之所厚望也"②。换言之，朝廷不仅明确要求各地督抚创建省级书院，还赐帑金1000两作为书院创建的费用，士子读书还另有伙食补助。有了政策鼓励，又有了资金保障，各地总督、巡抚纷纷投入到建设省级书院的行列中，共建成23所省级书院。这些奉召建立的省级书院成为各省的最高学府，它们与各府、州、县书院共同构成类似于北宋"潭州三学"的书院体系。

雍正皇帝的上述书院政策，一方面加快了书院官学化的步伐，另一

① 《清实录·世宗实录》卷四三。
② 《清实录·世宗实录》卷一二七。

方面也拉开了清朝书院大发展的序幕，推动了书院创办高潮的到来。

4.乾隆时期的控制与开放

乾隆即位时，清朝发展正好进入鼎盛时期，书院在此时的发展也进入到了一个发展的快车道。乾隆是一个对知识分子不够宽容（乾隆时期文字狱尤为严重），而又特别喜欢附庸风雅的君王。为此，在对待知识分子群集的书院建设问题上，他既钟情于书院，坚定不移地继续雍正朝对书院的开放支持政策，同时又竭力控制书院的教学与研究方向。

乾隆元年（1736）颁布了《训饬直省书院师生》的上谕。上谕首先肯定了书院在"导进人材，广学校所不及"方面的重要作用，并将其中的省级书院提升到了"古侯国之学"的位置。其次，提出了省级书院师生的学识与品行要求，谕令书院之山长应为"经明行修、足为多士模范者"，教师应当"老成宿望"，招收的学生应当是"乡里秀异、沉潜学问者"。其三，在培养目标上，强调造就"足备朝廷任使"的人才，反对过于追求科举入第，认为举业只是"儒者末务"，一味追求举业既无益于身心，也无补于民物。其四，要求各地书院"各仿《白鹿洞规条》，立之仪节，以检束其身心"；仿照《分年读书法》设置课程，务求学者"贯通乎经史"。最后，规定了对学臣、学生的考核奖惩措施。乾隆的这道上谕在书院发展史上具有重要意义，既系统反映了政府规范书院教学管理的政策制度，也表明朝廷已将书院纳入到国家正式的教育体系中，使书院不再像以往那样似闲云野鹤，自由散漫而又飘忽不定。

乾隆帝极富浪漫情怀，多次巡游江南。一路行来，到书院考察、吟诗、题词成为其行程中的重要项目。他三游保定莲池书院，题额"绪式濂溪"，高挂于书院万卷楼，又赋诗盛赞书院胜景及书院修建者直隶总督李卫，对书院作育英才寄予厚望。杭州敷文书院更是乾隆游江南必到之所，在书院见到环境清幽，听到书声琅琅，每每因境生情，即兴赋诗，激励书院"治事兼经义"。苏州紫阳书院也是乾隆特别喜欢光顾的地方，他五游紫阳，留下了诗词题跋，但也留下了一段令人痛心的文字冤狱。书院山长沈德潜是著名诗人，乾隆很是欣赏，并在《紫阳书院题句》中充分肯定沈德潜的育人之功，说"德潜纵悬车，乡教犹能振"；然而，浩荡皇恩加身的沈德潜不幸卷入了徐述夔《一柱楼诗集》的文字狱中，他为诗集作记并称扬徐述夔"文章品行皆可法"，惹得乾隆暴跳如雷、勃然大怒，下令严惩已经作古的沈德潜，褫夺其官爵谥号，毁灭其碑文，从贤良祠撤除其牌位。

莲池书院

　　总体来看，乾隆帝个人对书院的情有独钟及其积极明确的书院政策，成为了书院快速发展的推动力。乾隆年间新建及修复书院达 1298 所，遍地开花，欣欣向荣，其总数居历朝之首。清代书院的发展在乾隆年间达到了一个高峰。

　　有意思的是，宋、明时期书院与学术一体繁荣的景象在此时又重现了——呈现出乾嘉汉学与书院一同兴盛的局面。由宣讲程朱理学转到经史考据，正是乾隆年间书院讲学的一大特色。经史考据之所以盛行，固然有程朱理学过于教条琐碎、时过境迁、弊端日显等方面的原因，但更重要的原因还是乾隆时期的政策使然。乾隆帝谕令书院培养的学生应当"贯通经史"，而严酷的文字狱又让不少读书人不得不将目光移向遥远的过去，埋头故纸堆，沉潜于名物训诂。可以说，正是乾隆帝既看重书院又大兴文字狱的做法，在一定程度上促成了乾嘉汉学与书院的同时辉煌。当时经学两大派——吴派和皖派都选择了依托书院传播其学术思想。如吴派大师钱大昕就长期在钟山书院、娄东书院、苏州紫阳书院著书讲学，最后老死在书院；徽州的紫阳书院则是皖派的大本营，该派大师江永、凌廷堪、汪龙等都先后在该书院主讲，戴震、金榜、程瑶田等汉学家都曾求学于此。

紫阳书院

从宋书院与理学、明书院与心学、乾隆时期书院与汉学的依存发展中，我们看到，一方面，是学术发展创造了书院的鼎盛局面；另一方面，书院提供了中国古代学术思想一次又一次飞跃的大舞台。

（二）嘉道咸：书院在变局中踯躅徘徊

嘉庆、道光、咸丰时期，书院没有沿着顺康雍乾的上升趋势继续上扬，而是进入了踯躅缓行的阶段，在整个清朝书院发展的折线图上处于低谷。根据邓洪波的统计，嘉道咸66年里共创建（含修复）书院867所，平均年建书院约13所，这一数字仅仅略高于清初的顺治、康熙两个时期，而远逊于与之前后相邻的乾隆和同光时期，两个时期的平均年建书院均在 20 所以上。

山雨欲来风满楼。1793 年，面对英使马戛尔尼的开埠通商请求，当乾隆皇帝大言"天朝物产丰盈，无所不有，原不藉外夷货物，以通有无"时，中西冲突实际上已现端倪，隐隐约约中已能见到弥漫的硝烟。康乾盛世的光辉没能照耀到嘉庆。嘉庆以后，清朝统治可谓危机四伏：一方面，国内政治腐败，府库空虚，国势衰微，社会动乱；另一方面，人人闭着眼睛做天朝上国的春秋大梦，对于世界大势一无所知，对于西方殖民扩张野心毫无戒备。两次鸦片战争的屈辱求和、声势浩大的太平军与捻军的强力冲击，既暴露了清政府的贫弱不堪，又将全社会都推入了痛苦彷徨迷惘的深渊，社会亟待变革。这样的时代特点势必影响书院建设：书院不可能在积贫积弱、战火纷飞的环境中沿着既定轨道一如既往地向前走；在民族危机、社会危机、统治危机面前，书院不可能置身事外，也面临御侮图强、担当道义的问题。

来自外部的时代变局令书院无所适从，而书院内部也是问题重重。我们从朝廷颁发的整顿书院谕旨中，便可见到书院发展的种种乱象。嘉庆二十二年（1817）的上谕中提到："各省教官废弃职业，懒于月课，书院、义学夤缘推荐，滥膺讲席，并有索取束脩，身不到馆者，殊失慎选师资之义"；道光二年（1822）谕称："各省府厅州县分设书院，原与学校相辅而行。近日废弛者多，整顿者少。如所称院长并不到馆及令教职兼充，且有并非科第出身之人觍居是席，流品更为冒滥，实去名存，于教化有何裨益"；道光十四年就书院院长的选任问题颁布谕旨，强调院长"概不得由上司挟荐，亦不得虚列院长名目，并不亲赴各书院训课，仍令学政于案临时就便稽查"①。除上谕直陈指斥外，时人也多有批评。如 1849 年葛其仁在《书院议》中就指出："今之应书院课者，惟八比五言之是务，鄙浅固陋，逐末忘本，甚者较膏奖之多寡，争名第之先后，

---

① 光绪朝《钦定大清会典事例》卷三六九。

叫嚣拍张，以长傲而损德，则书院反为诸生病矣，何教化之足云？"

从上述批评声中不难看出，当时书院师资、教学、管理的制度内卷化倾向突出：作为书院灵魂的院长（乾隆时期改山长为院长）失职渎职严重，甚至形同虚设；更为严重的是有些学品庸陋的人，滥竽充数，占据教席，误人子弟。这些问题在当时的书院中应该有一定的普遍性，否则，也不用朝廷下旨整饬了。

此外，书院的教学内容同样存在问题。从乾隆时期开始，考据训诂成为书院讲学的主要内容。王阳明曾批评程朱学说琐碎，实际上，乾嘉汉学的研究更是繁琐，往往一条经文的注解就需要"千言万语"，有的学者甚至为一个字的读法或一条经文的注解而皓首穷经，毕其一生。如此劳神费力的研究远离现实，对于解决当时中国所面临的越来越严重的生存危机相去甚远。现实迫切需要有识之士思考：书院在"数千年未有之变局"中该何去何从？

（三）同光中兴：书院盛极谢幕

在内忧外患中，清朝历史翻到了同治皇帝治国这一页。同治、光绪年间，工业革命的浪潮涌进东方，在其冲击和打压之下，以洋务运动为标志的近代改革呼声高涨，中国社会出现向近代转型的势头。这样的局势造就了清王朝"同光中兴"的短暂发展景象，使清王朝获得了回光返照般的最后生机。相应地，传统中国书院也被迫进入到改革、转型的历史关头。于是，书院一面在改革中快速发展，掀开了自诞生以来最辉煌的一幕，另一方面又难逃教育近代化名义下收场的结局。真可谓成也转型，败也转型。

1. 最后的华章

同治、光绪时期（这里所说的光绪时期仅限于 1901 年学制改革以前），书院的辉煌主要表现在以下两方面：

一是年均新建和修复书院数量多。同治朝的 13 年间新建和修复书院 380 所，平均每年达 29 所之多，在清朝名列第一，其他任何朝代均无法企及。光绪初年至 1901 年学制改革前的 27 年间，新建和修复书院 681 所，平均年建书院 25 所，在清朝名列第二。年建书院超过 25 所，其势头如雨后春笋，是何等蓬蓬勃勃、欣欣向荣啊！

二是在近代化潮流中，书院与时俱进，开始与近代教育接轨。同治年间，大乱初平，痛定思痛，一批有识之士意识到了利用西方先进科学技术谋求自强的必要性和紧迫性。于是，有了曾国藩、李鸿章、左宗棠、张之洞等人兴办近代企业、近代教育之举，即洋务运动。在洋务浪潮的激荡下，一些书院逐渐走上了经世致用、传播西学的变革道路。我们从湖南校经书院的蜕变中即可窥见这段自我革新的探索历程。校经书院初建时（1831 年建，当时名叫校经堂），教学内容中同时推崇汉儒许慎、郑玄和宋儒朱熹、张栻的学说；光绪五年（1879），书院迁址、改制，设山长，其首任山长成孺开始迈出改革的重要一步，在《校经堂学议》中提出学生应"寝馈于四书、六经，探治平之本，然后遍读经世之书，以研究乎农桑、钱币、仓储、漕运、盐课、榷酤、水利、屯垦、兵法、马政之属，以征诸实用"，成孺的这个书院规程既强调通过四书六经探寻治国之本，又明确了书院通经致用的教与学原则。光绪十六年，校经堂正式改名为校经书院，进一步要求学生探究"古今天下治乱、中国强弱之故"，以所学知识治世救国。光绪二十年甲午惨败带来的民族觉醒将书院推向了近代化，书院建藏书楼收藏中西书籍以供学生研习，设置经学、史学、算学、掌故、舆地、词章六类课程，并添置了天文、地理测量仪器及光化电矿的实验器材，甚至创办《湘学报》以专门发表书院师生的研究成果。至此，校经书院基本完成了由专治经史向近代教育的转型。

同治后新建的许多书院都多少能够因应时势，在课程设置方面有所更新，或者突出通经致用，或者强调格致之学。如同治八年（1869）张之洞创办的经心书院强调以经义、治事为教学内容，到光绪十六年（1890）创办两湖书院时，已将教学内容扩展为经学、史学、地理、数

两湖书院创办人张之洞

学、博物、化学及兵操，希望中西结合（实际上是中体西用），相得益彰，培养出既忠于朝廷又懂得西方先进科学技术的人才；建于光绪二十三年的崇实书院甚至在书院内专门设立制造区，让学生实习实践机械制造。在当时所建的教会书院里更是以教授近代西方的科学文化知识为主，如由英国传教士傅兰雅和中国士绅徐寿合建于光绪元年（1875）的格致书院，其教学内容就基本抛弃了传统经史，而以自然科学为主，书院所设的六个专业分别是矿务、电务、测绘、工程、汽机、制造，属于清一色的科技教育，书院还设立科学博物馆，刊印《格致汇编》，普及科学知识；再如，美国传教士林乐知建于光绪七年的中西书院，主要设置英文、代数、化学、微分、积分、天文测量等西学课程，书院还聘用女教师，招收女学生。

两湖书院旧址部分房舍

需要注意的是，走向近代的书院屈指可数，其生存空间还因科举取士的存在而受到冲击。尽管如此，同光时期书院的近代化探索仍然是一种巨大的转变，它所倡导的方向必将带来我国教育的深刻变革。

《格致汇编》书影

美国传教士林乐知

2.时势造就书院奇迹

为什么清朝书院会在同光时期走向其发展的最高峰？从根本上说还是形势使然。具体讲，主要有三方面的因素共同铸就了书院的最后辉煌。

第一，相对安宁的社会环境有利于书院建设发展。

同治时期（1862—1874），清政府内忧外患的危机形势已缓解，太平天国运动在湘军、淮军的镇压下最终失败；中外"修好"，暂时相安无事，晚清社会出现了难得的安宁局面。这一局面一直持续到光绪二十年（1894）的甲午中日战争。其间，虽然时有民变或外敌侵扰，但基本不影响大局。和平时期，偃武修文。30余年的稳定环境为清朝后期书院续接乾隆朝的快速发展势头，提供了良好的环境。

第二，"同光中兴"为书院改革发展提供了难得机遇。

同光时期，清政府真正面临着数千年未有之变局，历史的拐点在这里出现。首先是 19 世纪 60 年代，在"师夷长技以自强"的口号下掀起了洋务运动，它让更多的中国人看到了西方先进的科学技术，西学东渐的速度加快，欧风美雨浸淫古老的中华大地，新旧思潮在专制统治下激荡。然后是 19 世纪末甲午战败的当头棒喝，使得改革求变、救亡图存的呼声四起。在这样的大变革面前，已经成为国家教育系统重要组成部分的书院不可能也不应该置身事外。回望历史，春秋战国时期的社会大变革成就了私学的产生和发展，促成了百家争鸣的文化繁荣、思想解放局面；两千余年后的清末，历史处在了走向近代化的大变革关头，书院因背负着传播思想、开启民智的责任而走上发展的快车道。

第三，多方力量共同将书院推向顶峰。

在对太平天国运动的镇压基本胜利、社会渐趋稳定之时，官方即恢复了对书院的支持政策，一些地方官员也热衷于书院建设。1863 年，朝廷针对书院财产在战争中被挪移的情况，颁行诏令要求"各督抚严饬所属，于事平之后，将书院膏火一项，凡从前置有公项田亩者，作速清理。其有原存经费无存者，亦当设法办理，使士子等聚处观摩，庶举业不致久废，而人心可以底定"①。此诏反映出了朝廷对书院的重视及厚望。上有所好，下必效之。朝廷重视书院建设，地方自然应声而起。湘系将领左宗棠算是其中的突出代表，他是走一路建一路，所过之地，身后留下书院一串串：闽浙总督任上创建正谊书院；任陕甘总督时，一方面精心经营兰山、关中等省城书院，同时修复仰止等书院 19 所，新建味经等书院 18 所；在两江总督任上又极力支持学政创建南菁书院。广建书院，广施教化以底定人心，张之洞堪称楷模。除官方外，民间也再次出现创建书院的高潮。以江西为例，据白新良统计，同治年间全省新建的 95 所书院中，乐安县的 43 所和永新县的 12 所就全部为民间所建②。

---

① 光绪朝《钦定大清会典事例》卷三九五。

② 白新良：《中国古代书院发展史》，天津大学出版社 1995 年版，第 237 页。

同光时期建设书院的力量中，教会传教士的作为也不可忽视。据有关文献资料记载，清朝到民国期间，教会新建书院将近 100 所，其中的 60 余所都建于同治、光绪年间。教会书院的办学宗旨在于将中华民族最终改造成基督的信徒。不过，这些书院在传播基督福音的同时，也充当了西学东渐的桥头堡——科学课也是教会学院的重要课程。比如，由多所教会书院合并而成的齐鲁大学的课程就由道学、经学和科学三部分构成：道学讲基督教经典，体现教会书院特色与追求；经学传播儒家经典，实现教会书院与中国传统的衔接；科学则主要讲来自西方的代数、物理、地理地质、测量、化学等科学知识。

对于同光时期书院快速发展的原因，还需要提及的是，光绪后期朝廷的极端黑暗让一些人对政治失望，转而隐居讲学。八国联军攻陷北京后，名重一时的宰相徐桐自缢殉国，上吊前谆谆告诫其子徐承熊："我死，汝可归隐易州丙舍，课子孙耕读，勿仕也"[1]。徐桐自缢殉国令人唏嘘，其让子孙远离仕途讲学乡间的想法具有一定的代表性。

3.高潮谢幕

书院在历史舞台上的表演正值高潮时，却突然华丽转身，将舞台留给了教育的近代化。书院成为历史长河中的一个文化符号。早在 1898 年的戊戌变法时，光绪皇帝即发布上谕，将各地书院改为学堂。只是这个谕旨很快就作废了，一方面，各地并未做好办新式学堂的准备，连聘请合格教师都困难，如变法先锋梁启超所言："然今日欲多立学堂亦无教习之才，中国士大夫能兼通中西深明教旨能有几人乎，然则请寻常学究以为教习，虽有学堂极多，能有益乎"[2]；另一方面，主持变法的光绪皇帝虽早已成年并亲政，但手里并无实权，他的谕旨是否有效还要看实际掌权

---

① 恽毓鼎、景善：《光绪皇帝外传·景善日记》，重庆出版社 1998 年版，第 17 页。

② 金敏、周祖文：《儒家大学堂——长江流域的古代书院》，浙江大学出版社 2005 年版，第 199 页。

梁启超

的慈禧太后是否容忍他"自作主张",是否容忍自己的权力和地位受到挑战。如众所周知的那样,盛怒的慈禧发动戊戌政变,囚禁光绪,废除新政,停罢学堂(京师大学堂除外),各省书院照旧办理。变法夭折,已谢幕的书院又被权力之手拉到了舞台中央。

然而,时代潮流,浩浩荡荡,任何强权也阻挡不了。面对八国联军的沉重打击及各地汹涌的民变浪潮,慈禧也感到了变法的必要性。1901年初,清政府宣布准备实行新政,很快张之洞、刘坤一两位总督联名上疏,提出将书院改为学校。同年9月14日,清廷根据张、刘上疏,颁发谕旨"著各省所有书院,于省城均改设大学堂,各府及直隶州均改设中学堂,各州县均改设小学堂,并多设蒙养学堂"。从书院照旧办理到全面改制,短短三年间,立也慈禧,废也慈禧,慈禧仿佛给历史开了一个玩笑。这一次来自最高层的改制基本终结了千余年的书院历史。书院改学堂标志着中国教育实现了向近代的转型,正如《清史稿·选举志》所言,辛丑以后,中国学校教育进入系统教育时期。

人们可能会感到疑惑:为什么书院办得红红火火的,突然间说改就改,戛然而止了呢?究其原因,书院改制既是时代发展的必然,更是书院内卷化沉疴难治的不得已之举。

晚清时期的书院虽然有一些在课程设置、学校管理方面逐渐与世界接轨的变革举措,开始走向近代化,但其数寥寥,如凤毛麟角。大多数书院仍然背负着科举重担艰难跋涉,在"修齐治平"的旗帜下将自己牢牢包裹起来，抵抗西学的冲击，如郭嵩焘曾打算在校经堂开设一些西方实用课程，结果被人匿名攻击为"其计狡毒"。

自我封闭还只是书院问题的一个方面。书院内部的教学与管理问题同样相当严重。主要表现为以下两个方面：

一是书院的山长贪腐渎职行为屡见不鲜。自宋以来，书院山长一直是书院的灵魂，非名师大儒不足任。但到清朝时这种情况发生了很大变化。从乾隆年间下令将山长任免权交到地方官手里以后，山长问题便逐渐滋生并恶化。有较丰厚佣金的山长一职成为某些地方官手里的权力牌，可以用于织结关系网，也可以用来提携亲友。李元春在《潼川书院志》中记录的大荔县西河书院选聘山长之事就是一个典型例证。李元春是嘉道年间人，出身贫困之家，聪颖好学。早年曾在潼川书院求学，后来得中科举进入仕途，清廉重义。晚年侍奉老母，回到家乡，在潼川书院讲学。据李元春书中记载，西河书院重修后，县里的乡绅希望推荐本县一位大儒担任山长，但知府却执意另聘一举人担任。双方争执不下，最后商定由李元春担任，知府提出如果李元春不担任，则由那个举人任山长。李元春无意当山长，左右为难之下只好去找知府，谁料知府也是有苦说不出，原来那个举人是甘肃布政使的关系，知府当然不会拂了布政使的面子，因此，最终由那个举人当了山长。举人当了一年山长，书院没有一个学生能够毕业①。好在此举人还算有自知之明，辞职还乡了，要不然，西河书院就毁了。徇情聘用的山长，其才学品行自然堪忧。有些山长在其位并不谋其事，不登台讲学，不主持考课，不批阅课卷，甚至很少驻足书院。所以，后来翰林院庶吉士熊希龄在整顿书院的上疏中特别提出改革山长选聘办法，增加了山长必须批改作业、山长必须住在书院等条款。

二是书院学生大多专注于八股举业，迷恋科场，追逐功名，学用脱

---

① 金敏、周祖文：《儒家大学堂——长江流域的古代书院》，浙江大学出版社2005年版，第192页。

节。少数很糟糕的学生干脆把书院当成救济所，为了区区的膏火津贴，在书院一待就是十几年甚至几十年，须发皆白，仍在院肄业。清末缪荃孙编撰的《续碑传集》中说有一个童生叫赵圣传，年过花甲，老眼昏花，但还在南菁书院读书，仍然是南菁书院一生徒。看到如此垂垂老者在书院中迁延时日，你真不知是应赞叹他的意志力，还是为他在书院虚度一生而悲哀。更为严重的是书院学生追逐名利几乎到了不择手段的地步。1900年八国联军攻占北京后，联军统帅瓦德西在金台书院举行了一场侮辱性的科举考试，文题和诗题分别是"不教民战"和"飞旐入秦中"。联系清皇室正匆匆西逃入陕西的情景，该考题显然居心叵测。然而，应试人数居然"溢额"，获奖者都"忻忻有喜色"[①]。书院学生学的真正是"为己之学"了——为个人名利，连士人气节、民族大义都不顾了。

清末书院尽管在数量上空前庞大，也有个别书院厉行改革，开始近代化实践，但前述种种弊端也明明白白告诉我们：书院改制已是势在必行，否则，书院作为一种重要的教育机构不唯不能促进社会进步，反而会成为中国走向近代化的绊脚石。1901年的诏令改制无可厚非。只是这一刀切下去，便似切断了关于书院的情怀、情结，令人伤感、难舍。

（四）清代书院的历史印记

跨过历史长河，回眸书院，视力所及之处，国际化、城市化、近代化当是清代书院留下的永恒记忆。

1.清代书院渐趋国际化

这里所谓的国际化侧重于指书院这种文化组织走出国门，远涉重洋，在世界许多地方留下中国书院的足迹。书院走出国门开始于明朝，不过，那时走得不远，仅到明朝的藩属地朝鲜。到清朝时，书院漂洋过

---

① 恽毓鼎、景善:《光绪皇帝外传·景善日记》，重庆出版社1998年版，第237页。

海愈行愈远，东洋、南洋、西洋都可觅踪迹。

书院首先向东越过大海到达日本。日本书院始建于江户时代。大概是在 1640 年前后有人将私塾改称书院，兼教学、刻书、藏书等功能于一体，日本书院正式诞生，并在明治时代达到创建高潮。日本在试图脱亚入欧前，所认同的民族源头、文化源头是中国，认为中日同文同种，因此，日本书院也师法中国，以讲汉学为主，推崇阳明心学、朱子理学，同时加入一些日本本土知识。如建于 1699 年的鹤山书院，与中国书院就很相似：书院祭祀孔子，有学田保证书院运行，注重藏书，制订有各种学规，规范教学秩序；书院还悬挂《白鹿洞书院揭示》于讲堂；教学内容主要是四书及《诗经》《书经》《易经》《小学》《古文》等，另外还要求选读一些史书，这些史书既有中国的史学名著，如《左传》《史记》《汉书》《战国策》《十八史略史》等，也有日本的史书，如《日本外交史》《日本政记》《大日本史纲鉴》等。

甲午中日战争后，日本出现了一种专门招收东渡日本求学的中国留学生的书院。在甲午惨败的打击下，中华民族觉醒，不少有识之士负笈东渡，向原来的"学生"学习强国之术，留日学生剧增。这样，专门针对留日中国学生的书院应时而生。这类书院是带有一定预备性质的学校，专为留日学生解决语言问题和其他学科的学习适应问题。建于 1902 年的东京同文书院便是其中代表。该书院的办学宗旨是"授以各专门学校预备之课程"，其主要课程可分为两类：一类是意在解决语言障碍的课程，如《日本语读法》《日本语会话》《日本文法》《翻译》《英语》等；另一类是留学生在国内学校学习中比较薄弱甚至根本欠缺的科学基础课，如物理、化学、地理等。学生在校学习的费用自理。清末以《革命军》唤醒大众"挽沉沦"的"革命军中马前卒"邹容 1902 年东渡扶桑求学时，就自费进入了东京同文书院学习，并在这里开始写作《革命军》。

通过鹤山书院和东京同文书院这两个例子，我们可以看到，二者尽管都叫"书院"，但在招收对象、办学宗旨、学校管理等方面有着质的

区别。前者更接近中国古代书院，从办学宗旨到课程设置都师法中国书院；后者与中国传统书院已相去甚远，它实际上是留学生预备学堂，入读需要支付高额学费。这些留学生预备学堂性质的书院为东渡日本的中国有志青年打开了一扇了解世界的窗口。

南洋的书院以华侨书院为主。有国人由于经商或政治原因背井离乡，寓居海外，其最集中之地即地缘上比较接近的东南亚一带。寓居海外的华侨为了让出身异域的子女不致在侨居地文化的浸染下数典忘祖，同时出于对子女生计发展的考虑，一些富裕侨商仿照国内书院发起创办教育机构，将在国内所熟知的文化传承机构——书院移植到了侨居地。1729年创办于荷属东印度巴达维亚养济院内的明诚书院是已知最早的一所，书院经费由当地华侨公馆负担，但遗憾的是该书院因管理不善而停办。

此后，中国侨民较为集中的马来西亚、印度尼西亚、新加坡等地都纷纷办起了华侨书院。其中，闽籍侨商陈金声父子创办于新加坡的萃英书院最为有名。陈金声在新加坡不仅经商有道，生意做得很成功，而且非常热心公益事业，众望所归当选为新加坡华侨福建帮的侨领。道光二十九年（1849），他在新加坡天福宫兴建崇文阁，作为华侨青年学习中文的场所，开了新加坡华侨教育的先声。后又创办义学，延师教导侨民子弟。1854 年，他捐巨资在厦门街购地建成萃英书院。书院的运行经费主要由陈金声及受其影响的富商捐助；书院的教育如同国内书院一样，祭祀与教学并重。萃英书院祭祀文昌帝君和紫阳夫子朱熹，课程主要有《孝经》、四书、五经、珠算、格致之学等。百善孝为先，书院重视传统美德教育，要求学生入书院必须先学习《孝经》；四书与五经是传统书院的必修课程，体现了华侨华人在异国他乡以中国传统文化教育子女，使之不忘根本的价值追求；珠算和格致之学则突显了华侨书院的实用特色[①]。

---

① 别必亮：《承传与创新——近代华侨教育研究》，河北教育出版社 2001 年版，第 13—14 页。

　　书院走向西洋主要归功于中国侨民和外国传教士。意大利那不勒斯的文华书院就是一所由传教士在西洋创办的书院。该书院由意大利传教士马国贤（汉名）创建于雍正年间，招收中国留学生和有志于到东方传教的西方人、土耳其人，主要培养神职人员，尤其是中国籍神职人员。文华书院本质上是一所教会书院，但它在中西文化交流史上仍占有重要的地位。据统计，同治之前，前往欧洲的 113 名留学生中，有 91 人进入了文华书院学习①。

　　美国的旧金山和加拿大的维多利亚、温哥华等地是华侨比较集中的地方。当地华侨自发开办了蒙馆、学塾、义塾、书院等来教育子弟，其中的大清书院影响较大。大清书院于 1884 年由中华会馆创办于旧金山，初名叫中西学堂，后更名为"大清书院"，以示心怀故土、不忘本来之情意。书院一般聘请在国内有功名的士人任教，教学内容主要是四书、五经等儒家经典，有时也会练习科举时文，这与国内大多数书院如出一辙。不过，大清书院学生的学习时间有限，他们还要在公立隔离学校学习西学（由于旧金山当局一面大行排华及种族歧视政策，一面又想证明美国式的公平或平等，于是在多方反复较量后，批准为华人子女设立专门的华人公立学校，即"隔离学校"——1906 年旧金山地震后改为远东公立学校——实际上仍然是隔离学校，只是增加了日裔、韩裔子女入学），因此，学生只能在隔离学校无课的周末才能入书院学国学。尽管如此，大清书院仍希望通过传授国学在华侨子弟心中延续中国人的文化根脉，认祖归宗。由此我们看到，无论是中国侨民还是西方传教士所创书院，与国内书院在办学目的、教学内容等方面都有很大的区别。

　　橘生淮南谓之橘，橘生淮北谓之枳。远渡重洋的书院其实也有如生于淮北之橘。

---

① 周谷平：《明清之际来华耶稣会士与西方教育的传入》，《华东师范大学学报（教育科学版）》1989 年第 3 期。

2.清代书院走向城市化

在中国古代的教育体系里，一直是官学在市井，书院在乡野。如唐朝的光石山书院就建在司空山上，旁有道观；再如岳麓书院所在的岳麓山上是寺庵耸立，环境幽静；白鹿洞书院、嵩阳书院、石鼓书院、徂徕书院、象山书院……众多名书院都建于山间清幽秀丽之地，其中不少毗邻道观寺院，有些书院甚至就是寺院改造或分离出来的，如岳麓书院。寺院道观一般都建在山林深处，以便远离尘世，清静修行，参佛悟道。其实，远离尘啸的书院也想要追求佛道的这种清修环境。溪水潺潺，树影婆娑，书声琅琅，无名利之累心，无市井之喧闹，清幽淡雅，这正是古代读书人理想的读书场所，这也正是书院师生修身养性、潜心向学、精研学术的理想之地。幽人卧谷，遍览风月，乡野是书院自由与独立精神的栖息地。清朝的官办书院打破了宁静。雍正十一年，诏建省级书院，并给予经费支持。很快各省便建起了23所省级书院，这些省级书院大多建于省会城市以便官府管理。23所省级书院作为当地的最高学府，代表了书院建设的方向。书院从此基本结束了在山间自由生存的历史，从乡村走向城市，融入了官方教育系统。走向城市的书院有了官府作为坚强后盾，自是不愁生存；但同时也会变得随波逐流，失去最为可贵的独立自由精神与文化传承创新活力。书院的城市化既是书院之幸，也是书院之不幸。

3.清代书院迈向近代化

书院近代化是清代晚期书院最值得称道的发展特点。一方面，书院孕育了一大批近代人才，如曾国藩、张之洞、刘坤一、左宗棠、郭嵩焘等人，他们是中国走向近代化的先锋；另一方面，部分书院也在近代化的大潮下顺势而为，走上变革之路，如前边所说的校经书院、崇实书院、格致书院等，它们引入了西学要素，并开始施行分科教学。到1901年诏令书院改制时，书院摇身变为学堂，变身为学堂的书院迈入了近代化的大门。

七、书院今生：再见已非初见

1901 年清廷的一纸诏书，从官方的角度终结了书院这一文化现象，但这并不意味着书院从此销声匿迹。经学大师王闿运所经营的船山书院就一直坚持到 1915 年才改为存古学堂；岳麓书院几经周折后至今绵延不绝；20 世纪 50 年代钱穆先生在香港建新亚书院，80 年代北京大学的一群学者也曾筹建中国文化书院……这些都告诉我们，书院并未真正离开过我们，在许多文化精英的心目中，书院仍然是一块文化圣地。

（一）现代书院掠影

进入 21 世纪以来，书院重回大众视野，且热度见长，从遍地命名"书院"的机构及中国知网关于书院研究呈井喷状的论文中便可见一斑。发展势头之强劲，发展形态之多姿多彩，有"乱花渐欲迷人眼"之象。

从教育层次来看，大学是现代书院重生的温床之一。在创新大学本科教育模式、革除本科教育积弊的背景下，大学诞生了"书院制"模式。它始于 2005 年复旦大学启动的书院制改革，这是一种从西欧舶来的、以宿舍为载体的教育组织模式。基本操作是以学生住宿的生活社区为平台，开展第二课堂活动，鼓励并组织学生跨学科跨专业进行交流互动，以促进学生全面发展。西安交通大学、汕头大学、苏州大学、华东师范大学、南方科技大学等不少大学都在积极探索这种书院制改革，许多应用性本科院校更是践行书院制的生力军。据统计，截至 2017 年 3 月，我国内地有 37 家大学建立了 114 所书院[1]。笔者所在学校的田家炳

---

[1]　官辉：《高校书院发展报告》，西安交通大学出版社 2017 年版，第 4 页。

西南大学田家炳教育书院

教育书院也可忝列其中，湖南大学的岳麓书院更是当之无愧。只是这两所书院都不属于以宿舍为载体的那种书院：笔者学校的田家炳教育书院主要是教育学部教育教学科研的大本营；岳麓书院则带有历史的惯性。全国各地高校书院制改革势如潮涌，如火如荼，有人甚至认为现代大学书院这种新世纪以来教育组织模式"出口转内销"的变革探索将成为亚洲高校发展的重要方向之一①。

与此同时，也有与中等教育相关联的书院诞生。譬如，杭州司乔中学在建筑设计上就刻意体现传统书院多重院落的架构，将古典与现代融为一体，试图赋予它书院的宁静向学精神，让师生在情景交融中产生情感共鸣。不过，在现行的升学体制下，中学教育不太可能大规模走上书院制道路。

更多的现代书院则指向了对学龄前儿童（也有部分小学生）的儒家经典启蒙教育。在国学教育的旗号下，以未成年人为招生对象的儒家经典教育书院几乎遍布我国大中城市。之所以说这些针对未成年人教育的书院是儒家经典教育书院，是因为其课程设置及教学方法便是如此。在有些书院中，孩子在成长过程中，需要"幼儿养性、童蒙养正、少年养

---

① 高靓：《住宿学院：舶来的是花枪还是良方》，《中国教育报》2012 年 9 月 30 日。

志"。据此，书院设计了三个阶段的传统经典学习内容：先以《孝经》《弟子规》《三字经》《百家姓》《千字文》《龙文鞭影》《声律启蒙》作为蒙学教材；然后学习"四书"（《大学》《中庸》《论语》《孟子》）；最后学习群经，选用《道德经》《黄帝内经（节选）》《礼记（节选）》《周易》作为教材。有些书院的全日全托制国学经典班将《孝经》《大学》《中庸》《素书》《论语》《易经》《诗经》《礼记》《黄帝内经》等作为教材。在教学方法上，则多以诵读为主，教师给予适当辅导，意在通过诵读记忆，让经典在孩子们的心灵中不断累积，待他们长大后，理解能力增强了，自然豁然开朗。确实，从小养性、养正、养志，可以让他们在复杂社会中有自己的坚守，不会随波逐流。

还有一些现代书院与前述大中小幼教育关系都不大，它们是一些出于特别的目的而建立的书院，如，有些书院就是伴随着社区管理模式创新而出现的。随着经济社会发展及相应的城镇化加速推进，社区在个体生活及社会认知中扮演着越来越重要的角色，因此，对如何提升社区治理水平、提高社区生活质量有了更高要求。这些书院秉持耕读结合理念，通过开展社区教育、亲子阅读、手工作品分享、农耕体验、自然教育等活动，共同营造社区丰富、健康、互助的新生活。严格地讲，这类书院与传统书院已是大异其趣。再如，1984 年汤一介等一批学人创立的中国文化书院等属于另一类型的书院——一种文人创作、交流、交游、讲学研修之所在，一种与唐宋时期的书院更接近的书院。

由著名学者冯友兰、张岱年、汤一介、朱伯昆等人于 1984 年发起成立的中国文化书院则是一个以继承和阐扬中华优秀传统文化为宗旨的学术研究和教学团体。书院导师阵容强大，由来自北京大学、清华大学、中国人民大学、北京师范大学、中国社会科学院的十多位著名教授组成，如季羡林便是书院院务委员会首任主席。书院以举办学术交流、整理推介文化典籍、开展专题研修培训等为日常工作，它所推出的《走向未来丛书》在八九十年代几乎是奇货可居。中国文化书院也因其文化

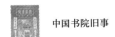

传承方面的卓越成就而在现代书院发展史上留下了浓墨重彩的一笔。只是，在这个日新月异的时代，中国文化书院终成历史。2018 年，曾任中国文化书院副院长的陈越光为历史留下了《八十年代的中国文化书院》这一著作。

（二）街谈巷议，臧否难定

这些林林总总冠以书院名号的机构，它们果为书院么？有人质疑，有人赞不绝口。

2009 年 6 月，《瞭望东方周刊》便以书院复兴为封面，展开了一场关于现代书院的讨论；以个案考察了书院复兴热潮背后的时代使命。其中，一篇题为《我国书院悄然复兴被寄望冲破刻板教育培养大师》的文章提出"伟大的文化复兴之梦，正在增添新的助力"，显见对新时期的书院寄予极高期望。不可否认，现代教育的工具化、标准化、功利化倾向令人忧心。人们在反思：中小学是否正沦为"考试机器"的制造工厂；大学和研究生教育是否在培养一个个"精致的利己主义者"；教育的文化传承、文化创新、"养子作善"功能是否被追名逐利所淡化；同时，"钱学森之问"也在不停地叩击着每个教育者的灵魂。于是，人们寄希望于传统书院能长善救失。传统书院功能中的"祭祀"似有助于让受教育者识礼明德，传统书院讲学中的会讲制度让学问走向宏大与精微，传统书院中的耕读结合既锻造筋骨又陶冶性灵，传统书院对藏书的看重突显其文化传承担当……总之，正如原岳麓书院院长朱汉民所说，"书院集中了中国古代教育的精华"①。人们似乎有理由相信，书院的复兴定会冲破刻板的现代教育模式，实现全人教育的理想，激发文化创新创造活力，引领思想文化方向。

---

① 详情参见柴爱新：《书院兴起标志文化复兴》，《瞭望东方周刊》2009 年 6 月 29 日。

2017 年 6 月 9 日，朱汉民在《中国艺术报》上撰文《激活书院，功莫大焉》，充分肯定了书院作为中国人精神殿堂、中华文明传承驿站、独特教育模式的代表性地位。作者指陈书院的复兴价值，还提出了书院"申遗"的具体建议。然而，2019 年 7 月 8 日，在阿塞拜疆首都巴库举行的第 43 届联合国教科文组织世界遗产委员会会议上，"韩国新儒学书院"入选世界文化遗产名录。尽管韩国书院与中国书院有所不同，但深受中国儒家文化影响，又深受中国书院影响的韩国书院"申遗"成功，着实让我们深感震惊。

2017 年 4 月 2 日《中国文化报》刊登了一篇题为《"君子风度"难觅》的短文，基本否定了现代书院的思想文化引领作用，而将其归为市场经济"逐利"的产物。文章认为，这些现代书院从名头和功能上看，或许与古代差别不太大，但它们之间有着本质上的极大不同：当今这些机构传播知识、文化或是学术只是手段，最终目的还是利益①。此说可谓一针见血，各种国学班昂贵的学费为此说作了注解。也有人认为，当今书院的功用"更多的是识文习字、近艺知术，传播日用常识和基本伦理等"，在延聘良师大儒传道授业、修炼心性方面则明显不足②。经费不足、招生困难、课程体系不完备、管理体系效率低、师资力量参差不齐等问题已成为现代书院必须解决的弱项③。就目前占比最大的儿童启蒙教育类书院而言，师资与课程确实是制约书院发展的严重短板。笔者曾偶然驻足某校室外聆听了半节小学生夏令营国学课，一个约莫 20 岁的男老师给一群 10 岁左右的孩子讲"大学之道，在明明德，在亲民，在

① 马啸：《"君子风度"难觅——从"学院"教育说开去》，《中国文化报》2017 年 4 月 2 日。

② 闫敏：《新兴书院：附庸风雅，还是致敬传统》，《中国文化报》2017 年 3 月 19 日。

③ 刘怀远：《当代书院国学教育探析——以部分书院为例》，江西师范大学2014 年硕士学位论文。

止于至善"，且不说教师的仪态是否与国学课相协调，仅就内容而言，大半节课连"大学"二字都没讲明白，这不能不说是教育的一种遗憾！此外，几乎所有的启蒙教育都选择了古代启蒙读物，这种对"古典"的迷信是否意味着我们的文明数千年实未有什么长进呢？至于大学里新兴的书院制，也有人指陈其性质不明、文化不显、人文不浓[①]。这些分析表明，理想和现实常常隔着一段距离。

2016 年 9 月 12 日，《光明日报》开设专栏《文化薪火·书院的故事》，邀请了一些书院研究者、书院院长举行"中华国学传统与当代书院建设研讨会"。会上达成共识，认为书院兴盛的深层次动因在于复兴中华传统文化，民间书院发展数量众多，形式纷繁，价值与意义彰显，但文化传播与育人理念缺乏新的规范。与会者认为，现代书院生存和发展面临的共同课题在于：如何在继承古代书院优秀传统的基础上，对其精华部分进行现代化改造，使之适应当下的现代教育环境。这恐怕是一场致力于复兴中华传统文化的知识分子理想与现实的长远博弈吧。

"看似寻常最奇崛，成如容易却艰辛。"事实的确如此，我们如何让传统书院实现"创造性转化、创新性发展"，使之在今天继续保持旺盛的生命力，需要的是扎扎实实躬行探索，而非简单地吹毛求疵、臧否得失。无论如何，已经谢幕的书院一直迁延于历史舞台的某些角落，且在近几十年如春风野草，蓬蓬勃勃，这本身已经说明了它穿越千年、精神不灭的价值所在。为此，向一切有情怀的坚守者致敬！同时，也期待书院不要作为一种商品被"消费"，还书院纯粹的文化品格与文化担当。

---

① 张湘韵：《现代大学书院制反思：模式移植与精神断层》，《贵州社会科学》2019 年第 4 期。

中篇　书院名人寻踪

教育家梅贻琦说过，"所谓大学者，非谓有大楼之谓也，有大师之谓也"。书院亦如是。在千余年的书院发展历程中，出现了一个个大师，群星璀璨，光耀古今。

朱张岳麓会讲

一、集贤十八学士

开元十三年（725），对唐玄宗来说，最忧心、最得意、最有价值的事情莫过于泰山封禅大典的筹备和举行了。封禅是一次帝王与天地的直接对话，自是无比隆重，也不容许有丝毫的差池。于是，玄宗让他最看重的文人领袖、丽正书院负责人、宰相张说组织筹划封禅事宜。张说等人可谓殚精竭虑，未雨绸缪。他们起草了封禅大典的礼仪安排《封禅仪注》给玄宗皇帝过目，结果圣心大慰。为慰劳筹办封禅大典的一干人等，唐玄宗在东都洛阳集仙殿赐宴中书门下、丽正学士及礼官。席间君臣相得尽欢，气氛融洽，玄宗皇帝深感文人办事的缜密与忠心，深感人才的重要，说道："仙者凭虚之论，朕所不取。贤者济理之具，朕今与卿曹合宴，宜更名曰集贤殿。"就此，集仙殿改名为集贤殿，旋即丽正书院更名为集贤书院，"书院官五品以上为学士，六品以下为直学士；以张说知院事，右散骑常侍徐坚副之"①。

集贤书院作为集搜书、校书、写书、藏书等文化活动于一体的官方文化机构，群英荟萃，贤才云集，其中最著名的当数十八学士，他们是张说、徐坚、贺知章、赵冬曦、冯朝隐、康子元、侯行果、韦述、敬会真、赵玄默、东方颢、李子钊、吕向、毋煚、陆去泰、咸廙业、余钦、孙季良。开元十八学士由玄宗皇帝钦赐，命董萼于上阳宫画十八学士像，并记录所有十八学士的姓名、表字、爵位、籍贯等。玄宗时期的这十八学士一般称为开元十八学士；由于他们都曾任集贤院学士或直学士，因此又称集贤十八学士。据《玉海》卷一六七记载，唐玄宗为其中

---

① （宋）司马光：《资治通鉴·唐纪二八》卷二一二。

的十七人撰写了如下的表彰赞文（该卷未见冯朝隐的赞文，可能是收录时亡佚，当然也可能是玄宗因某种原因没写）：

张说：德重和鼎，功逾济川，词林秀色，翰苑光鲜。

徐坚：校书天禄，论经上庠，英词婉丽，雄辩抑扬。

贺知章：礼乐之司，文章之苑，学优艺博，才高思远。

赵冬曦：白简端严，青史良直，清词杂韵，博闻强识。

康子元：才识清远，言谈幽秘，四科文学，六书仁义。

侯行果：洪钟吟叩，明鉴不疲，理穷系象，动中威仪。

韦述：职参山甫，业纂玄成，六艺术作，四始飞英。

敬会真：名乃会真，迹惟契道，抠衣讲习，临筵振藻。

赵元默：才比丘明，学兼儒墨，叙述微婉，讲论道德。

东方颢：地游天禄，门嗣滑稽，三冬足用，六艺斯齐。

李子钊：干木流度，指树贻芳，讽谏遗阙，启发篇章。

吕向：族茂非熊，才高班马，考理篇章，抑扬风雅。

毋煚：轩楯纸任，谏诤之职，闻诗闻礼，有才有识。

陆去泰：才光于晋，价重于张，州县斯屈，文翰尤长。

咸廙业：郁郁高文，英英博识，持我刑宪，是称谅直。

余钦：文章两瞻，才术兼美，思在穷经，学通旧史。

孙季良：蓬山之秀，芸阁之英，雄词卓杰，雅思纵横。

十八学士美名虽有得益于玄宗皇帝喜欢附庸风雅而对集贤书院特别垂青的缘故，但更重要的是十八学士确实个个饱读诗书，才华横溢，实至名归。他们或者书文俊美如贺知章，或者精通老庄如侯行果、敬会真，或者长于刑律如赵冬曦，或者聪慧过人、博经通史如徐坚、韦述……十八学士在集贤院或修撰，或校理，或侍讲，成就斐然，彪炳千秋。既为玄宗一朝的盛世修史留下浓墨重彩之笔，也为传承中华文明立下汗马功劳。这里，我们撷取十八学士之首张说的点滴故事以领略十八学士风采。

张说（667—730），是玄宗朝乃至整个唐朝都算得上数一数二的人物，四朝为官，三起三落，三次为相，掌文学之任30年，留下文集30卷，成为开元前期一代文宗。《新旧唐书》均以较长篇幅著《张说传》。

张说作为集贤院第一掌门人绝非浪得虚名。他文有风采，武有韬略，文武兼修，堪为领袖。据《新唐书》本传及《大唐新语》卷八等资料记载，武则天载初元年（689），张说便在武则天"策贤良方正"的制举考试中脱颖而出，对策第一。武则天喜欢张说的清丽词句，授太子校书，累转右补阙。但张说因不愿意助纣为虐，给张易之和张昌宗作伪证陷害当时的宰相魏元忠，被武则天以忤旨罪流配到钦州。

中宗即位后，张说重新回到朝廷，拜兵部员外郎，后又升至工部侍郎。睿宗即位后，迁中书侍郎，兼雍州长史。景云二年（710），张说授同中书门下平章事，监修国史。当时，唐玄宗还是东宫太子，张说兼为东宫侍读之一。也是在这一年，太平公主指使他人构陷太子，睿宗心忧问计，而当时的大臣或者为太平公主的心腹，或者怕事不敢直言，只有张说进言"此是谗人设计，拟摇动东宫耳"，从而打消了睿宗顾虑，破解了阴谋。睿宗很高兴，下令由太子监国。

唐玄宗即位后，张说又向玄宗进言，早点解决太平公主的篡权阴谋。可以说，张说是先天二年（713）唐玄宗发动铲除太平公主势力的先天政变的智囊之一，居功至伟。因此，开元元年（713）张说即拜中书令，封燕国公。但玄宗此时对政变中的功臣有些顾忌，心生打压之意，而张说又与姚崇不合，结果被姚崇设计贬为相州刺史，后转岳州刺史。

到开元七年前后，朝政稳定，玄宗已无功臣要挟之虑，张说重新进入玄宗的视线。特别是张说任天兵军大使时在平定胡人叛乱、稳定边防方面的谋略与成就，让玄宗深感用人之际，集文韬武略于一身的张说真

是难得的人才。这样，张说再度受到重用，于开元九年被任命为兵部尚书、同中书门下三品，累至尚书左丞相。

当然，唐玄宗将集贤殿书院（包括其前身丽正书院）交给张说掌管，首先看重的自然是张说的文才。作为一代文宗，《旧唐书·张说传》对其评价是"为文俊丽，用思精密，朝廷大手笔，皆特承中旨撰述，天下词人，咸讽诵之。尤长于碑文、墓志，当代无能及者"①。

张说的文章好到什么程度呢？据说著名宰相姚崇临终前，最大的心愿就是希望能得到张说为他撰写的碑文，但张与姚同朝为相时，二人因政见不同而失和，张说还因此被贬。为此，姚崇苦心设计，用家里的华服宝玩诱惑张说，有才也爱财的张说一时兴起，为姚崇写下了精彩祭文。过了一阵子，张说感到后悔，急忙赶去姚崇家，想以修改为名取回祭文。但为时已晚，姚崇的儿子已按父亲生前的计策，呈请玄宗皇帝御批了祭文，且刻上了石碑。张说抚胸慨叹，叹死姚崇能算计活张说，自愧弗如②。一代名相如此苦心孤诣计赚碑文，足见张说文章之美。

唐玄宗经过开元前期的励精图治，稳朝政，靖边患，国家已初显升平之象。性喜附庸风雅的玄宗皇帝打算偃武修文，彰显歌舞升平的盛世景象。这与张说希望在文化领域成就一番事业的想法不谋而合。唐玄宗开办了丽正修书院，修撰文化典籍，于是张说以宰相身份知院事，掌管书院。张说本质上是个文人，他对书院事务非常热心，还特别愿意提携后学，使得集贤书院名副其实，集贤聚能，人文荟萃，成为开元盛世的一道亮丽风景。从以下的三件小事中，便可看出张说对书院文化工作的负责与执着。

第一件事是力驳陆坚的罢书院学士提议。丽正书院建立后，唐玄宗

---

① （五代）刘昫：《旧唐书》卷一〇一《列传四七》。

② 故事出自《明皇杂录》，但岑仲勉《唐集质疑》考证说姚崇碑文实为张说奉敕特写。

非常重视，让张说全面负责书院事务，而且令有司向书院提供优厚的供给。中书舍人陆坚对此很不以为然，认为"无益于国，徒为靡费"，提出遣散学士，悉数罢除。张说据理力争，提出："古帝王功成，则有奢满之失，或兴池观，或尚声色。今陛下崇儒向道，躬自讲论，详延豪俊，则丽正乃天子礼乐之司，所费细而所益者大。陆生之言，盖未达邪"①。张说此言，正中玄宗下怀，不仅保住了书院及书院的优厚待遇，而且张说本人也更得玄宗信任。

第二件事是张说力辞大学士之称谓。开元十三年，唐玄宗将集仙殿改为集贤殿，将丽正书院改为集贤书院时，赐封五品以上为学士，六品以下为直学士。玄宗皇帝为体现对张说的特别垂爱以及凸显张说在书院的领导位置，提出授予张说大学士的头衔。对这一恩典，张说"固辞而止"。张说为什么要推辞呢？《新唐书》记载的"引觞同饮"故事对此做了注解：在一次集贤院的宴饮中，有人提出依据官阶高低定喝酒顺序，官高者先喝，张说听后，说道"吾闻儒以道相高，不以官阀为先后。太宗时修史十九人，长孙无忌以元舅，每宴不肯先举爵。长安中，与修《珠英》，当时学士亦不以品秩为限"。说罢，端起酒杯，与众人一饮而尽。在张说看来，虽然自己位极人臣，但书院是文化机构而不是官场，只论学问大小，无涉官位高低。由此可见张说作为文坛领袖的君子胸怀，他的请辞与学问为上的观点使他在书院赢得了人心，当然也有利于书院图书修撰工作的开展。

第三件事是张说在书院慧眼识才，奖掖后进，将许多优秀知识分子网罗进了书院之中。张说担任丽正修书使时，为编撰《唐六典》等书，极力推举贺知章、徐坚、赵冬曦、韦述等人进入书院。贺知章是大家熟悉的大诗人，自号"四明狂客"，才气逼人，放诞不羁，在开元十三年时，既迁礼部侍郎，又兼集贤院学士，可谓双喜临门。徐坚在武后当政时期

① （宋）欧阳修、宋祁：《新唐书》卷一三八《列传五〇》。

贺知章

即与张说是老同事，共修过《三教珠英》，张说介绍徐坚进入书院后，即作为书院的副知事，配合张说开展工作。赵冬曦则是张说被贬岳州时结识的文友。韦述自幼酷爱读书，过目成诵，家中有两千余卷藏书，"记览皆遍"，学养深厚，贯穿经史，正是修撰史书的难得良才，因此，张说以宰相之职在集贤书院监修国史时，即延揽韦述进入集贤书院为直学士。韦述对于先前所修国史，先定类例，补阙遗，修成《国史》一百一十二卷，《史例》一卷，事简记详，良史之才得以充分展现。在安史之乱两京沦陷时，韦述舍弃了家中的经籍资产，抱着所修《国史》藏于南山。不幸的是，韦述后来还是被叛军俘虏，并授予官职。两京收复后，韦述因有被俘"授伪职"的这一经历而被流放渝州。此外，像康子元、侯行果、敬会真、冯朝隐等一批精研老道的学士，也都直接或间接由张说荐引进入集贤书院。他们都是集贤书院文化奇葩中光彩照人的一枝。

张说虽贵为宰相，但他更看重其学士名分。在贺知章双喜盈门时，宰相源乾曜曾对张说说："贺公两命之荣，足为光宠。然学士、侍郎孰为美？"张说答道："侍郎衣冠之选，然要为具员吏；学士怀先王之道，经纬之文，然后处之。此其为间也。"[1]两相比较，高下立判。张说之才、张说之识、张说之位，使张说深孚众望，无愧于集贤第一代掌门人。

---

[1] （宋）欧阳修、宋祁：《新唐书》卷二一九《列传一二一·隐逸》。

二、宋初三先生

宋初三先生分别是泰山先生孙复、安定先生胡瑗和徂徕先生石介。他们三人在泰山书院或讲学，或读书，均致力于复兴在五代因遭遇佛道挤压而衰微的儒学，成为宋代理学的先驱，被理学集大成者朱熹尊为宋初三先生。泰山书院"三贤祠"供奉的正是这三位先生（最初只供奉孙复和石介，明代隆庆年间增祀胡瑗）。有学者考证说三先生泰山同窗虽是佳话，但不可能①，考证有根有据，似是可信。不过，笔者在追寻三先生道德学术踪迹之时，只感动于三先生立志向学、安贫乐道之共同精神，敬佩于他们开两宋学术繁荣之先河的才气和勇气，为此，也就更愿意相信是泰山的钟灵、仁厚、雄壮铸就了三先生的共同气质。

最早在泰山书院讲学的是孙复。孙复（992—1057），字明复，晋州平阳（今山西临汾）人，出身贫寒之家，父亲早亡，酷爱读书，勤奋好学。如果说孙复是千里马，那么以士大夫绝唱"先天下之忧而忧，后天下之乐而乐"传世的范仲淹就是伯乐。孙复的

孙　复

---

① 刘文仲：《胡瑗"读书泰山十年不归"志疑》，《泰山师专学报》2000 年第 2 期。

命运转折点在宋仁宗天圣五年（1027），这一年，范仲淹在南京应天府（今河南商丘）为母守丧，应南京留守晏殊的邀请，到睢阳书院（又名应天府书院）讲学，落魄潦倒的穷秀才孙复刚好流落于此。孙复拜访范仲淹，希望得到范仲淹的帮助，于是就有了"伯乐与千里马"的一段佳话。

据宋人魏泰《东轩笔录》记载："范文正在睢阳掌学，有孙秀才上谒，文正赠钱十千。明年，孙生复道睢阳，谒文正，又赠十千，因问：'何为汲汲于道路？'孙秀才戚然动色曰：'老母无以养，若日得钱百，则甘旨足矣。'文正曰：'吾观子辞气，非乞食也。二年仆仆，所得几何，而废学多矣。吾今补子学职，月可得三千以供养，子能安于为学乎？'孙生再拜大喜，于是授以《春秋》。而孙生笃学，不舍昼夜，行复修谨，文正甚爱之。"① 也就是说，在范仲淹的帮助下，孙复栖身睢阳书院，既免了生计之忧，又明确了自己的《周易》和《春秋》主研方向，孙复在宋初儒学复兴中的主要成就《春秋尊王发微》12卷大概正缘于此。一年后，范仲淹丁忧期满，复职离开睢阳书院，孙复也因为恩师的离去而离开了睢阳书院。

景祐元年（1034）是孙复人生的又一个转折年。这一年孙复第四次科考落败，心灰意冷的他结识了时任南京学官的石介。当时，石介正拟在泰山筑室讲学。石介见到孙复后，特别佩服孙复的学识，遂邀请孙复讲学于泰山书院。可以说，正是在泰山书院，孙复对圣人之道的孜孜追求迎来了柳暗花明又一村。孙复客居泰山讲学整整七年。七年间，孙复"聚先圣之书满屋，与群弟子而居之"②，专注于《周易》和《春秋》的研究，撰写了《易说》64篇、《春秋尊王发微》12卷。在泰山书院，石介极为推崇孙复的学问和追求，以师礼事孙复。庆历二年（1042），在石介的游说和范仲淹的力荐下，孙复以布衣身份担任秘书省校书郎、国子监直

---

① （宋）魏泰：《东轩笔录》卷一四。
② （宋）石介：《徂徕集》卷一九《泰山书院记》。

讲，庆历四年，宋仁宗赐孙复五品服。

从物质上讲，孙复一生总体上是比较落魄的。他的生活穷困到母亲离世都无棺安葬的程度，两鬓斑白的孙复只有仰天大哭，为自己无法尽孝而痛苦；然而，在精神上，孙复却是执着而充实的，尤其是在泰山的七年，一心追求圣人之道，精研学问，聚徒讲学，成就斐然，被后人尊称为"泰山先生"。曾经担任宰相的李迪感于孙复的才学与精神，怜惜他年近五十仍孤身一人，庆历元年将自己的侄女许配给了孙复。

石介（1005—1045）字守道，兖州奉符（今山东泰安）人，因品德高尚，又曾在家乡徂徕山下筑室讲学，故世人称之为"徂徕先生"。宋初三先生中，愤世嫉俗、刚直不阿是石介最为鲜明的个性特色。面对佛道盛行、人心不古的宋初形势，石介像堂·吉诃德那样，拿着孔孟之道这根长矛，勇敢决绝地刺向不古的人心，哪怕得罪权贵也在所不惜。《宋史》对石介的评价是："笃学而志尚，乐善疾恶，喜名声，遇事奋然敢为"[1]；欧阳修为石介所作的墓志铭中则赞他："时无不可为，为之无不至。不在其位，则行其言。吾言用，功利施于天下不必出乎己，吾言不用，虽获祸咎，至死而不悔。"[2] 这两段评价，生动地勾勒出石介的人格形象。

石介出身在世为农家的一个大家族，耕于徂徕山下。天圣五年（1027），石介到南京应天府向在此丁忧讲学的范仲淹求学，刻苦勤奋，"世无比者"。石介对自己的要求近乎苛刻，时有文人王渎宴请宾客，请石介前往，石介说："朝餐膏粱，暮厌粗粝，人之常情也，介所以不敢当赐。"[3] 字面意思是一顿美食可能让人从此咽不下粗粮，所以还是不吃吧；从人性出发，其深层含义则是贪一时享乐可能会丧失潜心向学之

---

① （元）脱脱、阿鲁图：《宋史·儒林二》卷四三二。

② （宋）欧阳修：《欧阳文忠公全集》卷三四《墓志铭》。

③ （清）黄宗羲：《宋元学案·泰山学案》。

志。所以他选择贫食粗粝，以继苦学。皇天不负苦心人，26 岁时石介即中进士甲科，担任了郓州观察推官、南京留守推官等职。

石介特别推崇孔孟学说，为官取积极入世心态，实践孔孟之道，精研孔孟思想。石介认为，尧、舜、禹、汤、文王、武王、周公、孔子之道是万世常行不可易之道，而佛老灭君臣之道，绝父子之亲，舍弃道德，有悖礼乐，破坏五常，为妖诞幻惑之说，必须加以去除。他还批判当时的文章"缀风月，弄花草，淫巧侈丽，浮华纂组"①。当他遇到与他志趣相投的落魄秀才孙复时，敬其学识，拜其为师，对孙复谨执弟子之礼。从世俗的观点看，孙复虽然年龄稍长，但科场失意，生活贫苦，而石介尽管经济也不宽裕，但他有甲科进士的出身，有一定的职位，无论如何也比孙复尊贵。然而，石介看到的是一个才华横溢的孙复，一个能微言春秋大义的孙复，从而留下了进士奉布衣为师这样超凡脱俗的美谈。

宝元元年（1038）至庆历初，石介母亲和父亲先后去世，石介回乡守丧。丁忧期间，石介在徂徕山下创建徂徕书院，聚徒讲《易》，并作诗勉励后辈追求圣贤事业，他在诗中写道："尔等勤初学，无耻衣食恶；仁义足饱饫，道德堪咀嚼；二者肥尔躯，不同乳与酪。"② 在石介看来，圣贤事业足以抗衡衣食的粗恶。

石介在政治上刚直不阿，光明磊落，当然这也为石介带来了不小的麻烦。有两件事足以反映这一点。一是宋仁宗即位不久，石介上书直谏，批评仁宗皇帝宠幸美女、饮酒无度的私生活，仁宗皇帝大为不满，后来找借口贬了石介的官，罢而不召。二是庆历三年（1043），宋仁宗为振兴国力，重用当时主张变革的范仲淹、欧阳修、富弼、杜衍等人，并罢免了当时的宰相吕夷简、枢密使夏竦。石介欣喜若狂，认为国家振兴有望了，于是欣然写就《庆历圣德诗》，盛赞仁宗皇帝亲贤臣、远小

---

① （宋）石介：《徂徕集·怪说（中）》。

② （宋）石介：《徂徕集·三予以食贫困藜藿为诗以勉之》。

人，直接将吕、夏等人说成"大奸"。诗赋中石介丝毫不掩饰自己的立场，褒贬分明。对于石介这一赤裸裸的态度，连其师孙复都捏了一把汗，警告他"子祸始于此"。石介以留得正气凌霄汉的个性褒贬忠奸，既在太学凝聚了一批正直的力量，同时也招来各种嘲讽、打击。庆历五年，为打击革新派，夏竦等给范仲淹等人罗织了"朋党"罪名。这一招非常险恶，因为"朋党"是历代皇帝的大忌，革新派因此相继罢职，石介被列入"朋党"外放到濮州（今山东鄄城北）任通判，未到任所便去世了，终年41岁。盛年而殁，令人不胜扼腕唏嘘。

石介去世后，夏竦仍不罢休，借当时徐州孔直温谋反之事做文章，挑唆宋仁宗下旨掘墓开棺验尸，让其死后也不得安宁。对此，欧阳修愤然写下五言长诗《重读徂徕集》，诗中写道："我欲哭石子，夜开徂徕编。开编未及读，涕泗已涟涟……已埋犹不信，仅免斫其棺。此事古未有，每思辄长叹。我欲犯众怒，为子记此冤。下纾冥冥忿，仰叫昭昭天。书于苍翠石，立彼崔嵬巅……"

这就是石介，一个像堂·吉诃德一样勇敢地冲锋陷阵的儒者，全祖望称他为"泰山第一高座"。

三先生中，胡瑗主要以其教育成就名传后世。胡瑗（993—1059），字翼之，祖籍陕西安定堡，人称"安定先生"。胡瑗天资聪慧，7岁时已能写得一手好文章，13岁时能通五经，邻居对胡瑗父亲说："此子乃伟器，非常儿也！"①。

胡瑗不仅有天赋，而且十分刻

胡　瑗

---

① （清）黄宗羲：《宋元学案·安定学案》。

苦。年轻时候的胡瑗到泰山访学，与孙复、石介昼夜苦读圣贤经典，十年不归。今山东泰山普照寺西北的五贤祠有一景叫"投书涧"，此景即出自胡瑗的苦读故事。据《安定学案》记载，胡瑗"家贫无以自给，往泰山，与孙明复（孙复）、石守道（石介）同学，攻苦食淡，终夜不寝，一坐十年不归。得家书，见上有'平安'二字，即投之涧中，不复展，恐扰心也"。这就是"投书涧"的来历。明万历六年（1578），钦差巡抚赵贤在此题碣"胡安定公投书处"。此后诸多文人墨客来此缅怀、颂扬胡瑗的求学之志。明代萧协中赞曰："野焉芸芸绿间黄，当年习静任亡羊。清心不逐家缘扰，涧底犹腾翰墨香。"乾隆皇帝登泰山，作《戏题投书涧》云："报来尺素见平安，投涧传称人所难。"先天的聪颖加后天的勤奋共同造就了中国古代一位伟大的教育家、思想家。

安定书院

胡瑗学成回乡后，7次参加科考，均落榜，于是他断了科考念头，行至江苏泰州，创办了安定书院（以其祖籍命名）。从此，胡瑗主要在苏湖一带教授生徒。景祐二年（1035），一向重视文教的范仲淹知苏州，大力倡导兴学，建立起州学。范仲淹再做伯乐，聘请胡瑗为州学教授。景祐三年，在范仲淹和杭州知州郑向的推荐下，胡瑗以布衣之身觐见宋仁宗，奉命校定钟律，撰写成《景祐乐府奏议》；康定元年（1040），又由范仲淹推荐担任陕西丹州军事推官，参与军事谋划，此间撰写了《武学规矩》，建议国家大兴武学，以抵御外部侵略。

庆历二年（1042），湖州知州滕宗谅聘请胡瑗主持湖州州学。正是在苏、湖的教学实践中，胡瑗形成了影响深远的"苏湖教法"，在教育管理、教学方法、教学目标等方面都有独到的见解并付诸实践。其中的分斋教学思想和"明体达用"目标尤有石破天惊之力。自科举创立以来，学校教育均以经书、词赋为主要内容，以记诵为主要方法，重视训诂和声律文词。这样的教育培养出来的学生可能经史背得多，诗赋做得好，但不一定有治国安邦的本领。而在宋初流行的西昆体诗更是助长了此种浮华不实的风气。对此，胡瑗决意改革，据《宋史》记载，"安定胡瑗设教苏湖间二十余年。世方尚词赋，湖学独立经义、治事斋，以敦实学"①。

胡瑗主张根据学生的实际分斋教学，具体而言就是学校分设"经义"和"治事"两斋。经义斋选择心性疏通、有器局、可任大事者来学习，通过儒家经典的教学，培养学生的学术与道德修养，为日后成为朝廷高级官员做准备。治事斋要求"一人各治一事，又兼摄一事，如治民以安其生，讲武以御其寇，堰水以利田，算历以明数是也"②。可见，治事斋主要培养的是专门技术人才。胡瑗由此首创了中国教育史上的分斋教学制度。

"明体达用"是胡瑗教育思想的核心，分斋教学最终也指向了"明体达用"的目标。对于"体"和"用"，胡瑗的学生在与神宗的对答中做了明确解释："君臣父子，仁义礼乐，历世不可变者，其体也。诗书史传子集，垂法后世者，其文也。举而措之天下，能润泽斯民，归于皇极者，其用也。国家累朝取士，不以体用为本，而尚声律浮华之词，是以风俗偷薄。臣师当宝元、明道之间，尤病其失，遂以明体达用之学授

---

① （元）脱脱、阿鲁图：《宋史·选举三》卷一五七《志一一〇》。

② （清）黄宗羲：《宋元学案·安定学案》。

诸生。"① 因此，只有"明体达用"才可以"修齐治平"，上佐皇帝，下济百姓。可以说，孙复、石介是在理论层面大张圣人之道，对声律浮华之风口诛笔伐，而胡瑗则是在实践中传播儒学之"道"。"明体达用"指导下的教育，既使学生能领悟经典义理以正心，又能学到实用技能，从而培养出一批学有专长的人才。胡瑗的教学改革为理学兴起开启了大门。②

胡瑗治学与教学均讲究规范。他为教育制定了严格的规章制度，且身体力行，"瑗教人有法，科条纤悉俱备，以身先之。虽盛暑必公服坐堂上，严师弟之礼"③。据说，因为胡瑗要求苛严，许多学生都不敢到他门下读书。但范仲淹相信胡瑗，亲自将儿子范纯仁送到了胡瑗门下。范仲淹此举产生了明显的示范效应，许多读书人纷纷投入胡瑗门下。而胡瑗也未辜负范仲淹的知遇之恩，教学卓有成效。庆历四年（1044），朝廷下诏，在太学中推行胡瑗的"苏湖教法"；科举考试被录取的士子当中，十之四五都是胡瑗的学生；胡瑗做国子监直讲时，游学之士更是纷至沓来，盛况空前。嘉祐元年（1056），胡瑗升任太子中舍、天章阁侍讲，成为当朝太子的导师，同时还执掌太学学规。此时他已 64 岁，但仍然坚守教育理想，与太学的士子们平等交流互动，在太学形成了一种沈潜、笃实、醇厚、和易的学风。宋神宗因此尊称他为"真先生"。

南宋书院兴盛时，胡瑗在泰州的讲学处被辟为"安定讲堂"，乾隆五年（1740）改名为"胡公书院"。

孙复、石介、胡瑗，曾经同学共事，有着共同的志趣与追求。他们都在青年时代苦心向学，反对佛道及当时的浮华文风，推崇儒家的圣人之道，从而成为理学的先驱。南宋学者黄震评价说："宋兴八十年，安

① （清）黄宗羲：《宋元学案·安定学案》。

② 别必亮：《论我国古代分斋教学制度》，《高等师范教育研究》1994 年第 4 期。

③ （元）脱脱、阿鲁图：《宋史·胡瑗传》。

定胡先生、泰山孙先生、徂徕石先生始以师道明正学，继而濂、洛兴矣。故本朝理学虽至伊洛而精，实自三先生而始，故晦庵(朱熹) 有'伊川不敢忘三先生'之语。"①"宋初三先生"实乃名不虚传！本故事的最后不能不提到忧国忧民的范仲淹，毋庸置疑，正是范仲淹的慧眼识珠成就了三先生的美名。

范仲淹

---

① （清）黄宗羲：《宋元学案·泰山学案》。

三、濂溪先生周敦颐

周敦颐（1017—1073）字茂叔，称元公，原名敦实，为避英宗（原名宗实）之讳，改名敦颐，自号濂溪，世称"濂溪先生"。周敦颐的濂溪之称，本源应是故乡营道县（今湖南道县）的小河濂溪河，晚年时，他在庐山莲花峰下的小溪边筑舍住家、讲学，又将这一小溪命名为"濂溪"，足见他对"濂溪"的钟爱。想想古代"盗泉之水"，就不难意会周敦颐的"濂溪"与"廉溪"谐音，其实是寓意自身的品格与理想追求，而清廉正直、淡泊实诚也正是他为官、为学、为人的写照。

周敦颐出身书香世家，父亲于祥符八年（1015）中进士，母亲为官宦人家的大家闺秀。周敦颐14岁时父亲去世，投奔舅舅郑向。郑向当时任龙图阁直学士，正是他与范仲淹一起向皇帝推荐了胡瑗，为胡瑗教育思想的广泛传播提供了重要条件。郑向学识渊博，为官清正，对这个聪慧仁孝的外甥疼爱有加，悉心培养。景祐三年（1036），郑向得到了一个封荫子侄的机会，他把这个机会给了品学兼优的外甥周敦颐，而不是自己的儿子，由此可见，郑向的为人品格。当时，郑向极力荐举周敦颐担任洪州分宁县主簿，治一县文事。从做分宁主簿开始，周

周敦颐

敦颐开始了他的宦海生涯和讲学传道生涯。

周敦颐在仕途方面说不上风光，历数他任过的最大官职也就是南昌知府。据《周敦颐年谱》记载，周敦颐康定元年（1040）任洪州分宁（今江西修水）主簿（而据《宋元学案》应为景祐三年，实际上由于景祐四年其舅舅和母亲相继去世，周敦颐守丧三年，三年期满后才上任主簿之职）；庆历元年（1041）到萍乡县芦溪镇任监税；庆历四年调任大余南安军司理参军；庆历六年知兴国县；至和元年（1054）知南昌县；嘉祐六年（1061）以国子监博士任虔州（今赣州）通判，治平元年（1064）改任永州通判；治平二年调任南昌知府；熙宁五年（1072）知星子南康军。以世俗的眼光来看周敦颐的这份宦海简历，多为主簿、知县、知军、通判类的官职，确实让人觉得有点平淡甚至平庸。

周敦颐仕途平淡并不意味着他没有能力。事实上，尽管周敦颐的官位微不足道，但在他的一路迁徙中，留下了办事果断、作风泼辣、公平正直的官声。《宋元学案·濂溪学案（上）》记载，在分宁主簿任上，"时有狱久不决，先生一讯立辨，部使者荐为南安军司理参军。转运使王逵虑囚失入，吏无敢可否，先生独力争之，不听，则置手版归，取告身委之而去，曰：'如此尚可仕乎？杀人以媚人，吾不为也。'逵感悟，囚得不死。……知南昌县，县人喜曰：'是能辨分宁狱者，吾无冤矣。'"这段文字讲了三件事：一是周敦颐一次就将一个久拖不决的案件辨明了；二是周敦颐拒绝了比他官阶高且有点骄悍的转运使王逵试图枉法处死死囚犯的要求，维护了法的尊严；三是老百姓对周敦颐的明辨法理是非充满期待。这些足以反映出周敦颐为官的能力与品格。实际上，对于当官，周敦颐本来就看得极淡，他在《任所寄乡关故旧》一诗中这样写道：

老子生来骨性寒，宦情不改旧儒酸。

停杯厌饮香醪味，举箸常餐淡菜盘。

事冗不知筋力倦，官清赢得梦魂安。

故人欲问吾何况，为道舂陵只一般。

周敦颐此诗写于治平元年，当时他已年届五十，诗中表达了自己参透宦海的洒脱心性，也让我们看到了一个官场中淡泊名利的周敦颐。

在中国古代学术史上，周敦颐被供奉在理学开山鼻祖的崇高位置上。这一地位是由他对理学发展的贡献所赋予的。

第一，在理学发展史上，周敦颐曾是声名显赫的"二程"的老师。

庆历四年（1044），周敦颐调任南安军司理参军时，南安军的通判是程珦。程珦非常赏识周敦颐的才华，让儿子程颢、程颐拜周敦颐为师。这样，"二程"就在周敦颐门下当了一年多的学生。尽管有人认为"二程"受周敦颐影响并不大，全祖望就说："濂溪之门，二程子少尝游焉。其后伊洛所得，实不由于濂溪，是在高弟荥阳吕公已明言之，其孙紫微又申言之，汪玉山亦云然。今观二程子终身不甚推濂溪，并未得与马、邵之列，可以见二吕之言不诬也。"[①]

然而，周敦颐在与"二程"一年多的师生相处中，自绘《太极图》教授理学的宇宙观、体悟道人合一的境界，对程氏兄弟人生理想的形成起了重要作用，这是不争的事实。周敦颐曾经要求程氏兄弟俩悟"寻颜子仲尼乐处，所乐何事"，体会吃得粗疏、住得破旧的颜回乐在何处。周敦颐的启发让"二程"豁然开朗，领悟到人生中有比物质享受和生命延续更为重要的价值，这就是儒家所追求的"道"，道人合一可以超越一切凡俗欲望，达到一种超乎寻常的人生境界。"二程"的人生道路因此改变，不再汲汲于科举功名，而以求"道"为志。后来，程颐也借用了老师关于"颜回之乐"的问题引导门人撇开身外之累，一心向道。所以，"不甚推濂溪"不等于完全没有从周敦颐那里得到启发，也不能掩盖业已存在的师生关系。

---

① （清）黄宗羲：《宋元学案·濂溪学案（上）》。

第二，周敦颐的著作《太极图说》和《通书》构成了两宋理学的基本框架。

《太极图说》系统、全面地阐述了宇宙发生、发展的原理。周敦颐认为人与万物都是阴阳二气交感所化生出来的，其根源都是太极，再由太极推及到人极；也就是说，人的道德、人性是与宇宙生生过程相同的无极而太极的过程，是五行相生相克的过程。他还提出，"极"是天道、人道、天人合一之道的最高境界的表达，是宇宙存在的根据，并坚信与天同道的人类具有真诚善良的本性。这些便构成了周敦颐的宇宙观和本体论，也奠定了理学的宇宙观。《通书》主要讨论"人极"，是对礼乐行政、道德修养的精彩论述。全书突出一个"诚"字，将"诚"视为"圣人之本""五常之本""性命之源"，体现了一种"言行一致，表里相应，遇事坦然，常有余裕"的做事原则①。由此，便不难理解何以周敦颐为官能够始终明辨是非，做到公平正直。

尽管《太极图说》和《通书》的篇幅都不长，前者只有 200 余字，后者也不过 2600 余字，但其学术地位却是有承前启后之功的。《宋元学案》这样评价他："孔孟而后，汉儒止有传经之学，性道微言绝之久矣。元公崛起，二程嗣之，又复横渠诸大儒辈出，圣学大昌。故安定、徂徕卓乎有儒者之矩范，然仅可谓有开之必先。若论阐发心性义理之精微，端数元公之破暗也。"② 可以毫不夸张地说，周敦颐的两书纸短意深，尽显义理之精微，重启道学家谈心性之大门。

第三，周敦颐可谓是宋元理学传播与书院发展一体化的倡行者。

舟楫相配，得水而行。周敦颐生前身后均与书院联系在一起。周敦颐生前走到哪里就讲到哪里，书院也建到哪里；身后，则有灿若星河

---

① 万书元：《从濂溪书院的演变看学人的圣化——以周敦颐为例》，《南京理工大学学报（社会科学版）》2007 年第 5 期。

② （清）黄宗羲：《宋元学案·濂溪学案（上）》。

的濂溪书院纪念他。在分宁主簿任上，他建第一家书院，院周护以围墙，院内亭台楼阁，清幽淡雅，该书院当时没有取名字，后人称为景濂书院；调任萍乡县芦溪镇做监税官时将"公廨"改为书院，创立宗濂书院；任郴县县令时，"首修学校，以教人"①，只是该书院仍未留下名字；嘉祐六年任虔州通判时与赵忭一起建清溪书院；后来，周敦颐归隐到了庐山，在庐山莲花峰下的小溪边筑舍隐居，继续传道讲学，此为濂溪书堂。可以说从周敦颐开始，书院成为传播理学的重要阵地。

濂溪书院

周敦颐为后人所景仰的还有他淡泊高洁的品格。周敦颐酷爱莲花，知南康军时，在府署东侧挖池种莲，名为爱莲池；逝后葬于庐山莲花峰下。莲花"出淤泥而不染，濯清涟而不妖，中通外直，不蔓不枝，香远益清，亭亭净植，可远观而不可亵玩焉"，这是莲花的品性，也是周敦颐所追求的人生道德境界。

---

① （宋）度正：《周子年谱》。

四、殊途同归二程子

"二程"即著名理学家程颢和程颐。二人为同胞兄弟，都师从周敦颐、邵雍父子等一代大儒，后人合称他们为"二程"，程颢年长称大程，程颐居小称小程。由于他们世居洛阳，其学说被称为"洛学"。"二程"都曾在嵩阳书院讲学，后来又分别以明道书院和伊川书院为阵地传播其学术思想。当然，"二程"虽为同胞，同主洛学，但二人性格志趣大异，"二程子虽同受学濂溪，而大程德性宽宏，规模阔广，以光风霁月为怀；二程气质刚方，文理密察，以削壁孤峰为体。其道虽同，而造德自各有殊也"①。

程颢

程颢（1032—1085），字伯淳，世称"明道先生"，出身官宦世家，少年天才。据《宋元学案》记载，"先生生而秀爽，叔祖母任氏抱之，钗坠不觉，后数日方求之。先生未能言，以手指示其处，得之。"襁褓中的程颢已显示出异于常人的聪慧，还不会开口说话时即可以手指出叔祖母钗子所掉落的位置。当然，此事附会成分较大，是否实有其事，待考证。程颢 10 岁会写诗，所写《酌贪泉》

---

① （清）黄宗羲：《宋元学案·明道学案（上）》。

一诗中有"中心如自固，外物岂能迁"之句，已显程颢对物与理的悟性。15 岁时与弟弟程颐一起拜周敦颐为师。25 岁中进士后进入仕途，做过京兆府鄠县主簿、上元县主簿、泽州晋城县令等。宋神宗熙宁三年（1070），升任太子中允、监察御史里行。三年后，因与王安石政见不同，离开朝廷到洛阳，一心讲学传道，直至离世。

程颢做官行事果断，爱民如子，广施教化。据记载，程颢在做上元主簿时，遇河道决堤，情势危急。按规定，要解决这一问题必须先上报府衙，府衙再报到漕司批复后，县上才能根据上面的安排采取行动。地方官若是擅作主张，就有可能被问罪。面对这一系列冗长拖沓的手续，程颢说："若是，苗槁久矣。"于是，未及请示，程颢"竟发民塞之，岁乃大熟"[1]。要不是程颢冒着被惩处的风险，当机立断采取措施，上元百姓可能就要受冻馁之苦了。程颢在四年的晋城县令任上，物质文明与精神文明一起抓，所取得的斐然成就更是让人对其才德刮目相看。

程颢到晋城时不带家眷，自住一间简朴小房，里面只有一床、一桌、两椅和一些简单日常用品；他在自己的卧榻旁写下"视民如伤"四字自勉自省，激励自己兢兢业业，克己奉公，体恤民情，以百姓疾苦为疾苦。

在地方治理上，程颢深谙"仓廪实而知礼节"的古训，通过奖励垦荒、平衡物价、组织乡民生产互助、扶弱济贫以提高当地民众的生活水平，努力使"仓廪实"；同时非常注重通过思想教化使"知礼节"：不仅在辖区内广设乡校，立社学，教导青少年，而且还利用各种机会循循教导老百姓。"民以事至县者，必告之以孝悌忠信。欲辨事者，或不持牒，径至庭下，先生从容理其曲直，无不释然。"[2]也就是说，他还趁百姓到县衙陈述是非曲直的机会，见缝插针教以忠孝信义之道，在解决问题中

① （清）黄宗羲：《宋元学案·明道学案（上）》。

② （清）黄宗羲：《宋元学案·明道学案（上）》。

化民成俗。这种官民关系在等级森严的封建社会当是多么珍贵和不易!

程颢的明察秋毫、料事如神也是出了名的。据说程颢将晋城治理得井井有条,和谐安定,几年都没发生盗窃杀人之事。然而,一天深夜,有小吏来报告说某村有人被杀,程颢一听,说:"吾邑安有此! 诚有之,必某村某人也。"再仔细一查,果然就是"某村某人"。程颢之所以能如此料事如神,是因为他心里装着百姓,对治下百姓的情况了如指掌,这也充分体现了以民为本、爱民如子的为官作风。

经过程颢的四年治理,晋城仓廪充实,民风大变。据《泽州府志》记载:"自程纯服教后,学者如牛毛野处,安得无才贤辈出,压太行而砥河朔者乎!"晋城由于大兴教化,人心向道,人才因此不断涌现。午亭陈氏说泽州"士皆却扫诵习,不骛声利,有古隐君子风,得宋程明道遗教,则是邦之人,其节行之美应有自来矣"。因此,当程颢调离晋城时,"民哭声振野",牵衣顿足,不计其数,程颢再三劝解,乡民仍不肯离去①。在地方官任上,程颢实践的正是儒家的"民本"与"仁政"。

宋神宗熙宁三年,离开晋城的程颢在御史中丞吕公著的推荐下,调入朝中为官,担任太子中允、监察御史里行。时值朝中围绕熙宁变法斗得不可开交。程颢在治理晋城时所显示出来的才能,让力主变法的宋神宗、王安石都很是欣赏,希望在他那里得到强有力支持以推行新法。然而,程颢对变法却是持反对态度,认为就算变法侥幸成功,也只是使"兴利之臣日进,尚德之风浸衰,尤非朝廷之福"。王安石、宋神宗一心想着谋取朝廷的利益,而程颢则更重视道德教化。正所谓道不同,不相为谋,以程颢为代表的理学派因此与王安石分道扬镳。程颢被调为京西刑狱,他本人力辞后改为镇宁军判官。

1072 年,程颢以侍奉父亲为名,辞去官职,到洛阳潜心钻研学问。《宋史·道学传》说:程颢仕途归隐后,"慨然有求道之志。泛滥于诸家,

---

① 见《府泽府志》《凤台县志》。

扇面隶书程颢偶成诗

出入于老、释者几十年，返求诸'六经'，而后得之"。《明道先生墓表》说程颢到洛阳后，"经术通明，义理精微，乐告不倦，士大夫从之讲学者，日夕盈门，虚往实归，人得所欲"。士人从四面八方来到洛阳聆听大师说"理"，学成后散向四面八方，将其学问也传到了四面八方，继续发扬光大。一个经典的故事是后来被尊称为"龟山先生"的杨时也进入了程门学习，当他学成南归时，程颢目送他远去，然后自言自语"吾道南矣"，颇感欣慰。后来，在程颢去世时，杨时专门设灵祭拜。

宋神宗熙宁八年（1075），程颢再次出仕，知扶沟县。"扶沟地卑，岁有水旱"，于是，程颢一方面主持修建水利工程缓解"水旱"问题；另一方面设"庠序"，"集中县里的优秀弟子，亲自为之传授，并书'书院'悬于书院门上"，这个书院后来叫作大程书院或明道书院。元丰八年（1085），宋哲宗即位，任命程颢为宗正丞，不料，还没赴任就病逝。嘉定十三年（1220），宋宁宗赐谥程颢曰纯公。淳祐元年（1241），宋理宗追封他为河南伯，从祀孔子庙庭东庑第38位。

在今天山西晋城市北部有一个村庄，名字很特别，叫"后书院"村（本来叫古书院村，由于村西北立有一"书院"村，因而用前后来加以区分）。村民质朴大方，举止文雅，言谈颇有古风。传说这里曾经荒无人烟，直到程颢知晋城，在此地办乡校才让这个地方渐渐发展成了村落。后人修了明道祠堂以纪念程颢，天启年间在此立石碑书"古书院"三字，此地就成了书院村。明道先生也将和书院村一起永久立于天地间。

《宋元学案》评价程颢"资性过人，而充养有道，和粹之气，盎于面背。门人交友从之数十年，未尝见其忿厉之容。遇事优为，虽当仓猝，不动声色"。程颢的讲道更是让学生"如坐春风"。"如坐春风"这个成语即典出程颢讲道，说"朱公掞见明道于汝州，逾月而归。语人曰：'光庭在春风中坐了一月'"[①]。朱光庭是北宋一个以正直敢为闻名于世的官员，他最初跟随胡瑗学习，胡瑗教他"忠信为本"，此即成为他一生践行的原则；后又跟从孙复学习《春秋》；当程颢在汝州讲学时，他入门听讲，如痴如醉，听了一个多月才回去。

程颐与程颢虽为兄弟，年龄相差仅一岁，但性格迥异，人生之路、为学方法也不同；虽同为洛学，但学术观点同中有异。

程颐（1033—1107），字正叔，世称"伊川先生"。嘉定十三年（1220），赐谥曰正公。淳祐元年（1241），封伊川伯，从祀孔子庙。

程颐早年的求学经历与其兄程颢相似，但成年后的经历则迥然不同。程颢25岁中进士后即进入宦海，且成就斐然；程颐一生则主要致力于求学问道。按程颐自己的说法，他是40岁以前诵读、50岁以

程　颐

---

① （宋）朱熹：《伊洛渊源录》卷四。

前究其义、60 岁以前反复绅绎、60 岁以后著书①。直到程颢去世那年，程颐才踏入宦海。程颐年轻时未入仕并不意味着他不关心政事。皇祐二年（1050），年仅 18 岁的程颐就曾以布衣身份上书宋仁宗，提出"以王道为心，以生民为念，黜世俗之论，期非常之功"的变革主张②，可惜上书没有送达仁宗手里。

在跟随周敦颐学习期间，周敦颐关于"颜子所乐何事"的启发引导在很大程度上影响了程颐的人生道路。嘉祐元年，程颐游太学，主持太学工作的安定先生胡瑗即以"颜子所好何学"为题考那些太学生，程颐的文章一鸣惊人，其中关于圣人"明心知养、尽心知性"的观点深得胡瑗赏识，"得先生论，大惊，延见，处以学职。同学吕原明希哲即以师礼事之"③，程颐被授予"处士"身份。得到一代大儒的褒扬，又被同学拜为老师，青年程颐因"颜子之乐"一夜成名。而为追求"颜子之乐"，又使得程颐疏远科举功名及官场利禄。在 27 岁参加科考落第后，程颐即不再参加科考。程颐尽管没有科场功名，但由于才学超群及官宦世家的出身，治平、熙宁间，多次被推荐做官，程颐每次均以自己才学不足为由，谢绝出仕。这与那些为挤入官场不择手段之人相比，相差何止天渊！

元丰八年（1085）哲宗即位后，司马光、吕公著等人又力荐程颐出仕，说他"力学好古，安贫守节，言必忠信，动遵礼义，年逾五十，不求仕进，真儒者之高蹈，圣世之逸民"④，程颐仍极力推辞。到元祐元年（1086）才"以布衣被召"，被任命为秘书省校书郎，旋即擢为崇政殿说书，为皇帝侍讲。但当时朝廷的新党、旧党斗争十分复杂，使得程颐短暂的出仕经历充满曲折。元祐二年，便因与苏轼等人起争端而受到排

---

① （宋）朱熹：《程氏遗书》卷二四。

② （宋）程颐、程颢：《河南程氏文集》卷五。

③ （清）黄宗羲：《宋元学案·伊川学案（上）》。

④ （宋）朱熹：《伊川先生年谱》。

挤，被贬出京师，去管理西京国子监。元祐五年，丁父忧回家，服丧期满后，先后被召管理西京国子监和崇福宫，但程颐一律力辞。此时，程颐实际上已脱离了官场，党争却仍没有放过他。绍圣三年（1096），新党得势，程颐被列入"奸党"名册，于1097年被发配到涪州（今重庆涪陵）编管，也就是被看管起来。

徽宗即位后，程颐获赦回到洛阳。由于党争尚未停息，崇宁二年（1103），程颐又被徽宗以邪说诐行惑乱众听之罪，下旨河南府体究，尽逐伊川书院的学生，尽毁所著文字（其著作由于门人的保护及其对巩固封建统治有利，得以保留下来）。大观元年（1107），程颐病逝于洛阳伊川。就这样，一代宗师大半生一心向学，晚年却在莫明其妙的党争中凄惨离世。

程颐讲学主要在嵩阳书院和伊川书院。熙宁五年（1072），程颐和其父兄一起在洛阳讲学，听者络绎不绝，讲学之地后来辟为嵩阳书院以纪念二程。元丰五年（1082），四朝元老文彦博将其在鸣皋镇（河南洛阳伊川境内）的庄园赠送给程颐建院讲学，并送十顷好田作为学田。程颐在此创建伊皋书院，此后直至去世前的20多年间，他便主要在这里著书、讲学、授徒。因书院在伊川境内，该书院也叫伊川书院，程颐则被尊为"伊川先生"。

程颢待人和蔼可亲，而程颐则不然，他讲究"居敬穷理"，为人、为学严谨得近乎刻板，饮食起居都有非常严格的作息时间。许多关于程颐待人接物的小故事都可折射出他的严谨、居敬。

最有名的故事当数"程门立雪"。故事主人公是前面已提到过的杨时。杨时原来是程颢的学生并已学成南归。1093年，已经41岁的杨时又与原来同为程颢学生的游酢一起慕名到洛阳向程颐问学。二人顶风冒雪千里迢迢赶到洛阳伊川书院，可他们到达的时间不巧，正好是程颐闭目休息之时，这个时间是不能被打扰的。结果，主人"瞑目静坐"，俩客人"立侍不去"，恭恭敬敬、不言不动等了大半天，程颐才慢慢睁开眼睛，见杨时、游酢站在面前，吃了一惊道："日暮矣！姑就舍"。此时门外的雪已积了一尺多厚。"程门立雪"这则故事一般用来褒扬杨时二人执着的求学精神，但换个角度来看，如果没有老师的严谨声名，又焉有弟子的"居敬"之礼？

伊川书院

程颐还因为其"居敬"而与同朝为官、生性豪放的苏轼结怨。宰相司马光去世后，朝廷让程颐主持司马光丧事，其时皇帝正率百官到京师南郊举行祭天的"吉礼"。"吉礼"持续了六天，祭祀活动一结束，百官们即换了服装去司马光家哭丧，其中包括苏轼兄弟。苏轼兄弟走到半路遇到折回的朱光庭，朱光庭告诉二苏说：程颐讲了，庆吊不同日，你们刚刚参加了高高兴兴的吉礼，怎么能转喜为悲去哭丧呢？苏轼对程颐的这种刻板做法很不以为然，心里颇不高兴，说程颐所为简直就是"此乃鏖糟陂里叔孙通所制礼也"——即烂泥坑里爬出来冒充叔孙通所制定的礼仪规矩，是假学究。这事还没完。第二天苏轼再去丧事现场时就讥讽程颐：程先生对丧礼可真熟悉啊！不过，我听说只有居丧未葬才读丧礼，而先生父亲活得好好的，为什么要读丧礼呢？程颐没有回答，直到旁人告之程母已逝才平息了这场风波。从苏、程的这次口角中足可看出程颐固守礼节不变通的处世之道，这一性格使程颐在朝中得罪了不少人，或者至少是不少人看不惯他这一点，到后来连皇帝、太后都对他不满。

1086 年，程颐刚刚接手做皇帝的老师，就提出了让侍讲官坐着讲的建议，以示"尊儒重道之心"。对于这一提议，年少的哲宗皇帝倒是没表示异议，但太皇太后一直耿耿于怀。还有一次，课讲完后，童心未泯的少年哲宗在庭院中折了根柳枝，谁知程颐一脸严肃地对皇帝说："方春发生，不可无故摧折！"将兴致勃勃的哲宗搞得差点下不来台。后来，程颐被贬出京师去管理西京国子监。

程颐的严谨不仅用以对人，更是拿来律己，他"衣虽布素，冠襟必整；食虽简俭，蔬饭必洁；致养其父，细事必亲"①。所以，程颢说："异日能使人尊严师道者，吾弟也。"程颐，真是一个"居敬"得让人既敬且畏的儒者！

程颐比程颢多活了 20 多年，最终完成了理学的体系构建。理学的根基由"二程"共同奠定，后人也常常合称二人学说为"洛学"，但实际上"二程"思想同"理"却不同途。"二程"思想的基本点是相同的，都认为天下万物只有一个"理"，且一物有一理，如君臣父子、上下尊卑便是人伦中的天理。"理"是世界的终极本原及主宰，是唯一的存在，是最高的哲学范畴。由此，"二程"建立了以"天理"为核心的理学体系。理学之名也正缘于此。

对于"理"的修养或认识方法，二人观点却有所不同。程颢强调个人的道德涵养，注重个人内心的体验，提出"心即是理"，认为知识真理都源于内心，所以他说他虽然曾经跟老师学过，但关于天理的认识却是他自己体悟出来的。而程颐则认为，"一人之心即天地之心，一物之理即万物之理，一日之运即一岁之运"；要获得"理"，就必须接触客观

---

① （清）黄宗羲：《宋元学案·伊川学案（上）》。

事物以"格物之理"。拿今天流行的哲学术语来说，二人的观点都属于唯心主义范畴，只是大程的是主观唯心主义，小程的属于客观唯心主义。程颢的学说后来成为陆象山"心学"的源头，而程颐的思想则被朱熹所继承发扬，真正"程朱理学"之"程"当是程颐。"二程"著作汇集在今人编的《二程集》中，包括《程氏遗书》《程氏外书》《程氏文集》《程氏经说》《程氏粹言》和《周易程氏传》(《伊川易传》)等六种，其中多数是程颐所著。

五、南宋"东南三贤"

南宋"东南三贤"是朱熹、张栻和吕祖谦。朱熹、张栻和吕祖谦三人之所以并称"东南三贤",主要有如下四方面的原因:

首先,当然是因为朱熹、张栻和吕祖谦三人都曾传道于东南。

其次,他们是同时代可以并驾齐驱的理学大师,学识宏博,影响深远。朱熹创立了"朱学",张栻是"湘湖学派"形成的关键人物,吕祖谦则是"婺学"的宗师。

再次,朱熹、张栻和吕祖谦三人都在书院这块阵地上辛勤耕耘,为学术思想的传播做出了巨大贡献。朱熹的白鹿洞书院、张栻主持的岳麓书院、吕祖谦兄弟的丽泽书院都在中国古代书院史上留下了浓墨重彩的一笔。

最后,也是最令人感动的一点是朱熹、张栻和吕祖谦三人出于共同的学术追求而结下了无与伦比的友谊。三人在学术观点上其实是有差异的,比如,朱熹继承的是程颐的格物之理;张栻更接近于程颢的"心即是理"之说;吕祖谦经史并重,他所强调的让学生读史的做法还遭到过朱熹的严厉批评;朱、吕二人常常互相批评史学观点或史学研究方法等,但这些丝毫不妨碍他们成为以诚相交、以心相知的真朋友。朱熹与吕祖谦相识十余年,通信上百封,吕祖谦促成了我国学术史上的千古佳话——鹅湖之会,陆九渊与朱熹异中求同的友谊也由此开始;张栻与朱熹的岳麓会讲则如空谷之音,回荡于岳麓大讲堂中,千年不绝。

张栻和吕祖谦都先朱熹离世,朱熹为他们作祭文以表达对挚友离去的悲痛、怀念之情。在为吕祖谦写的祭文中,朱熹毫不隐瞒褒扬之情,称颂吕祖谦"德字宽弘,识量宏廓";张栻去世后,朱熹心中戚戚,悲叹"伤哉，吾道之穷，予复何心于此世也！"甚至专程到张栻墓前祭扫，失学术知音之痛溢于言表。较之后世读书人当中的"同行冤家""文人相轻"，动不动就口诛笔伐甚至恶言相向，先贤才学德行愈益珍贵，令人仰视！美哉，大师风范！"东南三贤"名垂千古！正因为如此，同时代的著名学者陈亮称赞道："乾道间东莱吕伯恭（吕祖谦）、新安朱元晦（朱熹）及荆州（张栻）鼎立，为一代学者宗师。"[①]正所谓高山仰止，景行行止。

朱 熹

朱熹（1130—1200）字元晦，一字仲晦，号晦庵、晦翁、考亭先生、云谷老人、沧州病叟、逆翁等。后人因其学术成就及影响，将他与孔子、孟子等并提，称为"朱子"。祖籍徽州婺源（今属江西省婺源县），出生在福建尤溪县（今属三明）。

在朱熹70余年的人生中，19岁以前主要是求学，19岁考中进士，三年后开始进入仕途。从19岁考中进士直至去世前的50多年间，朱熹历仕高宗、孝宗、光宗、宁宗四朝，20余次被授官，但实际上他真正做官的时间加起来还不到10年，进入朝廷权力中心的时间仅40天。朱熹一生活动主要是读书求道、讲学传道、注释儒家经典、完善理学体系等。朱熹虽然仕途坎坷，但学识宏博，著作等身。区区文字根本无法阐明朱熹学问的宏富广大、思想的深邃精妙和人生的跌宕起伏。因此，这里我们只能择取几个小故事来串起印象中的朱熹。

---

① （宋）陈亮：《陈亮集》卷二一。

朱熹幼年即聪慧好学，表现出了穷究物理的兴趣。据传在朱熹出生前，其父朱松曾找人算卦，算命先生说了四句话："富也只如此，贵也只如此；生个小孩儿，便是孔夫子。"传说多半是后人附会的虚妄之谈，自然不足采信。但朱熹确实成为一代大儒，成为儒学发展史上可与孔孟相提并论的宗师是不争的事实。

朱熹成就大业主要靠三宝：智慧、勤奋、悟性。据《宋史·朱熹传》记载，"熹幼颖悟，甫能言，父指天示之曰：'天也。'熹问曰：'天之上何物？'松异之。"朱松能不惊异或诧异吗？当时朱熹年仅4岁，就已在追问"天上有什么"这个对当时人来说过于深奥的问题。成年后，朱熹以他自己的方式回答了幼年时提出的这一问题：天上有"理"和"气"。当然，要成就事业仅有天资并不够。王安石笔下的仲永也是少年天才，但因其父贪蝇头小利而"不使学"，结果让天才变成了凡人，一事无成。与仲永相比，朱熹是幸运的，父亲朱松是饱学之士，为朱熹创造了很好的学习条件。

少年时期的朱熹主要是跟随父亲诵读儒家经典。据《朱子年谱》记载，朱熹在10岁时就立志于圣贤之学，每天如痴如醉地攻读《大学》《中庸》《论语》《孟子》。他回忆说："某十岁时，读《孟子》，至圣人与我同类者，喜不可言"；当他十五六岁时，读《中庸》"人一己百，人十己千"一章，"悚然警厉自发"，决心"以铢累寸积而得之"；到十六七岁时，"下功夫读书，彼时四旁皆无津涯，只自凭地硬著力去做，自今虽不足道，但当时也是吃了多少年苦读书"[①]。读书让朱熹找到了奋斗方向，也为朱熹的未来成就奠定了坚实基础。

父亲去世后，朱熹又遵照其父遗命，跟随父亲好友胡宪、刘子羽等学习。胡宪和刘子羽都是名重一时的文人，二人都一度入朝为官，为偏安的南宋忧心忡忡。刘子羽是抗金名将之一，胡宪则曾冒死上疏，请求

---

① （清）王懋竑：《朱子年谱》卷一。

启用遭人陷害的抗金名将张浚。后来，二人都带着失望离开了朝廷，归隐乡间，寄情山水，讲学传道。就在他们归隐讲学期间，朱熹投入到了他们门下。刘子羽以朱熹为义子，专门为他建了紫阳楼，供他起居修学。刘子羽去世后，朱熹作诗悼念，后来又为他作神道碑文。

南宋时期，佛老学说仍然盛行，年少的朱熹涉猎广泛，对佛老之说渐生兴趣，18 岁参加乡贡考试时，随身带的书竟然是《大慧禅师语录》。朱熹学术兴趣从佛老之学转向儒家经典，是从投入李侗门下开始的。绍兴二十一年（1151），朱熹授同安主簿之职。赴任途中，特地绕道到延平拜访"延平先生"李侗。

李侗是"二程"的三传弟子（其师为罗从彦，而罗从彦又师从"二程"高足杨时），长期在延平潜心研究儒家学说，隐居不仕。李侗颇有个性。据说他平日不作诗、不写文章、不主动向人讲道，外表看上去就像普通的田夫野老；行路总是缓步而行；和人打招呼时，如果别人没听见，他会再叫几声，但决不会提高声音；平时喜欢独坐静思，体悟心中的"天理"。这就是朱熹即将拜访的隐者李侗。

见到李侗之后，在喜静寡言的李侗面前，年轻的朱熹侃侃而谈，极力表现自己，所谈内容儒佛道无所不包，而李侗只是静静地听，到后来李侗打断朱熹之言，说道："汝恁地悬空理会得许多，而面前事却又理会不得！道亦无玄妙，只在日用间著实做工夫处理会，便自见得。"[1] 李侗之言犹如醍醐灌顶，朱熹悟到了原来所学的佛老之法因虚浮缥缈而始终不得其门，于是开始体悟天理，专注于更为平实的儒家学说。

此后，朱熹拜李侗为师，成为"二程"学说的衣钵传人。在拜李侗为师时，朱熹真可谓是精诚所至也——步行数百里，从福建崇安走到了延平。李侗非常欣赏朱熹，替他取字元晦。"熹"为天明光亮，"晦"意

---

[1] 金敏、周祖文：《儒家大学堂——长江流域的古代书院》，浙江大学出版社 2005 年版，第 65 页。

阴沉黑暗，朱熹人生的真正转折由此开始。绍兴二十七年，朱熹弃官回到故里。此后 20 余年的时间里，他对朝廷的任命大多是辞而不就，一门心思致力于学术研究，直至淳熙五年（1178）知南康军后，才频频行走在政治中。此间，在朱熹学术思想的发展历程中经历了恩师李侗离世而致的精神孤独苦闷、与挚友张栻会讲岳麓、与陆象山的鹅湖论道等重大事项。

官场上的朱熹是个"迂夫子"，既不阿附权贵，也不明哲保身，还常常让皇帝及一帮大臣难堪。乾道三年（1167），崇安发生大水灾，朝廷派朱熹视察灾情。朱熹发现"肉食者漠然无意于民，直是难与图事"①，最后酿成了饥民暴动。朱熹在与当地知县一起平息暴动的时候，深感解决老百姓生计问题对于社会稳定的重要性，于是提出了一个大胆的想法，即建议朝廷在各地广设"社仓"，每当青黄不接时，将"社仓"之谷贷给百姓以解其燃眉之急，如果发生灾荒，则根据灾情降低利息甚至免除利息，这样百姓就不致因高利贷、因天灾而处境恶化。朱熹不仅提出了自己的想法，而且于 1171 年在家乡首建"五夫社仓"，希望能产生示范效应。"社仓"之设，尽管在当时称得上利国利民，既可以有效解决百姓最迫切的生计问题，又有利于缓和社会矛盾，维护封建统治的稳定，但由于它直接触及到当权的地主和高利贷者的利益，终究未能推广。

1181 年 8 月浙东出现大饥荒，朱熹由宰相王淮推荐任浙东路常平茶盐提举使。朱熹到浙东后即微服私访，"按行境内，单车屏徒从，所至人不及知"②，结果发现了不少地方官的贪赃枉法行为。其中一人叫唐仲友，是台州太守，为官一方却"违法扰民，贪污淫虐，蓄养亡命，偷盗钱粮，伪造官会"，可谓罪行累累。但这人靠山很厉害，不仅与当时的吏部尚书郑丙和关系密切，而且还是王淮的亲戚，而王淮此次对朱熹

---

① 《晦庵先生文集》卷一〇。
② （元）脱脱、阿鲁图：《宋史·道学三》卷四二九《列传一八八》。

又有荐举之恩。朱熹可不管他的这些靠山，不徇私情，也不惧安危，连续六次上疏弹劾，终于逼迫王淮撤去了唐仲友的官职。

据说对唐仲友这种小人，朱熹还以彼之道还施彼身，在唐的身上用过一些在今天看来不太正大光明的手段。当时朱熹捉了一个叫严蕊的娼妓，逼她指认唐仲友是嫖客，弄得唐仲友颜面尽失又无计可施。为此，鲁迅先生在《论俗人应避雅人》一文中调侃朱熹道："道学先生是躬行仁恕的，但遇见不仁不恕的人们，他就也不能仁恕。所以朱子是大贤，而做官的时候，不能不给无告的官妓吃板子。"①贪佞之徒唐仲友丢官自然大快人心，但王淮从此对朱熹怀恨在心，很快朱熹便被解职还乡。

给皇帝上"理学"课也是朱熹所热衷的事情，当然也常常会扫了皇帝的兴致。1162年，高宗禅位给孝宗。俗话说，新官上任三把火。朱熹认为面对半壁江山，新皇帝一定会有所作为，于是向孝宗上奏说"帝王之举，必先格物致知，以极夫事物之变，使义理所存，纤悉毕照，则自然意诚心正，而可以应天下之务"；也就是劝说孝宗按照儒家经典中的义理办事，任贤使能，以富国强兵，抗金雪耻。第二年，孝宗召见朱熹，朱熹再次提出以格物致知、正心诚意、修齐治平为治国指导思想。刚坐上皇位、想有一番作为的孝宗皇帝对于朱熹的这些谏言还是很赞许的，只是因阻力太大，未能施行。无奈，朱熹只能锲而不舍，继续他的劝服君王的工作。在知南康军任上，朱熹上疏不仅劝谏皇帝"正心术以立纲纪"②，而且直言批评朝政，直指权臣窃取权柄，皇帝闭目塞听。朱熹这下不仅得罪权臣，而且触怒了皇帝。有好心人劝朱熹不要再讲"正心诚意"之论了，说皇上对于他的这些道理已感厌倦，但朱熹却回答："吾平生所学，惟此四字，岂可隐默以欺吾君乎？"朱熹真是耿介得可爱，执着得让人敬畏。

---

① 鲁迅：《鲁迅全集》第六卷，人民文学出版社2014年版，第211页。

② （清）王懋竑：《朱熹年谱》卷二。

紫阳书院定本《朱子家礼》

宋宁宗即位后，在右相赵汝愚的推荐下，朱熹第一次做了朝官，任焕章阁待制兼侍讲。他利用为皇帝上课的机会，力劝皇帝身体力行"正心诚意"，提出在京城遭灾情况下停止大兴土木，并建议皇帝"下诏自责"、整肃朝纲等，全然不顾宁宗皇帝对他这些念叨的反感。其后果是，仅仅40天，朱熹就结束了在朝为官的日子。好在朱熹追求的不是做官而是做事，离开朝廷的朱熹又继续他讲学传道、著书立说的老本行。遗憾的是，离开朝廷的朱熹却未能避开朝廷的是是非非，后来朱熹和他的理学一起卷入庆元党禁案，遭到了空前的打击。

朱熹晚年是在庆元党禁的阴霾中度过的，凄凉孤寂。绍熙五年（1194），赵汝愚与韩侂胄联手策划绍熙内禅，将赵扩（宋宁宗）推上皇位后，韩侂胄以拥戴之功开始争权，双方分道扬镳，朝中上演了激烈的权力斗争。庆元元年（1195）韩侂胄排挤宰相留正、赵汝愚而掌实权，即导演了中国古代学术文化史上的又一出悲剧——庆元党禁。庆元二年，韩侂胄宣布理学为"伪学"，并发布了一份59人的"伪学逆党"黑名单，朱熹、吕祖谦等人赫然在册，当然还有其他各派理学代表。叶翥上书建议"除毁"道学家的书籍，科举考试中凡是涉及程朱义理者，无

论文章写得多么好，一律不予录取。将理学排除在科考之外，意在使理学淡出读书人的视野，令其后继无人。

朱熹作为理学的领军人物，更是被韩侂胄一伙视为眼中钉，必欲除之而后快。监察御史沈继祖出面罗织了朱熹的十大罪状，包括"不敬于君""不忠于国""私故人财""为害风教""家妇不夫而孕"等等，有政治方面的、经济方面的，也有生活作风、伦理道德方面的。其中，有些罪名足以令朱熹满门抄斩，如引用朱熹的诗句"渔郎更觅桃源路，除是人间别有天"，说朱熹有谋反之心，想要改朝换代；说朱熹在管理祠堂庙宇期间引诱尼姑等。总之，就是采取各种手段来污名化朱熹。十大罪状一列出来，立马就有人提出应将朱熹押解进京，斩首示众。凄风惨雨中，"老师宿儒，零替殆尽；后生晚辈，不见典型"[①]。人们躲避理学就像躲避瘟神一样，不少原来的理学弟子纷纷变异衣冠，与理学划清界限。然而，朱熹对这一切淡然处之。在左眼完全失明、门徒几乎散尽的情况下，在家乡一个人继续研究编撰古籍，做一个文人应该做的事。

庆元六年（1200）三月初九日，朱熹在庆元党禁的血雨腥风中辞世，终年71岁。同道中人痛失师友，决定为朱熹举行会葬仪式，门生故旧千余人冒着风险参加了这一仪式。朱熹去世两年后的嘉泰二年（1202），庆元党禁得以解除。嘉定二年（1209），朱熹被平反昭雪，追谥为"文公"。

朱熹与书院几乎就是一体共生的，修建新书院、修复旧书院、为书院制定学规章程、在书院精研学问、传道讲学……据方彦寿先生考证，与朱熹有关的书院即达67所之多[②]。朱熹对书院的钟情甚至到了痴迷失常的地步。典型事例就是白鹿洞书院的修复过程。朱熹知南康军时，访得白鹿洞书院旧址，于是利用其知南康军的职务之便，拨专款开始修复

---

① （宋）魏了翁：《鹤山大全文集》卷一六。

② 方彦寿：《朱熹书院与门人考》，华东师范大学出版社2000年版，第1页。

书院。由于经费有限，书院只是建成了 20 余间讲学、藏书的院舍，祭祀和学田的建设经费根本没有着落。为达成将书院建成天下书院典范、理学阵地的心愿，朱熹不惜"铤而走险"。1181 年 3 月，朱熹带着"壮志未酬"的遗憾卸任离职。8 月浙东发生水灾，朱熹被举荐为浙东路常平茶盐提举使前往视察灾情，同时朝廷还拨了 30 万缗赈灾款给他。30 万赈灾款是救命钱，理当尽快全额用于赈灾，但这 30 万最后是被朱熹"尽与其徒，而不及百姓"，全部拿去完善白鹿洞书院了。朱熹此举被后来给他列十大罪状的沈继祖揭发。事实上，朱熹的这一行为即便是放在今天也既不合情又不合法。这样的行为让人无法理解，只能将其解释为朱熹对书院至情至性到痴迷、失常了。

对于朱熹的学问，全祖望评价为"致广大，尽精微，综罗百代矣。江西之学，浙东永嘉之学，非不岸然，而终不能讳其偏"①。朱熹学说深奥，一会儿"形而上"，一会儿"形而下"。但朱熹说它其实很简单，"且如这个椅子，有四只脚，可以坐，此椅之理也；若除去一只脚，便失其椅之理矣"②。多简单的"理"，即便是村妇野老都懂得椅子四只脚可坐，三只脚就坐不得了的道理。朱熹本人就是按照他自己的"理"在生活，所以他聪慧而在官场却"迂腐"，他疾恶如仇而面对非难却淡然沉默，他为官清正却为他所钟爱的书院挪用了公款……

无疑，朱熹宗孔嗣孟，是儒学的集大成者；英国科学技术史学家李约瑟则将朱熹归入自然学家的行列。"等闲识得东风面，万紫千红总是春"，要识朱熹，何其不易！

张栻（1133—1180）字敬夫，一字钦夫，又字乐斋，号南轩，世称"南轩先生"，南宋汉州绵竹（今四川绵竹县）人。张栻出身名门世家，父亲张浚是北宋进士、南宋的中兴名将，出将入相，宦海几经沉浮。受

---

① （清）黄宗羲等：《宋元学案·晦翁学案（上）》。
② （宋）朱熹：《朱子语类》卷六二。

张　栻

父亲及家世的影响，张栻自幼好学，4岁即跟着父亲读经书。在张栻一生的48年间，前28年的生活都在家乡以读书为主，《南轩文集·序》说他"幼壮不出家庭而因以得夫忠孝之传"。

浮游于宦海的张浚特别重视对儿子的教育。绍兴十六年（1146），落职回家的张浚即在家潜心教张栻学习儒家经典及圣贤之道。正是在祖母计氏和父亲的严格要求下，张栻勤奋向学，饱读诗书，遍览儒家经籍。张浚与张栻父子的善教与好学事迹不胫而走，连高宗皇帝都听说了，当宋高宗向张浚询问其儿子的学识时，张浚难掩自豪之情，回奏说："臣子栻年十四，脱然可语圣人之道"，从一个父亲的骄傲中，不难看到少年张栻已显露出非凡才华。今天四川绵竹县北十五里的读书台（当年张栻读书处）和县南郊的南轩洗墨池则作为张栻勤学的见证，永远激励着后人。

绍兴三十一年，28岁的张栻遵从父命，到南岳衡山碧泉书院拜胡宏为师。胡宏师承"二程"（胡宏师从杨时，因此，张栻属于"二程"的三传弟子），是南宋著名理学家，湘湖学派开山人物，全祖望评价他在儒学上的造诣是"中兴诸儒所造，莫出五峰（胡宏）之上"[1]。胡宏与张栻师徒二人相见恨晚，惺惺相惜。胡宏一看到张栻，感觉如旧交相见一般，很是投缘，称赞道"圣门有人，吾道幸矣"[2]，认定张栻是圣门中

---

[1] （清）黄宗羲等：《宋元学案·五峰学案》。

[2] （宋）朱熹：《朱文公文集》卷八九。

人，必成大器。而张栻对胡宏则是尊崇有加，据《南轩集》的记载，张栻还没拜胡宏为师时就对胡宏的学问很佩服，因而"时时以书质疑求益"①。拜师之后，胡宏的"顾其愚而诲之"，长善救失，言传身教，让张栻受益匪浅。遗憾的是，第二年胡宏就去世了。

张栻虽入师门仅一年，但已深得老师真传，此后他谨遵恩师教诲，"细绎旧简，反之吾身，寝识义理之所存"。张栻此后学问精进，成为湘湖学派的重要代表，夯实了湘湖学派根基。朱熹对张栻的学识也很敬服，说："使敬夫而不死，则其学之所至，言之所及，又岂予之所得而知哉！"②黄宗羲在《宋元学案·南轩学案》中也谈到了朱熹对张栻的推崇，说："朱子生平相与切磋，得力者东莱、象山、南轩数人而已……惟于南轩为所佩服。一则曰：'敬夫见识卓然不可及，从游之久，反复开益为多。'"可惜斯人早逝！

由于才学和家世的关系，张栻的仕途总体来说是比较顺利的，在他人眼里一度还是比较成功的。宋孝宗隆兴元年（1163），张浚再次为相，而张栻也极得孝宗器重，频繁诏对，往来传话。一时间满朝文武或嫉恨或巴结，甚至有官员说："吾辈进退，皆在此郎（张栻）之手。"年仅31岁的张栻在官场似乎称得上是春风得意、前程似锦。

然而，偏安江南的南宋因北方问题使得政局特别复杂多变，主战的张浚很快在孝宗皇帝战和无常的政策中被排挤下台，并在第二年含恨离世。张栻悲痛万分，护送父亲灵柩到湖南衡山脚下，自己则徙居潭州，暂时离开了朝廷、离开了官场。

乾道五年（1169），在湖南安抚使刘珙的荐举下，张栻再次踏入仕途，先是授官知抚州，末及赴任又改知严州（今浙江建德）；次年招为吏部员外郎，起居郎侍立官兼侍讲。张栻在朝一年虽颇得孝宗嘉赏，但

---

① （宋）张栻：《南轩集》卷二六。
② （宋）张栻：《南轩集·序》。

由于为人"表里洞然，勇于从义，无毫发滞吝。每进对，必自盟于心，不可以人主意悦辄有所随顺"，多次在朝廷上直接指责丞相虞允文用人不当，结果为虞允文所不容，最后被排挤出朝廷，先后知袁州（今属江西）、静江（今广西桂林）、江陵（今属湖北）等。

淳熙七年（1180），诏张栻迁右文殿修撰，提举武夷山冲佑观；诏书未到，张栻已因病去世。

张栻为官十余载，最关心的事情莫过于民生及抗金事业。长期担任地方官让张栻深知民间疾苦，"观稼穑之勤劳，而知民生之不易"。因此，在其为官期间，不仅注意减轻徭役赋税，兴利除害，而且将改善民生与抗金大业结合起来。张栻在办完父亲丧事后即多次上疏孝宗，力主抗金，并提出"誓不言和，专务自强"的主张。"专务自强"是取得抗金胜利的必要条件，而"专务自强"的关键是得民心，要得民心就必须爱护民力，减轻人民负担，确保后方稳定和生产发展，否则就谈不上抗金复仇。遵循这样的理念，张栻知严州时，首先便是问民疾苦，以捐税太重报表朝廷，恳请减免当地当年一半的赋税；知江陵时，刚到任便整顿军政，一天即除去贪官污吏14人，这些都是他为官推行"知行并发"论的生动实践。

张栻的父亲一生以恢复中原为志向，张栻耳濡目染，也力主抗金、反对议和，这是张栻在政治的大是大非问题上的鲜明态度。张栻早年即积极参与父亲的抗金事业，"时以少年，内赞密谋，外参庶务，其所综画，幕府诸人皆自以为不及也。"临终前，"犹手疏劝上以亲君子、远小人，信任防一己之偏，好恶公天下之理，以清四海，克固丕图，若眷眷不能忘者。写毕，缄付府僚，使驿上之，有顷而绝"[①]。真可谓鞠躬尽瘁，死而后已！据说张栻病逝后，灵柩到江陵时，百姓挽车恸哭，十里不绝，场景感人至深。理学大师不仅活在学术上，也活在百姓心中。

---

① （元）脱脱、阿鲁图：《宋史·道学传三》卷四二九《列传一八八》。

当然，张栻彪炳千古的并不是他的政治主张，而是他的学术思想和教育实践。他很重视教育，做地方官时，每到一地都关心当地的学校建设。从隆兴二年（1164）到乾道五年（1169），离开官场的张栻更是专注学术和教育，培养造就人才，讲学之地主要是在城南书院和岳麓书院。张栻在湘江两岸的这两家书院来回奔波，乐此不疲。

乾道二年，湖南安抚使刘珙重修岳麓书院，并请张栻主持岳麓书院，实际上担任了岳麓书院的山长。张栻为此专门写了《潭州重修岳麓书院记》。想想20多年前，张栻恩师胡宏曾经毛遂自荐，希望出任岳麓书院山长，但因秦桧从中作梗未能如愿，而今，张栻终于可在岳麓书院传扬老师之学以了老师夙愿，实践自己的教育主张以解自己之忧了。

张栻最为担心的就是学校成为科举的附庸，培养出一批批追名逐利之辈。他说，教育"岂特使子群居佚谈，但为决科利禄计乎？岂特使子习为言语文辞之工而已乎？盖欲成就人才，以传道而济斯民也"，他想以儒家的政治伦理去教育和培养修齐治平的人才。在教育日益成为科举附庸之时代，张栻无愧于后人给予的"见识高，践履又实"[1]的评价。

由于深恐学生"不悦儒学，争驰乎功利之末"，张栻坐在岳麓书院讲坛上，告诫学生"学者潜心孔孟，必求门而入，愚以为莫先于明义利之辨"。体察求仁、明辨义利、经世致用正是张栻对学生提出的为学之道。他的主张及实践深得同道之心，一时之间，士人云集，四方来学者千余人。相比当时一般书院数十人的规模，千人云集，不可谓不壮观。岳麓书院在张栻的经营下声名远播，成为众多书院的旗帜。朱熹慕名来访，与张栻在岳麓书院和城南书院热烈讨论了两个多月，据说他们争论真理，探求微奥，三天三夜也不停歇。后来二人又同游衡山，彼此唱和，不仅留下了学术史上的一段千古佳话，而且对朱熹思想体系的形成产生了重要影响。

---

[1] （清）黄宗羲等：《宋元学案·南轩学案》。

朱张遗迹示意图

张栻还先后在宁乡道山、衡山南轩、湘潭碧泉等书院聚徒讲学，声名盛极一时，为湘湖学派的发展立下了不世之功，其弟子胡大时、彭龟年、吴猎、游九功、游九言等都是湖湘学派之巨子。这些书院当中，我们印象最深刻的还是张栻留在岳麓书院和城南书院的足迹。两所书院都顺着历史长河流淌至今。城南书院后来改造为湖南一师，从这里走出了伟大领袖毛泽东；岳麓书院则依然书声琅琅，依然"传道济民"，张栻的《岳麓书院记》依然悬挂在书院最庄重的地方，讲坛前的坐椅上仍依稀可见大师的风采。

吕祖谦（1137—1181），字伯恭，后世称东莱先生，祖籍寿州（今安徽凤台），曾祖吕好问封为东莱郡侯后，开始定居婺州（今属浙江金华）。

浙江金华有一个小巷叫做"四世一品"，巷名源于宋朝时在这里居住过的一个显赫家族，这个家族在宋朝创造了三代四个一品宰相的辉煌历史，它就是吕祖谦的家族。从宋太宗开始，吕祖谦的八世祖吕蒙正、七世祖吕夷简、六世祖吕公弼和吕公著都曾入朝任宰相，位极人臣；五世祖吕希哲、曾祖吕好问、伯祖吕本中、祖父吕弸中、父亲吕大器等也都是朝廷命官，吕氏家族声名之盛，真乃世间罕有。

吕祖谦

吕氏家族不仅官声显赫，而且学养深厚。据全祖望考订，"吕正献公家登学案者七世十七人"①，分别见于《宋元学案》的《荥阳学案》《和靖学案》《紫微学案》《东莱学案》中。其五世祖吕希哲出于安定先生胡瑗门下；在太学中，吕希哲还拜青年程颐为师，算是程颐的第一个弟子。吕氏家学渊源在"二程"，同时又兼容各派。吕祖谦在《祭林宗丞文》中谈到其师林之奇与伯祖吕本中的师承关系时，就说道："昔我伯祖西垣公躬受中原文献之传，载而之南，裴回顾瞻未得所付……于是嵩洛、关辅诸儒之源流靡不讲，庆历、元祐群叟之本末靡不谂。以广大为心，而陋专门之暖姝。以践履为实，而刊繁文之枝叶"②，可见吕氏家学以理学为宗，杂糅各家，经史皆通。

用世俗的眼光看，吕祖谦生在这样的一个家庭是幸运的。然而，成年后的吕祖谦却是命途多舛，其人生之路并不如他生前的家世及身后的盛名那样辉煌美好。他除青少年时科场得意外，壮年屡遭不幸，40多岁疾病缠身，44岁即英年早逝。用他自己的话说，就是"少时既夺移

① （清）黄宗羲等：《宋元学案·范吕诸儒学案》。
② 杜海军：《论吕祖谦研究中的偏见》，《浙江师范大学学报（社会科学版）》2008 年第 4 期。

于科试，及乎壮齿，又埋废于隐忧，竟失全功，徒怜初志"①。当然，留名青史无涉年龄，只与道德文章有关。

浸淫于书香世家浓厚学术氛围的吕祖谦自小便受到了很好的教育。年少之时，吕祖谦便随父亲任所的变迁而到各地拜师求学。在福建，吕祖谦师从"三山先生"林之奇，林之奇是吕祖谦伯祖吕本中的弟子，因此，师从林之奇实际上就是师承其伯祖，也就是继承了家学经史兼修的传统。在临安，吕祖谦又投入汪应辰和胡宪门下。汪、胡二人均是学养深厚的理学大家。汪应辰才华横溢，学识"博综诸家"，18岁中进士，人称"玉山先生"，"应辰"即是高宗因为欣赏其才华所赐之名。胡宪乃胡安国的侄子兼弟子，胡安国师承孙复又私淑洛学，学术功底自不必说，其学术主张同样"博综诸家"，与吕氏家学兼容精神相一致。胡宪主张为学的首要任务是陶冶情操，增进道德，他本人则学养深固，恬淡温和，行止一丝不苟。吕祖谦宽厚淳和的性格与胡宪的言传身教不无关系。

宋孝宗隆兴元年（1163）是吕祖谦最为春风得意的一年。这一年，27岁的吕祖谦先是考中宋高宗时所创设的博学鸿词科，紧接着又高登进士榜。在科考路上，进士难考，博学鸿词科更难，它是先荐后考，三年才考一次，且每次录取不过五人。吕祖谦连中两科，其才学的出众、文辞的华美可见一斑。在重文轻武的有宋一代，吕祖谦的个人才学加上家世荫庇，其腾达应是指日可待。当时连皇帝都赞叹他的"两科皆优选"，应该"资叙超升"。

但命运弄人，实际上在1163年前后，吕祖谦的"壮齿隐忧"已露端倪。在连中两科的前一年（1162），吕祖谦就连失妻子和儿子，其内心的痛苦可想而知。1163年科场上的功成名就给了吕祖谦暂时的慰藉，并于1164年授"南外宗学教授"，赴泉州任职。然而，事业刚刚开始，

---

① （宋）吕祖谦：《除馆职谢政府启》。

母亲又于 1166 年在泉州病逝，吕祖谦只好护送母亲灵柩回到浙江婺州，并在武义明招山为母亲守墓。

明招山居家守丧期间，吕祖谦在家中辟出专门的地方建立书院以讲学，这即是丽泽书院。此后丽泽书院成为吕祖谦讲学的最重要场所，吕祖谦的学生也因此被称为"明招弟子"。吕祖谦的讲学吸引了许多学者慕名前来，如永嘉学派著名人物叶适就曾于 1175 年在明招寺拜吕祖谦为师，对此叶适专门作了一首题为《月谷》的诗，诗中写道："昔从东莱吕太史，秋夜共住明招山。正见谷中孤月出，倒影揉碎长林闲。凭师记此无尽意，满扫一方相并闲"。

1169 年，母丧服满的吕祖谦由"南外宗学教授"改任太学博士，很快又被任命为严州府学教授，与此同时，娶妻韩氏（原妻子的妹妹）。

明招寺

在严州，吕祖谦与时任严州太守的张栻结下了深厚的友谊。此时，吕祖谦基本从失去妻子、儿子、母亲的阴影中走了出来。1170 年，吕祖谦重新担任太学博士，并兼国史院编修官、实录院检讨官。可是好景不长，厄运再次降临。1171 年，第二任妻子去世，所生女儿亦夭折。吕祖谦再次遭受了人生中的沉重打击。还未从丧妻丧女之痛中走出时，

中国书院旧事

1172 年初父亲又因病去世，连丧至亲，吕祖谦精神之痛苦可以说是无以复加！此后，吕祖谦又回到了明招山为父亲守墓，同时继续著书立说、讲学授徒。

1176 年，守丧期满的吕祖谦在秘书监、《续资治通鉴长编》作者李焘的推荐下，被提升为秘书郎，兼国史院编修官与实录院检讨官。1177 年吕祖谦再娶芮氏为妻，不幸的是，1179 年芮氏也去世了。这时 42 岁的吕祖谦虽正当壮年，但风痹痼疾加重，几乎不能自理，1181 年在病痛中逝世。吕祖谦的早逝是中国学术史上的巨大损失。不过，对吕祖谦而言，早逝也许是一种幸运，躲过了让朱熹晚年孤寂痛苦的庆元党禁。

从绍兴三十二年（1162）到淳熙八年（1181）的不到 20 年时间里，吕祖谦失去了他生命中极其重要的七位亲人。他本该仕途辉煌但真正做官的时间加起来不到 5 年，大部分时间都在守丧，最后在疾病的折磨下离世。天妒英才，不胜唏嘘！虽然天不假年，但吕祖谦的学问、道德却世世代代为人们所敬佩、仰望。

吕祖谦为人为学"心平气和，不立崖异"。当时学派众多，观点迥异，如朱学强调体察天理、象山"心学"求本心之旨、湘湖学人张栻提出辨义利达至理、永嘉学派讲求功用等。各学派之间的学理之争甚是激烈，其中，朱、陆之间的理学与心学之争如同针尖对麦芒；永康学派的陈亮抨击以朱熹为代表的理学家空谈性命之学而"安于君父之仇"。

朱熹的门户之见尤其深，他批评陆九渊的心学近于禅，批评永康学派贱王贵霸，也毫不客气地批评好友吕祖谦重史轻经。据《朱子语类》卷一二二记载，门人黄义刚曾经向朱熹问"东莱之学"，朱熹告诉他"伯恭于史分外仔细，于经却不甚理会"。黄义刚说东莱之学也就是"相戏浙间一种史学，故恁地"，朱熹有些不屑，说"史学甚易，只是见得浅"。此前，朱熹听门人吴必大说吕祖谦让学生读史书时，就很不以为然地批评吕祖谦动辄让人读《左传》《史记》，是"令子约诸人抬得司马迁不知大小，恰比孔子相似"。

　　吕祖谦的学术成就主要在史学方面，如《东莱博议》（四卷）、《春秋左氏传说》（二十卷）、《春秋左氏续说》（十二卷）、《东汉精华》（十四卷）、《历代制度详说》（十二卷）、未竟之作《大事记》等，但这并不意味着朱熹对吕祖谦"重史轻经"的评价是正确的。事实上，吕祖谦兼容经史，甚至更重视对经学的研读，从《东莱吕太史文集》卷六所记载的吕祖谦与叶适关于治学之道的一席谈话当中可见其对经学的态度，他说："静多于动，践履多于发用，涵养多于讲说，读经多于读史，工夫如此，然后可久可大。"吕祖谦只是将经学的义理考订与史学的功用结合在一起罢了。

　　海纳百川，有容乃大。吕祖谦做学问就没有朱熹那样的门户之见，他推崇朱学，也很欣赏陆学，与反对功利的湘湖学人张栻有着深厚友谊，同时也与"事功"的永康陈亮及永嘉陈傅良、叶适等人过从甚密。正是吕祖谦宽厚开放的宰相肚量成就了东莱之学的特点和地位。全祖望说："宋乾、淳以后，学派分而为三：朱学也，吕学也，陆学也。三家同时，皆不甚合。朱学以格物致知，陆学以明心，吕学则兼取其长，而复以中原文献之统润色之。门庭径路虽别，要其归宿于圣人则一也。"①

　　我国学术史上为人们津津乐道的鹅湖之会就全仗吕祖谦"不立崖异"的人格魅力与学术风范促成，他搭建了一个沟通的平台，让朱、陆之学能够心平气和地交流。吕祖谦能兼容针锋相对的朱、陆，已足见他平心静气的做人为学品格。其中，吕祖谦与朱熹的亲密关系自不待说，特别值得一提的是他与陆九渊的意气相投。

　　乾道八年（1172），陆九渊参加进士科考试，这一年主持考试的恰好是吕祖谦。阅卷时，吕祖谦见到一份试卷，认真看完后即认定它是陆九渊所作，并推荐该份试卷入选。后来，揭开糊名一看（科举考试从宋朝开始实行糊名制度，以防阅卷作弊），果然是陆九渊的。其实，吕祖

───────────

① （清）黄宗羲等：《宋元学案·东莱学案》。

谦和陆九渊只在乾道七年短暂见过一次，而此前吕祖谦完全不认识陆九渊，只是读到过陆九渊的文章，并且很是欣赏。在对考生信息一无所知情况下，吕祖谦能从众多试卷中认出只见过一面的陆九渊的试卷并推荐入选，可见吕祖谦对陆九渊才学的认识之深。陆九渊也因此非常佩服吕祖谦的为人并感念其知遇之恩，他在《祭吕伯恭文》中写道："公素与我，不交一字。糊名誊书，几千万纸。一见吾文，知非他士。公之藻镜，斯已奇矣。"①

虽然朱熹对吕祖谦"重史"及"博杂"颇有微词，对他与永康永嘉学派的谋利计功有关涉也很是不满，但对他的宽厚品性则是充分肯定赞赏的。朱熹在《哭伯恭》一文中说吕祖谦"德宇宽洪，识量闳阔，既海纳而川渟，岂澄清而挠浊"②。在吕祖谦居家讲学期间，朱熹还将其长子朱塾送入了吕祖谦的丽泽书院中，并多次致书吕祖谦，要求对其子严加督责。朱塾后来就在婺州成家立业，直到去世。

和朱熹、张栻一样，吕祖谦也很重视利用书院这块阵地传播学术。他不仅亲书《白鹿洞书院记》，为朱熹精心经营的白鹿洞书院锦上添花，而且在家中自建丽泽书院聚徒讲学。丽泽书院正是吕祖谦后半生屡失至亲的主要寄托。书院囿于条件，规模不大；但"山不在高有仙则名，水不在深有龙则灵"，丽泽书院因有吕祖谦的讲学而名闻天下，弟子云集，婺州一时号称小邹鲁。丽泽书院因此被后人与岳麓、白鹿洞并提，列入四大书院之中。

吕祖谦治学严谨，看重学生的道德陶冶，要求学生身体力行日常伦理准则。他多次制定规约，规范学生的学习及行为举止，如规定："凡预此集者，以孝弟忠信为本……凡预此集者，闻善相告，闻过相警，患

---

① （宋）陆九渊：《陆九渊集》卷二六。
② （清）黄宗羲等：《宋元学案·东莱学案》附录。

难相恤"①;"凡与此学者,以讲求经旨,明理躬行为本"②。在学习上,则明确规定凡是怠惰苟且、漫应课程者,丽泽同志应当"共摈之"。吕祖谦的丽泽讲学培养了大批学者,影响深远。正如《宋元学案》所言:"明招学者,自成公(祖谦)下世,忠公(祖俭)继之,由是递传不替,其与岳麓之泽,并称克世。"③

吕祖谦以"博诸四方师友之所讲,融洽无所偏滞"的胸怀,开创了兼容并包的开放学风,开创了理学大家庭中的婺学一派。尽管在明清时期由于统治者赋予程朱理学耀眼的光辉而使婺学等其他学派趋于黯淡,但吕祖谦及其丽泽书院一直激励着后世学人。吕祖谦去世之后,全国各地所建立的十余所丽泽书院、东林书院丽泽堂、五峰书院的丽泽祠以及不少书院对吕祖谦的供奉无不昭示后人:道德文章,光耀千古。

---

① (宋)吕祖谦:《乾道四年九月规约》。

② (宋)吕祖谦:《乾道五年规约》。

③ (清)黄宗羲等:《宋元学案·丽泽诸儒学案》。

吴澄因此得以进入临汝书院，拜程若庸为师，并在此结识此后一生的挚友、程若庸的侄儿程钜夫。

在程氏门下，吴澄顿悟学问并非只有诗词记诵，学习的目的除应付举业之外，还可求得圣贤之道。他曾著书说："道之大原出于天，神圣继之"①。至此，吴澄也立志追求"圣贤之学"，功名之心日渐淡薄。

当然，淡薄并不意味着他完全放弃了入仕做官之念。宋度宗咸淳六年（1270），吴澄乡试中举，随即向地方官上书，希望通过荐举的方式进入仕途，但愿望落空；第二年，吴澄参加礼部举办的考试，但名落孙山。此次科考的失败，让吴澄彻底断了科考的想法，抚州被元军攻破后，吴澄隐居到了布水谷，专心研究学问。

吴澄此后的经历便有些身不由己了，因为生活在宋元政权更替这一特定的历史时期，外力高压下，他不得已行走于出仕与归隐之间。在时人看来，宋元更替不是一般的王朝更替，而是"异族"入主中原，受教于朱熹忠孝节义的儒林人士因此承受了巨大的精神痛苦，他们处在人生道路选择的十字路口：是改头换面事新朝兼济天下，还是做坚定的前朝遗民独善其身？吴澄该如何选择？他有得选吗？至元十三年（1278年，临安城破的第三年），吴澄即作《伯夷传》，列举孔子、孟子、韩非子对于伯夷、叔齐的评价，赞赏伯夷、叔齐恪守君臣伦理的政治操守。这实际上就是吴澄面对朝代更替何去何从的个人宣言。然而，吴澄在当时的影响力太大，以至于元代朝廷屡屡诏请，他无法轻易隐退。

至元二十三年，好友程钜夫奉诏到江南寻访名士时，就找到吴澄，力请他出仕，吴澄以母亲年老需要照顾为由谢绝所请。后来程钜夫以请吴澄游览中原山川胜景为由，才赚得吴澄到达大都。到大都后，程钜夫再次劝吴澄入仕，吴澄仍以侍奉老母亲为由予以拒绝，并很快南归抚州草庐读书授徒。元成宗大德五年（1301），吴澄母丧服满，朝廷再诏他

---

① （明）宋濂：《元史》卷一七一《列传五八》。

应奉翰林文字、登仕郎、同知制诰兼国史院编修官。这次吴澄已经不能以侍奉母亲为由婉拒了，于是写信给荐举他的董士选，请董士选成全他追随古人依道进退的心志，但收效甚微。第二年秋天，在朝廷的一再"敦请"下，吴澄只好动身上路，由于时日迁延，等他到大都时，原授官职已委任他人，吴澄再回江西老家。

大德八年，吴澄又被任命为江西儒学副提举，但仍然坚辞不就。直至元武宗至大元年（1308），年已花甲的吴澄在江西行省的礼请下，才赴任国子监丞之职。在国子监，吴澄不阿权贵，以接续道统为己任。当时的尚书右丞刘楫曾想借吴澄之名抬高自己，但吴澄拒绝了与刘楫的往来；当吴澄的教学主张因与国子监多数同僚不合而被划入"陆学"阵营时，吴澄不屑于自辩，于是再次辞职南归。

此后，吴澄又多次被授官，如集贤直学士、翰林学士、知制诰、同修国史、经筵讲官等，对这些任命，吴澄或坚辞，或旋任旋辞。其间，元英宗曾命吴澄为"金书"《佛经》作序以追荐列圣、祈天永命，顺带为民祈福，然而，吴澄以超生荐拔实乃"蛊惑世人"为由，拒绝按元英宗旨意写序，表现了令人肃然起敬的儒者风骨，这也让我们不由地为吴澄的性命捏把汗，幸好元英宗尚未接到吴澄的答复即遇刺身亡了。

吴澄长寿，活了85岁。在他85年的风雨人生中，虽屡被诏请，但入仕时间极短，且都不是出于所愿，讲学传道才是他一生最热爱、也最重要的事业。落第后的第二年，吴澄就在家乡盖了几间草房，开始了他的清贫讲学生涯，程钜夫题字"草庐"，草庐成为吴澄讲学读书的基地，学者们也因此称吴澄为"草庐先生"。

吴澄早年是在临汝书院开始真正进入朱学大门的，因此对书院情有独钟，将书院看作是儒学道统成长、发展的摇篮。在无数次被迫受职与离职的北往南归中，永丰武城书院、江州濂溪书院等多所书院都留下了吴澄讲学的足迹。他一生为书院撰文数十篇，其中的《重建岳麓书院记》对后人研究岳麓书院有着重要价值。据说，吴澄在羁旅建康（南京）时，有一个叫王进德的人办了一所很普通的义塾，吴澄不仅亲自前往讲学，而且帮助制定了义学的规章制度，地方官员有感于吴澄所为，将此事上报朝廷，朝廷于是赐名"江东书院"①。

吴澄"出登朝署，退归于家，与郡邑之所经由，士大夫皆迎请执业，而四方之士不惮数千里，蹑屩负笈来学山中者，常不下千数百人"②。无论是出仕还是归野，他所追求的都是儒学道统的传续，并成为一代宗师，被誉为"皇元受命，天降真儒，北有许衡，南有吴澄"③。吴澄一生诲人不倦，著名的弟子有虞集、元明善、贡师泰、危素等。

然而在明清两代，三度入仕的经历却让大儒吴澄身后不得安宁。明世宗嘉靖九年（1530）与清世宗雍正二年（1724）两次厘正祀典，吴澄均被排除在孔庙之外。明末宦官焦芳甚至说："王安石祸宋，吴澄仕元，宜榜其罪，使他日毋得滥用江西人。"代易之际的理学大师内心该有几多无奈啊！

同样是为道，许衡则有着与吴澄截然不同的人生经历。

许衡（1209—1281），字仲平，号鲁斋，元怀庆路河内（今河南省沁阳县）人。许衡出生农家，勤敏好学。

许　衡

---

① 江堤：《书院中国》，湖南人民出版社 2003 年版。

② （明）宋濂：《元史》卷一七一《列传五八》。

③ （元）揭傒斯：《吴文正公神道碑》。

据说他七岁上学后，老师讲《四书章句》，许衡问老师为什么要读书，老师用科举功名回答，不料他反问老师"如斯而已乎"，搞得老师一时不知如何作答。许衡读书也不似他人只知其然，不知其所以然，每读一书都试图探究其中的深意，老师常常因解答不了他的问题而尴尬。到后来，老师只好辞职。许衡父母一连给他换了三个老师都不能满足他的求知欲望。由此足见他的"颖悟不凡"。

《元史》中还记载了一则故事，说许衡不仅天资聪慧，而且很注重自己的道德行为。故事是这样的：兵荒马乱的一个夏天，许衡和许多人一起逃难去河南洛阳，路上走得口干舌燥。而路边梨树上的梨子正成熟，于是众人纷纷摘梨解渴。但许衡正襟危坐于梨树下，根本没有去摘梨的想法。众人疑惑，问他为何不取梨吃，许衡答道："非其有而取之，不可也。"众人说："世道这么乱，这棵树恐怕早就没有主人了。"许衡答道："梨无主，吾心亦无主乎？"这样的道德品质让许衡声名远播，乡人都以此教育子弟，所以许衡家乡"有果熟烂堕地，童子过之，亦不睨视而去"①。

少时的许衡尽管勤学，但由于条件所限，老师多是落第老儒生，所受教育主要是识字句读。1235年时，许衡在被蒙古军俘虏三年后逃脱到了徂徕山，得到了王弼的《周易注》。许衡如获至宝，昼诵夜读，学识大为精进。1242年，许衡听说曾得赵复传授伊洛之学的姚枢隐居在苏门山，即前往求学，在那里，他读到了程颐《伊川易传》和朱熹《论孟集注》《中庸·大学章句》《或问》《小学》等书，发现自己先前所学"殊孟浪也"。他不仅将所得之书抄录下来以便朝夕研读，而且付诸实践，让他的学生不论大小都从《小学》入门，彻底以程朱理学作为自己进修和教导学生的内容。

元朝建立后，许衡被诏为集贤大学士兼国子监祭酒，朱子学说也随

---

① （明）宋濂：《元史》卷一五八《列传四五》。

之进入了国家的最高学府，正是在许衡的推崇下，《四书集注》成为科举考试的标准答案。可以说，在理学的发展中，是许衡使程朱理学在北方得以推广并最终确立了不可动摇的地位。所以，《宋元学案·鲁斋学案》说许衡"兴绝学于北方，其功不可泯"。至元十八年（1281），许衡辞世，四方学者闻讯哀哭，甚至不远千里赴墓前致吊。元政府追谥"文正""魏国公"，并于皇庆二年（1313）诏立书院于京兆以祭祀许衡，书院名曰"鲁斋书院"。文献中关于许衡在书院讲读的资料很少，但许衡在北方的思想和政治影响在很大程度上左右了书院的教学内容——只传播程朱一派学说，推动了官办书院的发展。

　　与吴澄仕元被质疑的境遇相同，同时代的刘因对许衡入仕元朝颇为不屑。刘因也是当时的儒学名人，元朝建立后，他认为出仕新朝"则道不遵"，屡诏不就，退隐归田。1254 年，忽必烈任命许衡为京兆提学，许衡"一聘而起"，立即就任，刘因因此说："公一聘而起，毋乃太速乎？"许衡答曰："不如此，则道不行。"①不只是刘因，后人也对许衡进入元朝做官之举不敢苟同，梁启超就在肯定其"学术之醇"的同时，批评了他的"隳弃名节"。许衡真是不易，为"道"而行，不惜搭上自己的名节。其实，无论出仕还是归隐，其意都在"道"，可谓殊途同归。吴澄、许衡、刘因的选择正是有元一代众多理学大师殊路但同道的选择。

---

① （元）陶宗仪:《南村辍耕录》卷二。

七、一"心""致良知"的王守仁

王守仁

王守仁（1472—1528），字伯安，浙江余姚人，因早年曾筑室于会稽山阳明洞，自号阳明子，加之曾在越城创建阳明书院，因此，世称"阳明先生"。王守仁不仅是"陆王心学"中的"王"，而且其文治武功也世所罕见。

据《明史》记载，王守仁的出生即与众不同，"守仁娠十四月而生。祖母梦神人自云中送儿下，因名云。五岁不能言，异人拊之，更名守仁，乃言"①；而且，一开口就能背诵诗词歌赋，众人都很惊讶，他解释说那是因为此前他虽然不能说，但他会听和记。从科学角度出发，《明史》中的这段记载肯定有神化附会的嫌疑，感天而孕、孕14个月才出生，显然不足信，但它从一个侧面告诉我们，阳明先生少时就有不同常人之处。

王守仁出生在一个显赫的家庭中，父亲王华是成化十七年（1481）的状元，官至南京史部尚书。据钱德洪《阳明先生年谱》记载，王家世系渊源可追溯至东晋王羲之。书香世家的浸染熏陶和他本人的勤学颖

---

① （清）张廷玉等：《明史》卷一九五《列传八三》。

悟，成就了王守仁出类拔萃的文韬武略，也成就了他传奇的一生。

　　心学大师王守仁绝对是一个有"心"之人。弘治十年（1497），当退到漠外的鞑靼小王子进攻大同，边境告急时，王守仁意识到了武备的重要性。于是，因再次落第而沉溺辞章的王守仁由结社吟诗转向练骑射、攻兵法，立志成"统驭之才"。功夫不负有心人，王守仁的军事才能确实前进了一大步。《明史》说他是"好言兵，且善射"①，弘治十二年考中进士后，还被授予兵部主事之职。当时提督军务的太监张忠根本没把王守仁放在眼里，认为他不过是一介书生而已。有一次，张忠强令王守仁当众射箭，想以此让王守仁出丑，不料，王守仁拉弓连射三箭，箭箭中的，张忠自己将了自己一军。张忠所为正应了老话：人必先自辱而后人辱之。兵部尚书王琼非常看好王守仁的军事才华，于正德十一年（1516）推荐他做了都察院左佥都御史。

王守仁故居

---

① （清）张廷玉等：《明史》卷一九五《列传八三》。

最能体现王守仁卓越军事才干的事件当数平定宁王朱宸濠的叛乱。正德十四年六月，福州三卫军人进贵等胁迫众兵士谋叛，王守仁奉命前往戡乱。当他马不停蹄行至丰城时，从知县顾佖处得知宁王造反。七月，宁王六万大军已攻占九江、南康，正进攻安庆，大有顺江而下攻取南京之势。而宁王一旦占领南京，即可能凭此资本称帝，形势相当危急。王守仁当机立断，迅速返回吉安，并做了四方面的工作：一是督派知府伍文定调集军粮，组织兵力，备好器械舟楫，做好讨伐叛军的各项准备；二是发表讨贼檄文，号召各地发兵勤王；三是上书朝廷，报告朱宸濠叛乱的相关事宜，并上《奏闻宸濠伪造檄榜疏》，劝导君王"痛自克责，易辙改弦，罢黜奸谀，以回天下豪杰之心；绝迹巡游，以杜天下奸雄之望。定立国本，励精求治……"；四是对宁王朱宸濠展开攻心战，一边采用疑兵之计，虚张声势，将临时凑成的八万"杂牌军"（主要是农民）号称为三十万（也说十六万），以扰乱宁王视听，让他难以作出正确判断，又一边使用反间计，离间宁王和部下，从而延缓宁王进攻南京的节奏。接着，王守仁率他的八万"杂牌军"放弃救援安庆，而是进攻此时兵力空虚的宁王大本营南昌。王守仁的"围魏救赵"，不仅攻破了南昌，而且击溃了宁王回援南昌的大军，宁王惨败。不久，在鄱阳湖樵舍的决战中，以火攻大败叛军，最后生擒了宁王朱宸濠。《明史·王守仁传》中，作者以非常敬佩的语气详细记录了这一事件。

平叛着实让我们看到了王守仁军事上的智谋和胆略，然而，造化弄人，此次平叛带给王守仁的不是奖赐，而是差点性命难保。就在王守仁活捉朱宸濠时，明武宗朱厚照化名朱寿，自封"威武大将军"，浩浩荡荡，御驾亲征。他们大队人马刚行至河北境内，即接到王守仁平叛捷报。想过一把"大将军"瘾的明武宗面对捷报感到的不是欣慰，而是扫兴，觉得王守仁有些多事。而其身边的幸臣张忠、许泰之流不但忌恨王守仁的功劳，还担心王守仁揭发他们与朱宸濠相互勾结的行径，于是编造流言，诬蔑王守仁曾与朱宸濠通谋，因虑事不成才被迫起兵。恶人挑唆中伤的结果是，武宗龙颜大怒，幸好有较正派的太监张永从中协调，王守仁才得以免祸。这件事最后以王守仁重改奏报、将平叛之功悉数送给皇帝，还让武宗在南京上演了一出纵捉宁王的闹剧而收场。

王守仁虽有满腹经世治国之才，却从此一直受到冷遇，他的弟子冀元亨还因宁王案被牵连蒙冤入诏狱。正德十六年，武宗驾崩，世宗继位。王守仁本以为新君登基，自己终于又有了用武之地，谁知，他仍然遭权臣的嫉妒和排斥，被罢黜不用，"不予铁券，岁禄亦不给"。王守仁逝后，其学说一度被朝中奸小指称为邪说。

除平定宁王叛乱外，王守仁还多次平息山贼作乱和农民起义，但他让后人膜拜的并不是这些军事成就，而是其"心学"。阳明心学是"凡三变而始得其门"，"始泛滥于辞章，继而遍读考亭之书，循序格物，顾物理吾心终判为二，无所得入。于是出入于佛、老者久之。及至居夷处困，动心忍性，因念圣人处此更有何道？忽悟格物致知之旨，圣人之道，吾性自足，不假外求"①。

王守仁少年时期就立下了做圣人之志。12岁时，与老师讨论学习目的，老师说读书的第一等事是科举，王守仁则认为读书的第一等事应当是学做圣人。此后，王守仁一直执着追求着他的圣人之路。

弘治元年（1488），17岁的王守仁遵父命与表妹诸氏完婚。婚礼这天，他闲游铁柱宫，遇到一道士盘腿坐在榻上，于是与这个道士对坐，款款交谈，喜闻养生之说，竟将婚礼置于脑后，忘了归去，直到第二天清晨才回家。看来，在王守仁那里，人生四大喜事之一的洞房花烛夜，远不如听道士讲道有意思，当然也有可能是王守仁对迎娶的新娘并不喜欢。婚后王守仁即在岳父官署潜心学习书法，大有所成。

---

① （清）黄宗羲：《明儒学案·姚江学案》。

王守仁研读程朱学说极其用心。弘治五年，他为了真正领会朱熹所说的"今日格一件，明日又格一件……脱然自有贯通处"的"格物致知"精要，与好友钱友同一起钻到自家庭院的竹林深处去格竹子之理。钱友同"格"了三天，就"劳神致疾"，心力交瘁。王守仁认为钱友同生病是因为精力不济，所以完成不了格竹子之理的任务，于是自己继续"格"理，但"早夜不得其理，到七日，亦以劳思致疾，遂相与叹圣贤是做不得的，无他大力量去格物了"①。跑到竹林"格"竹的做法，看似有些幼稚好笑，但实际上它正是王阳明率性而学、执着严谨的风格体现。

"格"竹失败后，王守仁明白，想通过格物穷理达到圣贤的道路是行不通了，对朱学的信仰也因此开始动摇，遂转向辞章之学。此后，王守仁连续两次会试落第。他退隐龙泉山寺，结社吟诗，以度时日。王守仁此时处于想求圣人之道却不知道"道"在何方的痛苦中："朱"门紧闭，辞章之学又断然不是圣人之道。在这样的苦闷中，王守仁转向了佛老，他"偶闻道士谈养生，遂有遗世入山之意"。不过，王守仁纵有遁世之意，但不可能有真行动，从后来他的所为看，消极遁世不是他的性格。弘治十五年（1502），王守仁因劳思过度回到家乡休养，筑室于会稽山阳明洞中，终日习练道家导引之术，搞得自身精疲力竭，却丝毫无补于事。他想离世远遁，却又不舍深爱自己的祖母和父亲。

明武宗正德元年（1506）是王守仁人生及思想的转折年。这一年，王守仁因不满大宦官刘瑾的专权枉法、横行霸道、制造冤狱，愤然上书主持正义。未曾想，正义未伸张，自己却遭了祸。刘瑾先将王守仁廷杖四十，打得死去活来；然后又罚跪金水桥南，极尽侮辱；最后贬谪为贵州龙场驿驿丞。龙场驿是"虫蛇怪兽横行，蛊毒瘴疠弥漫"之地，环境恶劣，而王守仁又罹患肺痨，前景堪忧。然而，正是在这荒凉偏僻的龙

---

① （明）王守仁：《传习录（下）》。

场驿，王守仁顿悟了圣人之道。这就是有名的"龙场悟道"。

在龙场驿，王守仁日复一日地思考"圣人处此，更有何道"。苦思冥想中，王守仁于某天"忽中夜大悟格物致知之旨，寤寐中若有人语之者，不觉呼跃，从者皆惊，始知圣人之道，吾性自足，向之求理于事物者，误也"。就是说，王守仁睡到半夜忽然来了灵感，悟到了格物致知的方法：理在本心，心外无理，过去一直想从心外之物上求理是错误的。他为自己的顿悟欢呼雀跃，心中的苦闷随之烟消云散。在环境恶劣和身体病痛的双重折磨下，在经年的苦苦探索中，我们完全能理解王守仁"踏破铁鞋无觅处，得来全不费功夫"的欣喜若狂。

正德五年，王守仁正式提出知行合一命题，并在贵阳文明书院公开宣讲知行合一学说，从而否定了程朱学说的"先知后行"观点。

正德十六年，50岁的王守仁在平定叛乱及农民起义的过程中，在自己有功非但无奖，反而屡遭奸佞陷害的切身体验中，深感良知的重要，并因此提出了其心学的另一个重大命题：致良知。他用致良知来解释理学的"存天理，灭人欲"，认为"天理"即"良知"，"去人欲"即"致良知"。

在王守仁看来，万物都因人有"心"而变得清晰明朗有价值。有一次，他偕友去游南镇，友人

知行合一碑

质疑他的"心外无物"论，指着山中野花问："天下无心外物。如此花树在深山中自开自落，于我心亦何关？"王守仁答道："你未看此花时，此花与汝心同归于寂。你来看此花时，则此花颜色一时明白起来。便知

此花不在你的心外。"① 王守仁的回答妙在"同归于寂",有人说他是唯心主义的,其实,如果你仔细品味"同归于寂",你定会感受到用心去体会外物的精妙。

王守仁传播其思想学说的阵地与朱熹一样,也是书院。就在正德元年王守仁被贬往龙场驿的路途中,他去游历了岳麓书院,并作长诗《游岳麓书事》,诗中"殿堂释菜礼从宜,下拜朱张息游地"之句表达了他对朱熹、张栻书院讲学的敬仰之情。到龙场驿后,既无住房又无粮食的王守仁只好栖居山洞,自给自足,辛苦度日。但由于他的"因俗化导",当地人很感动和感谢,因此,"相率伐木为屋,以栖守仁"②。王守仁将乡民为他所修的这所房子命名为"龙岗书院",居室则名曰"何陋",门

龙岗书院

生群集于此,"讲习性所乐,记问复怀膒"③,环境虽然荒僻,但王守仁与学生的生活却是多姿多彩的。龙岗书院成为王守仁的第一个聚徒讲学之所。

王守仁龙岗讲学的名声很快传到了贵阳,时任贵州提学副使的席书为此专程跑到龙岗向他请教,分辨其观点与朱、陆的异同。王守仁此时已不挂心诸学异同,所以,对席书之问,回答道:"圣人之道,吾性自足,不假外求。"席书不得要领,后又两次到龙岗求教,对王

---

① (明)王守仁:《传习录(下)》。
② (清)张廷玉等:《明史》卷一九五《列传八三》。
③ (明)王守仁:《王阳明全集》卷一九。

守仁很是敬服。后来，席书在贵阳修复文明书院，专程请王守仁前去主讲。文明书院成为王守仁在贵州宣讲心学的又一重要场所。王守仁的贵州讲学开人心智，教化深入人心，贵州的文化教育水平因之大为提高，明朝政府还因此适时提高了贵州在科举中的地位①。

　　正德五年，王守仁结束了在龙场驿的贬谪生活，辗转江西、南京、北京、福建、广西等地任职。他走一路，讲一路，但以书院为主阵地的讲学则是在正德十二年之后。正德十一年，朝廷派王守仁以正四品左佥都御史的官阶巡抚江西南安、赣州和福建汀州、漳州等地，意在让他前去解决困扰当地多年的"山贼"问题（主要是农民起义）。不到一年，王守仁就先后肃清了此前让当地官员头痛不已的詹师富、谢志山、池仲容等大股"山贼"。在此过程中，王守仁提出了"破山中贼易，破心中贼难"的命题。

　　如何破"心中贼"呢？王守仁找到的方法就是广施教化。他开始了在今天看来仍然是最有意义的事情——发展教育。正德十三年，王守仁在赣州广泛建复书院，以教化民众、笼络人心。据统计，就在正德十三年，他即在赣州新修义泉、正蒙、富安、镇宁、龙池五个具有社学性质的书院，

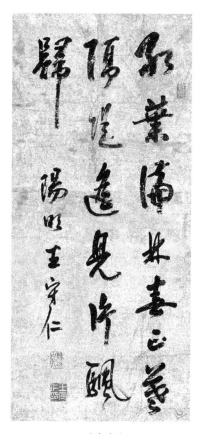

王守仁书法

---

① 　金敏、周祖文：《儒家大讲堂——长江流域的古代书院》，浙江大学出版社
　2005 年版，第 103 页。

并修复濂溪书院作为传播心学的阵地。此外，他还觉察到了宁王朱宸濠有反叛之意，于是派门人冀元亨到宁王的阳春书院讲学，试图劝导宁王放弃反叛之心。因为这一举动，冀元亨后来被诬陷牵涉到叛乱之事中而下狱冤死。

王守仁在江西还看中了理学圣地白鹿洞书院，不仅将手书的与朱学格格不入的《修道说》《中庸古本》《大学古本》等送到白鹿洞，而且两次跑到白鹿洞书院，集众讲学，留诗题字，大有改换白鹿洞书院门庭之势。

王守仁讲学传道最有名的书院当数其家乡的稽山书院和阳明书院。说起来这还得"归功"于朝中无能之辈对他的嫉妒与打击。平定宁王朱宸濠叛乱后，王守仁不仅没有受到嘉奖，反而屡遭奸人的妒忌诽谤，政治上受到压制，其学说也遭到一班固守程朱理学的官僚们的反对而被批为伪学。1521 年，正德驾崩，嘉靖即位，王守仁以为施展抱负的机会来了。然而，新君即位并没有适合王守仁的政治舞台，在朝廷内部的帮派斗争中，王守仁仍然是牺牲品。虽然嘉靖因他平定宁王叛乱的功劳，封他为"新建伯"，但由于朝中宵小作祟，朝廷对他仍是"不予铁券，岁禄亦不给"①。大失所望的王守仁上疏请辞，返回了家乡余姚，加之次年父亲去世，他在家乡一待就是六年。这六年，他专注于讲学授徒，创建了姚江学派。正所谓失之东隅，收之桑榆。

王守仁在家乡讲学的大本营是稽山书院和阳明书院。稽山书院始建于范仲淹知越州期间。乾道六年（1170），朱熹曾在此讲学，后逐渐湮没废置。正德年间，山阴知县张焕将书院移到故址之西并加以修复，尔后王守仁的故乡讲学让稽山书院再次焕发了青春。当时，由于四方学者云集"王门"，远远近近的寺观都住满了慕名而来之士，因此，亟须有一个适宜的场所为大家切磋学问提供方便。嘉靖三年（1524），"以座主

---

① （清）张廷玉等：《明史》卷一九五《列传八三》。

称门生"的绍兴知府南大吉借用职务上的便利，因应需求，扩大稽山书院，增建了"明德堂""尊经阁"等处。稽山书院成为名噪一时的群英汇聚之所，各地学者纷至沓来，诸如来自湖广的萧璆、杨汝荣、杨绍芳等，来自广东的杨仕鸣、薛宗铠、黄梦星等，来自直隶的王艮、孟源、周冲等，来自南赣的何泰、黄弘纲等，来自安福的刘邦采、刘文敏等，来自新建的魏良政、魏良器等①讲学规模越来越大，扩建后的稽山书院也已显得局促，王阳明干脆将讲台搬到了室外的大自然中，师生环坐，相谈款洽。

随着"王学"的兴盛，为了方便更多学者聆听大师的宏旨幽微，嘉靖四年，王门弟子集资在绍兴又创建了阳明书院。阳明书院有多处，比如建于清代的思恩阳明书院、吉安阳明书院等，那些阳明书院是带有纪念性质的书院。而这所在绍兴创办的阳明书院则是建于王学被诽谤为"伪学"、王守仁遭受打压排挤之时。"王学"及王守仁被打压，王门弟子仍堂而皇之地以"阳明"为书院名称，足见"王学"走向成熟，成为我国思想文化界的奇葩。王守仁的思想深深地影响了一批学子的人生选择，如其高足王畿和钱德洪为抗议朝廷排斥"王学"，不惜放弃唾手可得的进士功名。

王守仁思想的博大与深邃常人不易明了，想在这尺素间说清楚更没可能，但他的一二例讲学轶事，已可让我们领略大师的魅力。王守仁有个很有名的学生叫王艮，为追随老师，他从家乡江苏泰州一口气跑到了南昌，再从南昌追到绍兴。正德十五年（1520），王艮一身古装（穿着古式衣服，戴着古式帽子，手执一块木简），拿着自家写的两首言明"做一等圣人"之志的诗，专程跑到南昌，向王守仁求教。王守仁见王艮仪表不俗，起身迎入客厅。落座后，王守仁问道："何冠？"答："有虞氏冠"；又问："何服？"答："老莱子服"；又问："学老莱子乎？"答曰："然"；

---

① （明）王守仁：《王阳明全集·年谱三》。

再问："将止学服其服，未学上堂诈跌、掩面啼哭也？"听到此言，王艮知道自己隐藏于怪异装束背后的"取宠"之意根本骗不了王守仁，也知王守仁并不在乎他"低贱"的商人出身。王守仁的一针见血与平等相待让王艮不得不佩服，于是俯首倾耳等待先生赐教。王艮后来成为王守仁的著名弟子之一，创建了泰州学派，将"王学"广泛传播到下层人民当中。

在众多聆听王氏心音的求学者中，甚至有垂垂老者。年龄最大的当数已在诗界颇负盛名的海宁人士董沄。其时，年届七旬的董沄漫游到会稽，遇到很多年轻人赶去听王守仁讲学。他很好奇，不知道在人人都忙着追名逐利的风气下，王守仁要给年轻人讲些什么，于是"以杖肩其瓢笠诗卷来访"，跟在年轻人后面到了稽山书院听讲，并对王守仁的"惟求得其心"听得入了迷。课后，王守仁见到还处在痴迷中的董沄，既异其貌，又敬其老，因此礼请进室，当得知这个老者正是诗人董沄时，更是尊重有加，"连语日夜"。一席长谈后，董沄深感"吾非至于夫子之门，则几于虚此生矣"，便要拜王守仁为师，而王守仁因董沄年齿长于自己，只愿意与他以友相待，不愿意有师生之分。董沄误以为是自己拜师的诚意还不够，第二天即下山回家。两个月后，他带着老妻亲手织就的一匹缣再次上山，说"吾之诚积，若此缕矣"，请求进入王守仁门下。在王守仁看来，董沄的所言所行足以做自己的老师，自己根本没有资格做董沄的老师，因此"固辞"拜师之事。但董沄心意已决，"入而强纳拜"，最终行了拜师大礼。后来，一些年轻学子和诗坛好友劝董沄"翁老矣，何乃自苦若此！"董沄却说："吾方幸逃于苦海，方知悯若之自苦也，顾以吾为苦耶？吾方扬鬐于渤澥，而振羽于云霄之上，安能复投网罟而入樊笼乎？去矣，吾将从吾之所好。"董沄此后还自号"从吾道人"①。董沄拜王守仁为师的这段佳话，既让我们看到了一个值得敬重的谦谦老人的

① （明）王守仁：《悟真录之一·从吾道人记》。

勇气和执着，更让我们感受到了"王学"磁场的巨大引力及王守仁的个人魅力。

王守仁是一个真性情的人，他的讲学并不拘泥于形式。嘉靖三年的中秋，皓月当空，兴之所至，王守仁宴集诸生于天泉桥碧霞池上。众门人歌诗助兴，吹拉弹唱，远近相和。看到诸弟子忘情任性，心旷神怡，王守仁深深感到了"聚天下英才而教之"的莫大快乐。

嘉靖六年五月，因朝廷对付不了广西田州、思恩的土司造反，因此重新起用赋闲在家的王守仁。王守仁这时已无意出仕，上《辞免重任乞恩养病疏》，以生病为由，请求免任，同时建议朝廷用温和的方式解决两地之乱。朝廷没有同意王守仁的请辞，而是接连派使臣敦促王守仁赴任。

人在江湖，身不由己。王守仁成行在即，走之前，他精心安排了阳明书院的讲学事宜。告诫诸生"但愿温恭直谅之友，来此讲学论道，示以孝友谦和之行，德业相劝，过失相规，以教训我子弟，使毋陷于非僻；不愿狂躁惰慢之徒，来此博弈饮酒，长傲饰非，导以骄奢浮荡之事，诱以贪财黩货之谋，冥顽无耻，煽惑鼓动，以益我子弟之不肖"[1]。谆谆教导，为阳明书院定了办学的基本方向，以保证他离开后阳明书院仍然是一个纯洁的研究学问、成就思想、修养性情之所。

赴任广西的前一天晚上，众人为王守仁饯行。就在这晚，王守仁留下了他在绍兴给弟子们的最后一笔财富——天泉证道。当时，王畿和钱德洪这两个他最为看重的弟子对心学的不二法宝"四句教"（王阳明晚年将自己的哲学思想概括为"无善无恶心之体，有善有恶意之动，知善知恶是良知，为善去恶是格物"四句）在理解上产生了分歧。王畿从本体论上提出，既然心是无善无恶的心，那么，意也是无善无恶的意，知也是无善无恶的知，物也是无善无恶的物。钱德洪则主张从修养功夫上

---

[1] 舒大刚主编：《中国历代大儒》，吉林教育出版社 1997 年版，第 721 页。

理解"四句教",认为本体的心是无善无恶的,但在各种习性的影响下,则有了善恶念头,因此,学习目的就是要为善去恶,恢复无善无恶的本心。两弟子谁也说服不了谁,很着急,而老师第二天就要远行。为此,他们顾不上时已半夜,老师需要安寝,找到了老师,请他裁判。深夜被扰,王守仁不仅没有丝毫责怪之意,反而显得很高兴,与二人来到天泉桥上,说道:"正要二君有此一问……二君之见正好相取,不可相病。汝中(王畿)须用德洪功夫,德洪须透汝中本体。"

在王守仁看来,弟子们的禀赋和悟性各不相同,"四句教"的适用情况也不相同,天资聪慧的"利根"之人可以直接从本原上理解心无善无恶的本体;天资一般的"中根以下"之人,则要先做为善去恶的功夫才能回复本心。王畿的见解适合接引"利根"之人,钱德洪的见解可接引"中根以下"之人,二人见解可相得益彰。王守仁又专门叮嘱弟子谨遵"四句教"宗旨,不可失了"王学"的本旨。这就是有名的天泉证道。天泉证道实际上是王守仁对其学说的一个总括。历史的车轮已碾过数百年,但如果你让自己的心沉静下来,就一定会听到天泉桥上的那场对话,它如空谷之音,萦绕不绝;你甚至可能为辩明心之善恶而陷入沉思。

王守仁在赴任途中,仍一路讲学不辍,在衢州、常山、南昌、吉安、肇庆、梧州等地都留下了他的讲学踪迹。在广西,他一方面用招抚之策平定了田州、思恩之乱(还顺带镇压了八寨一带的农民起义),同时在当地举乡约、兴学校,挽救人心士风。嘉靖七年六月,王守仁在南宁创建了敷文书院,九月又批复梧州府"依南宁书院规制,鼎建书院一所",以"淑人心"[1]。

此时,王守仁正饱受日渐加重的肺病的折磨,于是上疏告归,希望能够将苟延之躯送回到故乡。一代大师已自感不久于人世,等不及朝廷

---

[1] (明)王守仁:《王阳明全集》卷三〇。

批复，便启程东归，到江西南安即病逝于船中，时为嘉靖七年十一月二十九日。可怜浙中书院诸友及亲人翘首以盼，却只等来了大师客逝归途的噩耗。

更为可悲的是，恪尽职守、屡立奇功的王守仁逝世后仍不得安宁。时任礼部尚书兼翰林学士桂萼参奏王守仁恩威倒置、擅离职守，还主张"宜禁邪说以正人心"。结果，偏听偏信、糊里糊涂的嘉靖皇帝因此下诏停止世袭，不行赠谥诸典，并将王学定为"伪学"。

然而，公道自在人心！王守仁以身为棋胜天半子，"丧过江西，军民无不缟素哭送"。隆庆初年，诏赠新建侯，谥文成；万历十二年从祀孔庙。"王学"不是一纸禁令可以禁得掉的，王门弟子大多继承老师衣钵，努力将"王学"发扬光大，如邹守益、王畿、钱德洪等，甚至还衍生出了新的学派。王守仁也在中国哲学史上光耀千古。黄宗羲说："自姚江指点出'良知人人现在，一反观而自得'，便人人有个作圣之路。故无姚江，则古来之学脉绝矣。"[①]诚哉斯言！后来"王学"陷入"无善无恶"末流而招致不少批评，但那并不是王守仁的本义，能文能武的王守仁其实也是一个事功者。

---

① （清）黄宗羲：《明儒学案·姚江学案》。

八、东林先生顾宪成

顾宪成

"风声雨声读书声声声入耳，家事国事天下事事事关心"，这是青年顾宪成求学期间的自勉心声，也是他所兴办的东林书院的追求。

顾宪成（1550—1612），江苏无锡人，字叔时，号泾阳，晚明名士，因兴办东林书院并确立东林书院的崭新学风而被尊称为"东林先生"（始建东林书院的并非顾宪成，而是北宋的"龟山先生"杨时）。

顾宪成出生于我国古代社会地位最低的商人家庭，父亲顾学开了一家豆腐店，两个哥哥帮着父亲经商，家庭经济拮据，常常入不敷出。为光完耀祖，他被父亲送进了私塾。出身的低微和贫穷丝毫无损他的刻苦求学之志，"读得孔书才是乐，纵居颜巷不为贫"，这两句话既刻在顾宪成所居陋室的墙上，更烙在他心底，他告诉自己要像颜回那样，不以贫为苦，当以学为乐。

顾宪成在科场一路顺利。万历四年（1576），赴应天府参加乡试，以第一名中举；四年后，又在会试中被录取为二甲第二名，赐进士出身，紧接着被授予户部主事之职。从此，顾宪成开始了他刚直曲折的仕途生涯。

在晚明纲纪废弛的官场政治中，顾宪成是个另类。据《明史》记载，顾宪成为官不久，"大学士张居正病，朝士群为之祷，宪成不可，同官代之署名，宪成手削去之"①。要知道，张居正可是当时的内阁首辅，权倾朝野，人人唯恐巴结不及，而位微言轻的顾宪成却不把他当一回事，对这种阿谀迎合的官场风气很不以为意，在别人好心替他出钱签名时，他的反应不是感激，而是急忙跑去把自己的名字删掉。好在张居正这次病得不轻，很快去世；不然，顾宪成可能就得为这次刚直的举动付出代价了。

此后，顾宪成改任吏部主事，参与考评官员。在万历十五年的"大计京朝官"中，顾宪成上疏申辩考核中存在的问题，提出"分别君子小人"；他的奏疏"刺及执政"，触怒了当权者，被贬为桂阳州判官，后又因丁母忧，暂时离开了斗争中心——朝廷。

万历二十一年，顾宪成因公正廉洁的官声而被提升为吏部考功主事。不久，他就在小小的吏部考功主事位置上因"立国本"问题得罪了皇帝。所谓"立国本"就是立太子。立谁做皇太子是有制度的，即有嫡立嫡，无嫡立长。当时，万历皇帝宠爱郑贵妃，想立其子为太子，然而，郑贵妃之子朱常洵为皇三子，既非嫡，也非长，皇长子是万历皇帝不太喜欢的恭妃之子朱常洛，暂无嫡出皇子。皇帝一心想废长立幼，不少朝臣都坚决反对，双方斗争数年，互不让步。万历二十一年，皇帝与权臣王锡爵密谋搪塞朝臣方略，提出将当时的三个皇子并封为王，这就是著名的"三王并封"事件。"三王并封"实为缓兵之计，既可堵住那些整天上书要求立皇长子朱常洛为太子的悠悠众口，又为立朱常洵为太子留下机会。因此，"三王并封"一提出，便在朝中引起轩然大波。顾宪成成为反对阵营的先锋，一面直接上疏驳斥这一荒唐的权宜之计，认为三皇子并封为王"有大不可者"，请求"皇元子早正储位，皇第三子、

① （清）张廷玉等：《明史》卷二三一《列传一一九》。

皇第五子各就王爵”①；一面多次写信给王锡爵表示反对"三王并封"，并希望王锡爵向万历皇帝进言。后来，"三王并封"最终作罢。经此事件，皇帝心中对顾宪成已是耿耿于怀。

一波未平，一波又起。"立国本"之事尚未了结，顾宪成很快又卷入"京察"斗争的漩涡中。当时，由吏部尚书孙鑨、考功郎中赵南星主持对五品以下京官的考核。作为吏部考功主事的顾宪成积极支持孙、赵二人借此澄清吏治，避免权臣培植党羽。这一行为又与首辅王锡爵发生了冲突。赵南星等人被王锡爵诬蔑为"专权植党"，遭到罢官。对此，顾宪成在上疏申救的同时，坚持在用人问题上抵制权臣。为明心迹，顾宪成甚至提出了一同罢官的请求，不过没有得到批准。顾宪成的直言敢谏提高了他在士大夫中的声望。

就在所有的矛盾都悬而待决时，又发生了一件事。万历二十二年，首辅王锡爵告老引退，皇帝谕令吏部推荐首辅人选。顾宪成推荐了同样刚直不阿的王家屏。此前，由于王家屏多次劝谏万历皇帝立储位、亲政事，皇帝"恶其耿直"。可以想见，万历见到顾宪成推荐的名单该有多生气，最终结果是顾宪成被削籍回乡。

回乡的顾宪成开始了他人生的最辉煌事业——讲学。万历二十二年九月，顾宪成从北京回到家乡无锡泾里。顾宪成虽然官做得不大，但他的人格魅力和学问道德已像一块磁石，吸引了众多青年前来求学讨教。顾家从此四方学人云集，昼则书声琅琅，夜则烛火照山，时时与吴中学者聚会研讨学术。

顾家房舍毕竟容不下众多学生，于是，在顾氏兄弟及一帮吴中学者的共同努力下，万历三十二年，官府批准在原址上修复东林书院作为讲学之所。书院修复后，顾宪成亲自为书院讲会审订了宗旨及具体会约仪式，并会同顾允成、高攀龙、安希范、刘元珍、钱一本、薛敷教、叶茂

---

① （清）张廷玉等：《明史》卷二三一《列传一一九》。

才（时称"东林八君子"）等人发起东林大会，制定《东林会约》，顾宪成为东林书院的首任主讲。

"声声入耳""事事关心"是顾宪成所倡导的东林讲学的灵魂。当晚明盛行的"王学"走向玄虚内省、无善无恶的极端时，他们痛斥尊崇"王学"实际上是"学术杀天下"，空谈心性，置国危民艰于不顾，让晚明危机雪上加霜；而无善无恶分明是在宣传一种可是可非的善恶原则，模糊了道德标准，正好成为朝中一帮庸碌腐败官员张目的工具，"坏天下教法，自斯言始"①。因此，以顾宪成为代表的东林讲学从不回避时事，他们在讲学中批评朝政，臧否人物，为民请命，不惧怕陷入政治斗争的漩涡中。

由于朝政为权臣把持，正直官员心灰意冷，于是与回乡讲学的顾宪成、高攀龙等人声气相通，互相支持。一时之间，东林书院在朝野内外声望大振，汇聚成一股影响社会舆论的政治清流。

万历三十七年的李三才事件成为东林人士试图整肃朝纲的一次政治交锋。李三才时任淮抚，政绩卓著，特别是他依法惩治太监陈增爪牙贪赃枉法、多次上疏反对矿税、提议兴修水利、直言要求皇帝关心百姓温饱疾苦等行为都给顾宪成留下了很好的印象。李三才正是顾宪成所欣赏的那一类官员，也可以说是顾宪成式的官员。因此，当万历三十七年朝廷"大计外吏"、内阁需要补充阁臣时，在野的顾宪成即通过在朝的东林官员极力推荐李三才入阁。而朝中看不惯东林人士的"阉党"，则极力反对李三才入阁，罗织了李三才"贪、伪、险、横"等罪名。为此，顾宪成专门写信给内阁大学士叶向高和吏部尚书孙丕扬，竭力为李三才申辩。顾宪成此时只是一介平民，京畿道御史徐兆魁抓住这个把柄，上疏说削职为民的顾宪成与朝中大臣勾结成"东林党"，并诬陷他们利用讲学妄议朝政，结党营私，败坏国家吏治、人品、学术等，还编造诸如

---

① （清）黄宗羲：《明儒学案·东林学案（一）》。

私留税收之类的罪名。神宗皇帝看了徐兆魁的上疏后，对东林官员的提议不予采纳。万历三十九年，处于这场政治斗争中心的李三才被迫辞职，"阉党"打击朝中正直官员的目的达到了。顾宪成也在一年后的万历四十年病逝。

也许顾宪成是幸运的，他在世时虽然遭到攻击，但毕竟只是在笔头、口头，身体发肤未受损害。顾宪成去世后的十多年，党争升级，在魏忠贤的一手操纵下由政治攻讦演变成无情镇压，高攀龙被逼投塘自尽，熊廷弼、杨涟、左光斗等众多被列入魏氏东林"同志诸录"的正直人士或者被杀害，或者遭流放，或者冤死狱中。

顾宪成更是不幸的，他的政治抱负终究没有实现。他说，"官辇毂，志不在君父，官封疆，志不在民生，居水边林下，志不在世道，君子无取焉"①。然而，在君王专制、权臣辈出的时代，岂能容他讽议朝政，裁量人物?! 从一开始，顾宪成的理想就已注定只可能是失败的结局，想要"事事关心"的东林风气注定会被明末官场的乌烟瘴气所吞噬。不过，东林风气到底是一股春风，冬天过去后，它还会随着春天而来。

高攀龙

---

① （清）张廷玉等：《明史》卷二三一《列传一一九》。

九、证人书院黄宗羲

明万历三十八年（1610）八月八日，在浙江余姚黄竹浦，黄宗羲呱呱坠地，从此开启了他虽科场屡屡失意，但道德文章、学术成就、思想高度均堪为世范的一生。

黄宗羲（1610—1695），字太冲，号南雷，别号梨洲老人、梨洲山人、双瀑院长等等，后世学者一般尊称他为"梨洲先生"。

黄宗羲的人生转折开始于父亲黄尊素的被害。在晚明东林政治狂飙中，黄尊素站在东林一边，刚直不阿、忧国忧民，力主革新朝政，这自然引起了"阉党"的忌恨，天启六年（1626）二月，黄尊素被捕，六月在狱中被迫害致死，时年43岁，而黄宗羲不足17岁。

黄宗羲

黄宗羲立志为父亲平冤昭雪。天启七年，崇祯皇帝即位，开始整肃朝纲，追查"阉党"，平反天启冤案。崇祯元年（1628），19岁的黄宗羲入京申冤，请求严惩参与陷害其父的"阉党"余孽许显纯、崔应元、李实等。许、崔、李这三人作为魏忠贤爪牙，都直接参与了迫害黄尊素的行动。许显纯位列魏氏集团的五虎五彪之"五彪"，又仗着万历皇后外甥的身份，坏事做尽却未受到应有惩罚，在黄尊素案中，他亲自罗织了黄尊素受贿2800两白银的罪名；时任锦衣卫指挥的崔应元是许显纯

的帮凶，负责抓捕拷问；提督苏杭织造太监李实则负责告发，说赋闲在家讲学的黄尊素与高攀龙过从甚密。

刑部受理了黄宗羲申冤案，对许、崔、李三人进行刑部会审。黄宗羲出庭与三人对证，当堂义正词严、有理有据地驳斥了许显纯以万历皇后外甥为由的减刑请求，坚拒了李实3000两白银的贿赂，拔了崔应元胡须祭祀父亲亡灵。这次申冤，黄宗羲——一位果敢刚毅、大智大勇、大孝大义的青年——留下了"黄孝子"美名。这年秋天，黄宗羲扶柩回到家乡。

洗雪父亲冤屈后的黄宗羲开始了他人生的新征程。他到绍兴证人书院跟随名儒刘宗周学习；同时还四处交友，以自己的方式参与政治，参加了有"小东林"之称的复社，卷入了复社声讨阉党余孽的政治斗争中。当时有个叫阮大铖的官员，属于反复无常的小人，他本是东林领袖高攀龙的学生，却为了官位投靠阉党魏忠贤。面对复社的这次门户清理，阮大铖深知自己罪孽深重，吓得"杜门咋舌欲死"，在南京城外的寺庙中躲了几年。

谁知，城头变幻大王旗。崇祯十七年，北京被李自成的农民起义军攻破，紧接着，清军入关，占领北京。紫禁城易主后，明朝凤阳总督马士英在南京拥立福王为帝，建立南明弘光政权与清廷对峙。在此政局变动中，阮大铖重新上台，被任命为兵部侍郎。阮大铖一上任即展开了对复社的报复行动，他编造《蝗蝻录》（"蝗"指东林，"蝻"指复社），重施天启年间魏忠贤打击"东林党"人的故伎，网杀复社志士，黄宗羲因此被捕入狱。

说不上究竟是幸运还是不幸，清军很快攻下南京，黄宗羲等人乘乱脱身。因为战乱，黄宗羲避免了像他父亲那样冤死狱中的惨剧，保住了性命；但却遭受了沉重的"亡国（明）"之痛，其精神上的痛苦自不待言。此后，黄宗羲投身反清复明斗争，历经"十死"一生。在晚年所作的《怪说》一文中，他这样概括这一时期的经历："自北兵南下，悬书购余者二，名捕者一，守围城者一，以谋反告讦者二三，绝气沙埠者一昼夜，其他连染逻哨之所及，无岁无之，可谓濒于十死矣！"从黄宗羲数年举家颠沛流离的抗清生涯中，我们看到了一个前朝遗民矢志不渝的精神和气节。

顺治十八年（1661），南明永历政权灭亡，郑成功东渡台湾，反清复明大业已无希望，黄宗羲转而潜心学问，讲学著述，为我国学术文化事业留下了极为宝贵的财富。

黄宗羲主要在浙江的语溪（桐乡）、越中（绍兴）、海昌（海宁）、甬上（宁波，因在甬江边，故以"甬"或"甬上"代指）等地讲学，其中，甬上证人书院是他最重要、最钟爱的讲学阵地。

证人书院最初建在绍兴，是一代大儒、黄宗羲恩师刘宗周讲学之所。1645 年，南京、杭州相继失守，不少儒林中人降清，刘宗周痛心于此种玷污名教的贰臣行为，抚案恸哭，绝食数日，舍身成仁。刘宗周去世后，绍兴证人书院即停办，忙于兴复大明政权的黄宗羲也无暇顾及。康熙六年（1670），在绍兴证人书院停办 25 年后，黄宗羲与同门学友姜希辙等人一起恢复了绍兴证人书院的讲学活动，专意阐扬老师的学问气节。不过，黄宗羲心仪的讲学处不是绍兴，而是甬上证人书院。因为他不喜欢绍兴学子过于追求"场屋"功名的风气。

甬上证人书院位于浙江宁波西郊，其前身是"讲经会"。明末清初，士人结社之风盛行。康熙四年，万斯大兄弟及董允璘等一群甬上青年组织了"策论之会"；同年，万斯大等 27 个学友相伴从宁波来到余姚"请谒受业"（即向黄宗羲求教）。全祖望在《续甬上耆旧诗》中说："乙巳之春，甬上诸子始执赞于姚江黄氏之门"，并详细记录了这 27 人的名字。想想看，一个地方 20 多个青年才俊集体向一位老先生"请谒受业"，会是一桩让人何等动容的人文盛景！这样的学界美谈，不仅展现了后生才俊的向学精神，更彰显了黄宗羲学问道德对青年人的感召力。

黄宗羲也有感于甬上学子的风貌才情，说甬上"多英伟高明之士"①，足寄薪火。后来，黄宗羲与众多甬上学子共同开创了影响深远的浙东学派，刘宗周是奠基人，黄宗羲为学派第一代，万斯大、万斯同等为第二代，全祖望等为第三代……浙东学派薪火相传，直到今天，其影响仍如空谷之音，历久不绝。

康熙六年，黄宗羲首次应邀到甬上讲学，甬上的"策论之会"更名为"证人之会""讲经会"。

康熙七年，黄宗羲再次到甬上，正式在"讲经会"的基础上创建了甬上证人书院。书院主要组织讲会活动，一般一月两次，地址不定，主要在万家别墅白云庄。每到讲会时，来者均手执经书，衣冠楚楚，依次就座，秩序井然。讲会首先由司讲者就选定的论题进行阐述，然后与会人士展开讨论辩驳，气氛热烈融洽。讲会一般持续一天，中午在讲堂吃一顿便餐，一共两个菜，不允许饮酒，相当简朴，但一点都不影响人们的兴致，餐罢继续研讨，有时还会挑灯夜谈。黄宗羲时常到甬上解惑释

白云庄

---

① （清）黄宗羲：《黄梨洲文集·董吴仲墓志铭》。

疑，讲道论理，其"言论丰采，翕然可观"，甬上学子彬彬有礼，举止得体，风气为之大变。

黄宗羲本人博学多才，除了经学、史学成就斐然外，还在天文历法、数学、乐律、地理等方面都有深究，如考证并纠正《尚书》《春秋》等书中的天文现象，认识数的有限性、无限性等。这样的知识构架使得黄宗羲的讲学特别注重经世致用。在他看来，"经术所以经世，方不为迂儒之学"①。作为明末清初批判理学的思想家之一，他一方面批评道学家们空谈道德性命和文人不务实学的不良学风，强调学习要明经通史、学以致用，要求学生"必先穷经""兼令读史"，不"蹈虚"以"应务"；另一方面，讲学内容除经学、史学外，还讲授天文、地理、数学、历法等自然科学知识。所以，梨洲弟子在经学、史学、天文、地理、六书、九章、测量等方面都"卓然有以自见"②，他的儿子黄百家也在经学、史学、历学、数学方面有较深的造诣。还值得一提的是，他特别提倡质疑问难的教学方式，反对盲从轻信，他说"小疑则小悟，大疑则大悟，不疑则不悟"③，这种讲学理念对今天的教育仍有借鉴价值。

黄宗羲在讲学的同时，还笔耕不辍，著述宏富，总计 110 多种、1300 多卷、2000 万字以上。这里略举一二，以窥梨洲先生在传承中华文化方面取得的卓越成就。

康熙七年至十四年（1668—1675），黄宗羲经过八个寒暑奔走跋涉，广搜明人文集，潜心披阅梳理，编成 200 余卷的《明文案》。然而，在他看来，明代作者超过唐代，《明文案》仍不足以"存一代之书"，于是继续以七八十岁的高龄，四处奔波，披沙沥金，补充《明文案》的不足。到康熙三十二年，终于以 84 岁的高龄将《明文案》扩编为 482 卷的《明

---

① （清）全祖望：《梨洲先生神道碑文》。

② （清）万经：《寒村先生七十寿序》。

③ 《黄梨洲文集》之《答董吴仲论学书》。

文海》，真是可叹可敬！《明文海》总算可存一代之书了，"考明人著作者，必当以是编为极备矣"①。

康熙十五年至二十四年（1676—1685），黄宗羲历十年之久编成近百万字的又一部学术巨著《明儒学案》，继而又着手编著《宋元学案》。可惜天不假年，未竟而终，后由其子黄百家及后学全祖望续编完成100卷的《宋元学案》。《明儒学案》和《宋元学案》记载了宋元明时期各家各派（主要是儒学各流派）学者的事迹、言论和学术思想，系统整理、总结了宋元明学术思想发展演变的历史，辨章学术，考镜源流，探赜索隐，脉络分明。《明儒学案》一问世，即备受学者推崇，纷纷传抄。近代梁启超更是将它誉为"中国之有学术史，自此始也"②。此外，《明儒学案》还开创了一种新的史书体例——学案体，它成为后人编写中国古代学术史的一种主要体裁。成书于康熙二年的《明夷待访录》则集中体现了黄宗羲反对君主专制的民主启蒙思想，成为晚清康有为、梁启超等人反封建的有力武器，也奠定了黄宗羲作为启蒙思想家的历史地位。

黄宗羲对清代编撰《明史》的态度也特别值得在此一记。从黄宗羲的明朝遗儒身份、黄宗羲的才情与追求、黄宗羲对满族入主中原的愤懑等种种情况来看，黄宗羲应该是愿意修撰《明史》以寄托对明朝的思念缅怀之情的。然而，康熙十七年清廷议修《明史》，开博学鸿词科，意欲延揽黄宗羲等名儒加入修史班子，黄宗羲却拒不应诏。

先是康熙十七年，经筵讲官学士叶方蔼向康熙推荐黄宗羲，时在北京任职的黄氏弟子陈锡嘏当即代老师挡了驾，告诉叶方蔼，说这样做会让老师像南宋遗民谢叠山那样在京城绝食而亡，此事只好作罢。康熙十九年，在修史总裁徐元文的举荐下，康熙帝再次下旨浙江督抚

---

① （清）纪昀：《四库全书总目·〈明文海〉提要》。

② 梁启超著，朱维铮校注：《梁启超论清学史二种》，复旦大学出版社1985年版，第14页。

"以礼敦请"黄宗羲出山，但黄宗羲仍托病力辞，誓不仕清。最后，在"国可亡，史不可亡"的思想指导下，黄宗羲支持高足万斯同以布衣身份参修《明史》，后又同意徐元文所请，让儿子黄百家也加入《明史》编撰队伍。

黄宗羲的选择既坚持了他"不仕清"的明遗民原则，也体现了一种审时度势、顾全大局、实事求是的态度。时移世易，勿忘心安。此时大清江山基本稳固，"复明"大业已是明日黄花，康熙帝的文治武功、圣德英明也远胜明末皇帝。这样，黄宗羲对清朝统治者的态度也多少有了些变化。因此，虽然他仍坚执不仕清，但并不排斥仕清的明遗民，且和不少清廷官员过从甚密，如与《明史》编撰总裁、大学士徐元文就有很深的交往。徐元文死后，黄宗羲还专门写下《哭相国徐立斋先生》以示痛悼。黄宗羲对康熙帝的称呼也由最初的"虏酋"变成了"圣天子"，有人因此说黄宗羲"晚节不保"。不过，历史发展的最终走向已对黄宗羲的选择作出了结论，是非公道自在人心。而笔者看到的是一个真正懂得有所为有所不为、有可为有不可为的智者黄宗羲。

康熙三十四年，黄宗羲久病不起，命在旦夕。面对死亡这一人生大课题，一代哲人黄宗羲淡定而从容。他嘱咐家人丧事从简，只需一棕棚、一石床埋入黄土即可，连棺材都不必用，更不需要有吹吹打打做佛事、化纸钱之类的繁文缛节。在极其重视丧礼的我国传统社会，遗嘱之中为自己定下如此简单甚至是简陋的丧事，那得有多么超脱的人生智慧与勇气啊！他还劝慰家人不必悲伤，因为自己"可死"了——临终前四天，他写信给孙女婿万承勋说自己"年纪到此，可死；自反平生虽无善状，亦无恶状，可死；于先人未了，亦稍稍无歉，可死；一生著述未必尽传，自料亦不下古之名家，可死"。黄宗羲用四个"可死"为自己的人生画上了圆满句号。

黄宗羲少年丧父，中年经历明朝灭亡，半生濒十死。在连连祸殃中，黄宗羲担起了天降之大任：两千多万字的宏大著述让他站在了中国

文化的高峰，令人仰望；在君主专制登峰造极的时代，尖锐地批评了君主专制，是我国古代民主思想的启蒙者；以甬上证人书院为中心，以经世致用为宗旨，传播学术思想，培育后学才俊，形成了独特的学风和精神追求。流风被全国，余响今尚在。

十、颜元与漳南书院

漳南书院是我国书院史上的一家短寿书院——建设百日即毁于洪水。寿命虽短，但却不是历史的匆匆过客，因为书院里有名师颜元。

颜元（1635—1704），字易直，又字浑然，河北博野人。因书屋名"习斋"，故号习斋，世人尊称他为"习斋先生"，是我国古代著名的独具风格的思想家、教育家，"实学"教育的开创者。

颜 元

在我们认识的众多书院名人中，颜元的人生经历算得上孤苦备尝，几无栖泊。他祖上姓颜，但他在 39 岁前却一直姓朱，叫朱邦良，其父亲颜昶是因贫穷由颜家过继给朱家的养子。颜元 4 岁时，父亲不堪忍受朱家的歧视和虐待而离家出走，4 年后，母亲改嫁，只留下颜元孤身在朱家。其时，他并不知道自己的身世。

颜元 20 岁时，朱家家道中落，从城里搬回乡间居住，颜元担负起了供养全家的重任。不仅耕田浇园，劳苦淬砺，而且还学医行医、开设私塾，以维持家人生计。辛苦劳作的颜元在朱家的日子并不好过。其养祖父朱九祚小妾所生儿子朱晃一直在朱九祚面前播弄是非，对身世毫

不知情的颜元出于忍让，与养祖母刘氏一起搬出另住，将田产让给了朱晃。

康熙七年（1668），养祖母刘氏去世，颜元悲痛欲绝，三日不食，早晚祭奠，大病一场。一朱姓老翁见颜元可怜，便将他的身世告知了他。颜元恍然大悟，知道了叔叔朱晃为何总是针对自己而祖父朱九祚为何偏袒朱晃的根源，丧失祖母之痛略减。然而，颜元仍然谨守礼制，为养祖母守丧，侍奉养祖父，尽管这期间朱晃仍然刁难驱赶。直到康熙十二年养祖父去世后，已近不惑之年的颜元才认祖归宗，回到颜家。

归宗后的颜元仍然耕耘田间，恶衣粗食。与传统士人鄙视生产劳动不同，颜元常常从事生产劳动，这不仅是为了解决生计问题，更重要的是在他看来，君子处世，"甘恶衣粗食，甘艰苦劳动，斯可以无失已矣"。也就是说，生产劳动其实是一种重要的修养性情的途径。

颜元从 8 岁发蒙上学起，所受教育就与众不同，涉猎面广，且善于不断地自我扬弃。他的启蒙老师是吴洞云。吴洞云善骑射、剑戟，精战守机宜，还长于医术、术数。颜元跟随老师学习，自然都有涉猎。遗憾的是，由于吴洞云妻子的怨怒，12 岁时，颜元即不再从学于吴先生。

十四五岁时，颜元一度学习道家运气之法，而且"娶妻不近"，一心想修炼成仙。实践后发现仙不可学，于是重新回归现实。

19 岁时，颜元又师从贾端慧先生。贾氏强调"实"，主张以"实"为生活准则，讲实话，行实事，这一思想不仅帮助颜元一改自学道家仙法不成后染上的轻薄之气，而且对其后来的实学思想不无影响。

除跟随吴、贾两位先生学"术"、悟"实"之外，从 10 岁开始，颜元还顺从养祖父的要求学习过八股时文以应科考；此间，养祖父曾经想为他花钱捐个秀才功名，但颜元死活不同意，并留下了一句名言"宁为真白丁，不作假秀才"。19 岁那年，颜元自己考了个真秀才。但颜元对科举考试很不以为然，认为它既误个人终身，还误国家选拔真正的人才，遂打定主意不再追求功名。尽管后来他还去应考过，但那不过是取悦亲人而已。

颜元学得很杂。20 岁家道中落后，他边劳作边学习，"究天象、地理及兵略"，并开始学医以谋生计；21 岁时阅读《资治通鉴》，沉醉在其中的兴衰邪正道理中，废寝忘食，并决心废弃举业；23 岁时，手不释卷阅读兵书，深究其中的战守事宜、技击之术，同时对陆、王心学也产生了兴趣；二十五六岁时，又折服于两宋理学大师周敦颐、程氏兄弟、张载、朱熹等人的学说，并以追求圣人之道为己任。因为程朱理学主静坐、诚敬，因此，颜元日间在田里耕作时也会静坐闲思数次以示诚敬，以致周围人都觉得他怪，有人笑他癫狂，有人笑他痴愚，有人笑他迂腐古板，有人笑他标新立异。对此，他毫不介意，依然我行我素。

偶然事件常常会改变甚至决定一个人的人生道路。颜元对程朱学说的痴迷笃信在康熙七年养祖母去世后开始动摇，并最终成为批判程朱学说的杰出代表。养祖母去世后，颜元恪守朱子家礼行事。丧礼规定，初丧时为表示悲痛只能"朝一溢米，夕一溢米"，朝夕进食时间如果有吊唁者来还不能吃，错过了朝夕进食时间也不能吃。尊崇礼法下来，颜元连病带饿还累，差点一命归西。这样的礼制有违人性，自然让人痛苦。不过，既然是圣人之礼，再痛苦也应当遵循。后来，颜元将古圣人之礼与朱子之礼两相对照，发现朱子之礼虽是承继圣人之道，却有许多不恰当的增减，"乃叹先王制礼，尽人之性；宋人无德无位，不可作也"①。颜元由此开始了对宋儒学说的反省、摈弃，并将自己的书房由"思古斋"更名为"习斋"。在他看来，尧、舜、周、孔都是注重实用实行的，是宋代的周、程、张、朱将古代圣贤之道引入虚妄空谈之中。

康熙三十年，颜元辞别亲友，南游中州（河南），遍访名儒，广交士人，抨击理学家空谈心性、专意著述讲读、不问习行的危害，大力宣传恢复"唐虞三代"政治、改革学校教育的思想主张。中州之行，让

---

① （清）李塨：《颜习斋先生年谱》卷上。

颜元更加坚信必须去除宋儒的影响，他说："辛未游中州，就正于名下士，见人人禅宗，家家训诂，确信宋室诸儒即孔孟，牢不可破，口敝舌罢。去一分程朱，方见一分孔孟。不然终此乾坤，圣道不明，苍生无命矣"①。

颜元认为，宋室诸儒将任意削删后的孔孟之道作为正宗的孔孟之道来传播，结果是以宋室诸儒为孔孟，圣道不明，孔孟被淹没在理学的帷幕中，加之理学家们只从章句训诂、注解讲读上下功夫，陷于文字游戏而丢弃了尧、舜、周、孔的实学精神，在本质上是在灭绝圣学，因此，必须"去一分程朱，方见一分孔孟"。

颜元还认为，学术是人才之本，人才则是治国平天下的根本，学术应当起到培养匡时济民的人才的作用。而让颜元最忧心的正是理学对人才的误导。他毫不客气地批评程朱学说培养人才的方式是"坏人才、绝圣学"，指出：程朱学说在教育内容上，不仅空谈义理，远离实际，空虚无用，而且重文轻武，以至于"儒者却习成妇女态，甚可羞。无事袖手谈心性，临危一死报君王，即为上品矣"②。柔弱如妇人，安能经天纬地、治国安邦？在教育方法上，理学家强调读书静坐、居敬穷理，这种读书法简直就是让人"半日做和尚，半日当汉儒"，哪里还有时间做实事呢？而且，"耗气劳心书房中，萎惰人精神，使筋骨皆疲软，天下无不弱之书生，无不病之书生，生民之祸，未有甚于此者也"③。在颜元眼中，宋元以来以理学为中心的教育，无论是教育内容还是教育方法都害人误国不浅。

在破理学之弊的同时，颜元确立了注重"实学""习行"的教育思想，对漳南书院的规划便集中体现了这一教育思想。

① （清）颜元：《习斋记余》卷一。

② （清）颜元：《存学编》卷一。

③ （清）颜元：《朱子语类评》。

漳南书院位于河北肥乡县，前身是建于康熙十九年（1680）的义学。康熙十九年，于成龙出任直隶巡抚，要求地方兴建义学。肥乡士绅郝文灿等人遵命在肥乡屯子堡建义学一所，郝文灿自任学师，并置学田百亩以供义学日常用度。在郝文灿的经营下，义学规模扩大，于是他将其扩建为书院，并请兵部侍郎许三礼题"漳南书院"匾以提高书院知名度。郝文灿清楚，必须有名师坐镇，义学才能真正提升为书院。在许三礼的推荐下，郝文灿决定聘请著名学者颜元出山主持漳南书院。

康熙三十三年，郝文灿跋涉数百里造访颜元，表达了请他主持书院之意。那时，颜元正热心于教育工作，一心想改革学校，改造教育，培养实用人才。按常理，有人给他提供这么好的一个改革教育的实践平台，他应当一聘即起。但出乎意料的是，颜元谢绝了邀请。原因很简单，自宋朝书院随着理学一并勃兴以来，书院即是程朱理学、陆王心学的传播阵地，颜元所批评的那些不良学风在书院中表现最为集中。从这个角度看，颜元并不喜欢书院。所以，当康熙三十四年，郝文灿派人带着聘金再次请颜元出山时，颜元仍然拒绝了。想当年，刘备三顾茅庐，以诚意打动诸葛亮。郝文灿相信，颜元是值得他三顾相请之人，他的诚意也一定会打动颜元。康熙三十五年，郝文灿再派学生苗尚信前往聘请。这个苗姓学生为感动颜元，"掖起复跪者十日"。颜元果然为这种兴学敦师精神所打动，收拾行装到了漳南书院，将他的教育思想也带到了漳南书院。漳南书院的历史由此开始。

漳南书院便是颜元施展拳脚，实现教育理想的舞台。颜元打破传统，对书院进行了大刀阔斧的改革。

首先，本着"宁粗而实，勿妄而虚"的原则规划校舍。正庭为讲习堂，共建四楹，分别为文事斋、武备斋、经史斋和艺能斋；书院大门内的东西两侧分别设置应试的理学斋和帖括斋；为武备训练之需，在书院门西建有步马射圃。这样的校舍规划有利于学生习礼、习射、习书数、开展举石、超距、技击歌舞等活动。

其次，在课程设置上，一改自秦汉以来以经史为基本教育内容的传统，以文武兼修、体用兼备为原则设置课程。具体课程包括："文事斋"开设礼、乐、书、数、天文、地理等科；"武备斋"开设黄帝、太公及孙吴诸子兵法，攻守、营阵、陆水战法，并射、御、技击等科；"经史斋"开设十三经、历代史、诰制、章奏、诗文等科；"艺能斋"开设水学、火学、工学、象数等科；"理学斋"课以静坐，并编著程、朱、陆、王之学；"帖括斋"课八股举业。

这里特别值得一提的是艺能斋所设置的水学、火学、工学和象数等课程，这些课程关乎国计民生却为传统教育所不屑，此前从未在正式的学校课程中占有一席之地。在颜元的漳南书院，它们登上了大雅之堂。

漳南书院课程中，特别有意思也特别让人大惑不解的是，颜元还设置了被他视为空虚无用的"理学斋"诸课程，以及他一向深恶痛绝、认为其危害"甚于焚坑"的"帖括斋"八股举业课程。为什么要设置这两斋课程？对此，颜元专门做了说明，他说这两斋"为吾道之敌对，非周孔本学，暂收之以示吾道之广，且以应时制，俟积习正，取士之法复古，然后空二斋"[1]。正庭之外设此二斋，除了显示书院"兼容并包"的胸怀外，也是为了"应时制"。

最后，在教学方法上，提出在"习行"上下功夫。"习行"强调亲自动手，躬身实践，"实做其事"。颜元总结了宋明以来书院教育在方法上的两大弊端：一是习静教育；二是书本教育。习静造就了一批手无缚鸡之力的文弱书生，脱离实践的书本教育造就的是书呆子，而非经世致用人才，真正遇到问题时"心上思过，口上讲过，书上见过，都不得力，临事时依旧是所习者出"[2]，想过、说过、见过并没有什么用，关键是动手做过，才有助于解决问题。

---

① （清）颜元：《习斋记余》卷二《漳南书院记》。

② （清）颜元：《存学编》卷一。

　　颜元认为孔孟教育都是重实学实行的。他曾生动地描绘了两种情景来区分"实学实行"与"静坐读书"的不同：第一种情景是"堂上坐孔子，剑佩、觽决、杂玉，革带、深衣。七十子侍，或习礼，或鼓琴瑟，或羽籥舞文，干戚舞武，或问仁孝，或商兵农政事，服佩皆如之。壁间置弓矢、钺戚、箫磬、算器、马策，各礼衣冠之属"；第二种情景是"堂上坐程子，峨冠博服，垂目坐如泥塑。如游、杨、朱、陆者侍，或返观打坐，或执书吾伊，或对谈静敬，或搦笔著述。壁上置书籍、字卷、翰砚、梨枣"①。"人才自古要养成，放使干霄战风雨。"颜元所描绘的孔子讲学图正是他心中的理想教学方式。因此，颜元要求学生自己动手，在"习行"中获得六艺实学。作为表率，他自己不仅亲自带领学生习礼歌诗、讨论兵农、论辩古今，而且还在野外操练举石、超距、技击等。

　　漳南书院的"习讲堂"挂着颜元手书的对联，上联为"聊存孔绪励习行，脱去乡愿禅宗训诂帖括之套"，下联是"恭体天心学经济，斡旋人才政事道统气数之机"。此楹联集中体现了颜元在漳南书院的办学宗旨。

　　颜元站在时代前列，革故立新，使漳南书院在短时间内成为四方学子仰慕之所，邻近士绅纷纷把子弟送入书院。一时间，漳南书院成为才子汇集之地。令人惋惜的是，仅过了四个月，"漳水溢，堂舍悉没"，书院淹没在洪水之中。颜元试图在书院一展抱负的努力随流水而去。

　　颜元辞职回到故里。虽然后来郝文灿又屡次请他，但终因漳河水患不断而未往。郝文灿感于颜元对漳南书院的贡献，特地给颜元送去一张文契，上面写道："颜习斋先生生为漳南书院师，没为书院先师。文灿所赠庄一所，田五十亩。生为习斋产，没为习斋遗产。"颜元务实而敢于破旧立新的教育追求值得敬重，而郝文灿先生尊师重教的精神同样值得颂扬。八年后的康熙四十三年，颜元在故乡病故，享年70岁。

---

① （清）李塨：《颜习斋先生年谱》卷上。

　　漳南书院已随漳水而去，今天的屯子堡村已难觅其踪；颜元抨击、改革传统教育的呼声在程朱学说因得到统治者推崇成为显学的时代里微乎其微——传统教育仍然根深蒂固，直到清末新政。然而，没有洪水能够冲走历史刻痕，没有一种帷幕可以遮挡精神之光。颜元批判强大传统力量的大无畏精神、在漳南书院开中国新教育之先河的开拓创新精神、他和他精心规划的书院对中国近现代教育产生的深远影响都已永久地载入史册，为一代代后人所追思。

下篇　书院名院集萃

　　雨果说:"人类没有任何一种重要的思想不被建筑艺术写在石头上。"书院的花草、林木、亭台、楼阁、砖瓦、泥墙……一切的一切都附着上了思想的灵魂,不但"写在石头上",也写在历史的卷轴中,写在人们的心坎里。

白鹿洞书院

一、四大书院，历史公案

"四大书院"首先是南宋的一些学者提出的概念。所谓天下四大书院，其实并非是按客观标准评选出来的古往今来天下最有名的书院，而是仅指宋代一些影响比较大的书院。书院一般为民间所办，自然没有一套像今天大学评价那样的官方评价体系或公认的评判标准，也没有私人机构专门搞一些排名游戏——就像今天时不时见诸网络报端的大学排名一样。所以，四大书院的说法基本上是个人根据所知书院的人气指数、山长水平，甚至个人喜好等做出的主观判断。其结果是学者们在界定哪四家堪为四大书院的问题上莫衷一是，各执一词。四大书院的名分也因此成为一桩历史公案，道不明，断不清。

最先惹出四大书院公案的并非书院名人，而是与书院直接关系不大、被《宋史》评价为"素有文名，尤工于诗"的诗人范成大。诗人都爱游山玩水，寄情山水名胜，范成大自不例外。乾道九年（1173），他游衡山，拜谒石鼓书院，游后写成《骖鸾录·衡山记》①。在这篇美文里，范成大首次提出了四大书院。他在文章中说："天下有书院四：徂徕、金山、岳麓、石鼓。"

范成大提到的这四所书院中，金山书院后来并没有多少名气。不过，这四所书院有一个共同点，即都建在景致极佳的名山上。徂徕书院是徂徕先生石介居丧期间讲学之所，位于山东徂徕山，徂徕山为泰山东南名峰，峰势嵯峨，古迹众多；金山书院又名茅山书院，位于江苏茅山，不过该书院办学时间并不长；岳麓书院在长沙岳麓山，泉清林幽，

---

① 后人改为《石鼓书院记》，并将其记入史志中。

汉魏以来即为佛道胜地；石鼓书院在衡阳石鼓山上，林木苍翠，江水滔滔。由此可见，范诗人似乎是因爱山水而爱上了这几所书院的。

淳熙六年（1179），我国书院发展史上的名人吕祖谦对四大书院有了另外一种说法。这一年，知南康军的朱熹修复了白鹿洞院舍，让毁于兵火的白鹿洞书院重新书声琅琅。为纪念此事，朱熹请吕祖谦作《白鹿洞书院记》。吕祖谦在文中写道："国初，斯民新脱五季锋镝之厄，学者尚寡，海内向平，文风日起，儒先往往依山林，即闲旷以讲授，大师多至数十百人，嵩阳、岳麓、睢阳及是洞为尤著，天下所谓四书院者也。"① 仅仅时隔六年，范、吕二人所说的四大书院就有如此大的差别（仅岳麓书院相同），其根源应在于两人的志趣不同。范成大是诗人，诗人情系山水，爱屋及乌，对建于名山上的人文景致情有独钟似在情理之中，但其他人尤其是书院中人是否赞同他的观点，那就另当别论了。吕祖谦与朱熹、张栻并称为"东南三贤"，是著名理学大师。他所圈定的这四大书院中，嵩阳书院曾有"二程"登台宣扬理学，范仲淹、司马光也曾讲学于此，声名远播；岳麓书院在张栻主持下名动三湘；睢阳书院即应天府书院，建于闹市，闹中取静，院风整肃，范仲淹曾在此学习、掌教，加之有官方眷顾，该书院确实名噪一时；白鹿洞书院有朱熹，更是理学传播的大本营。可见，吕祖谦为四大书院定名分时所依据的主要是书院的学术意义及讲学活动。

由于宋朝理学传播与书院发展之间的一体关系及吕氏的理学大师名号，所以，吕祖谦的四大书院说获得更多、更广泛的认同，范成大之说则淡出了人们的视野。如宋朝后期蜀学集大成者魏了翁、湘湖学人杨允恭、以史学名世的王应麟等在谈到四大书院时，都取吕氏之说。王应麟在《玉海》中除却吕氏所说四大书院外，又列出金山、石鼓，说它们也很有影响力。

---

① 李才栋：《白鹿洞书院碑记集》，江西教育出版社1995年版，第7页。

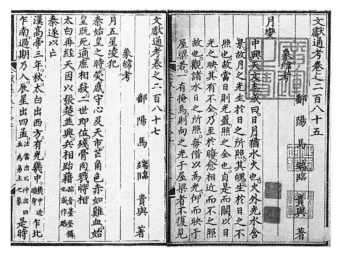

马端临《文献通考》书影

此外，陆学传人袁燮在《东湖书院记》中提出，四大书院为"长沙之岳麓、衡阳之石鼓、武夷之精舍、星渚之白鹿"，其意当在张扬陆学。

到了元朝，著名史家、宋遗民马端临在搜集整理宋朝文献时，折中了范氏和吕氏的四大书院说法。他在《文献通考·学校考》中专列"天下四大书院"，分别为白鹿洞书院、石鼓书院、应天府书院、岳麓书院，并说："嵩阳、茅山后来无闻，独四大书院之名著"①。而马氏在同一部著作的《职官考》中又说："宋初有四书院。庐山白鹿洞，太平兴国二年，知江州周述言'庐山白鹿洞学徒常数十百人，望赐九经'，诏乃从其请。嵩阳书院，至道二年，赐额及印本九经。岳麓书院，咸平四年，潭州守臣李允则奏'岳麓山书院修广舍宇，有书生六十余人听诵，乞下国子监降释文等书'，诏从之。应天府书院，祥符二年，新建书院，诏以曹诚为助教"②。在这里，马端临所言四大书院与吕祖谦的可谓一致。为什么马氏观点前后会有如此差别呢？估计与记载的时间有关，"天下四大书

---

① （元）马端临：《文献通考·学校考》卷四六。

② （元）马端临：《文献通考·职官考》卷六三。

全祖望

院"与"宋初四书院"的概念本身就有区别。

到了清代，全祖望在《鲒琦亭集外篇》之《答张石痴征士问四大书院帖子》中说："四大书院，考据未核。以愚观之，当以王厚斋应麟《玉海》所定为是，盖嵩阳、睢阳、岳麓、白鹿也……是之谓四大书院。然自金南牧，中原板荡，二阳鞠为茂草。故厚斋谓岳麓、白鹿以张宣公、朱子而盛，而东莱之丽泽、陆氏之象山，并起齐名。四家之徒遍天下，则又南宋之四大书院也。"由此可见，全祖望将四大书院区分为北宋四大书院和南宋四大书院。北宋四大书院取王应麟之说，亦即吕祖谦的说法，为嵩阳、睢阳、岳麓和白鹿洞；南宋四大书院则是岳麓、白鹿洞、丽泽和象山。全祖望所列南宋四大书院都是声名显赫的理学大本营：岳麓书院由张栻主持、白鹿洞书院全赖朱熹修复发展、丽泽书院是吕祖谦奉献其学术人生的地方、象山书院（精舍）是心学大师陆九渊的阵地。这些书院见证了理学的成熟，见证了理学逐渐成为官方主流意识形态的历程。

民国时期学者盛郎西在《中国书院制度》中又有新说法："宋初海内大书院实有六，石鼓、白鹿、应天、嵩阳、岳麓、茅山是也"。盛郎西将范成大的说法与吕祖谦的观点稍微综合了一下，从而将四大书院扩展为六大书院。另一学者陈登原的《国史旧闻》则写道："所谓四大书院，毋宁为八大书院。石鼓一也，白鹿二也，龙门三也，嵩阳四也，岳麓五也，应天六也，徂徕七也，金山八也。"

1998 年 4 月 29 日，中国邮政发行以古代书院为主题的邮票，一套四枚邮票上的图案分别是岳麓、白鹿洞、嵩阳、应天府（即睢阳）这四个书院。看来，吕祖谦所说的四大书院更为权威。

其实，在厚重的历史面前，四大书院为哪几所已不是特别重要。重要的是我们知道：在中国历史上曾经有那么一种文化机构，它的名字叫书院，它为中华文明的传承、推广、创新作出了独特的贡献，无论是名动古今的大书院还是几乎完全淹没在历史尘埃中的小书院，都应当被铭记。

二、千年岳麓，高山仰止

南岳七十二峰最末一峰为岳麓山，其山峦舒缓，背陵面壑，林茂泉清，是天然的会友讲学、修养性情的好地方。岳麓书院即在其中孕育、发展，千年不衰，成为天下书院之翘楚。

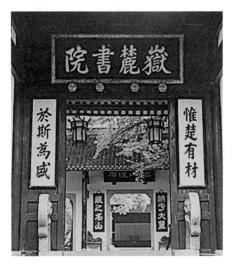

岳麓书院

书院始创于北宋开宝九年（976），但其源头可追溯到唐末五代。当时岳麓山建了不少寺庙，到山中的僧侣、香客很多，还有些文化人来此遍览山水，流连忘返，借宿寺庙。慕名前来的文化人越来越多，寺庙已容纳不下，于是寺中僧人智璇等"念唐末五季湖南偏僻，风化陵夷，习俗暴恶，思见儒者之道，乃割地建屋，以居士类"①。也就是说，岳麓书

---

① （宋）欧阳守道：《巽斋文集》卷七《赠了敬序》。

院的前身实际上是佛家弟子为儒家子弟专门建立的临时读书场所。

开宝九年，潭州太守朱洞接受彭城刘鳌的建议，在僧人办学的基础上进一步扩建院舍，增置图书，广延生徒肄业其中，岳麓书院诞生。当时叫岳麓山书院，书院有讲堂五间，斋舍五十二间，规模已不算小。然而，书院作为一种民间性质的教育机构，其发展既受时政影响，还受创办者个人因素的影响，在这样的双重影响之下，岳麓书院的成长、发展并非一帆风顺，而是经历了多次生死考验，经过了数代人的精心经营才逐渐成长为名动三湘、流芳千年的天下名书院。

岳麓书院由太守朱洞倡办并全力支持，几年之间"教化大洽，学者皆振振难驯，行宜修好，庶几于古"①。但朱洞离任后，书院便渐渐冷落衰败，一度"诸生逃解，六籍散亡"，如果没有人拯救，岳麓书院可能就此退出历史舞台，淹没在历史的洪流中。

幸运的是，咸平二年（999），李允则知潭州。李允则本是儒臣，热衷于兴办教育。他到潭州后便着手重振岳麓书院，恢复其生机，扩大其规模。岳麓书院"外敞门屋，中开讲堂；揭以书楼，序以客次；塑先师十哲之像，画七十二贤"，还"请辟水田，供春秋之释奠；奏颁文疏，备生徒之肄业"②。咸平四年，朝廷首次赐书岳麓书院，包括国子监诸经释文义疏及《史记》《玉篇》《唐韵》等。总之，李允则不但扩大了书院规模，奠定了书院教学、藏书、祭祀、学田四大基本规制，而且取得了朝廷的支持。他的积极作为让岳麓书院得以恢复和发展，同时还促进了湖湘大地的兴学重教之风。

岳麓书院的迅速发展与第一任山长周式鼎力相助不无关系。大中祥符五年（1012），周式担任岳麓书院首任山长。他是著名经学家，史书上评价他"学行兼善，尤以行义著称"。因此，慕名前来学习的士人达

---

① （宋）陈傅良：《重修岳麓书院记》。
② （宋）王禹偁：《潭州岳麓山书院记》。

数百人之多，原有斋舍已不能满足需要。于是，周式敦请当时的知州刘师道再度扩建书院。周式在岳麓书院的成就得到了朝廷的肯定。大中祥符八年，宋真宗召见周式以示嘉许，并升他为国子监主簿，留宫中讲学，但周式坚持回岳麓执教。真宗皇帝有感于周式的为学精神，不仅同意让他以国子监主簿身份回书院主讲，而且赐给他对衣鞍马、内府秘籍及御书"岳麓书院"的匾额（此前书院名为"岳麓山书院"）。周式这个没有品级的民间书院山长连同他所精心经营的书院都获得了当时的最高荣誉。岳麓书院由此称闻天下，"鼓箧登堂者相继不绝"。

有名师主持、有朝廷支持、有民间的热心向学，岳麓书院作为天下书院之首的特殊地位开始确立。不过，这并不意味着它从此一帆风顺。

北宋中后期的三兴官学运动中，正当蓬勃发展的岳麓书院险遭灭顶之灾。庆历四年（1044），宋仁宗下令在各州县设立学校，并规定在校学习满300天者才有资格参加科举考试，这个规定无疑会影响书院的生源。不过，这一影响并不是致命的。致命的灾难发生在绍圣四年（1097）。这一年，朝廷发布了一个鼓铸令，要各地开鼓铸以兴冶炼之业。鼓铸令的执行者可能认为既然官学兴盛了，那民间性质的书院就大可不必存在。他们看中了岳麓书院，提出将书院改建为鼓铸场。想想看，鼓铸场一开，还可能听得到读书声吗？还可能有安放讲席的地方吗？在这危急时刻，有个不起眼的小官冒着抗旨杀头的危险站了出来力保书院，他就是潭州湘阴县县尉朱辂。面对拿着圣旨的鼓铸令使者，"辂抗言乡校不可毁。使者困之，辂不为惧"[①]。朱辂官微言轻，但态度坚决，勇气可嘉。朱辂挺身而出后，有了更多的人站出来维护书院。由于众人的据理力保，加之岳麓书院在当时确已声名显赫，朝廷最终放弃了在岳麓书院建鼓铸场的打算，书院幸免于难。

但在接下来的官学运动中，岳麓书院就没那么幸运了，被官学化便

---

① 光绪朝《湖南通志》卷一六四。

是其结局。

宋神宗熙宁年间，太学考试实行"三舍法"，徽宗崇宁三年（1104），"三舍法"推广到全国。潭州地方官别出心裁，推出了"潭州三学"，即"岳麓书院外，于湘江西岸复建湘西书院，州学生月试积分高等，升湘西书院；又积分高等，升岳麓书院"①。在这里，岳麓书院位同三舍中的上舍，被官方置于潭州地区最高学府的位置上。这一次改制确立了岳麓书院作为高等学府的地位。但官学化后的岳麓书院还是原来的书院吗？

两宋之际，兵祸连连，岳麓书院遭到严重破坏。绍兴元年（1131），金兵南进，书院被毁，"兵革灰烬，什一仅存"，几成荒地。直到乾道元年（1165）才得以重建。让岳麓书院得以重生的是湖南安抚使知潭州的刘珙。

刘珙与朱熹是世交好友，尊儒重道。1165年，刘珙到潭州后，即授命郡教授郭颖主持重建岳麓书院。不到一年便恢复了岳麓书院旧日风貌，屋舍增至五十楹，增山斋于堂北作为山长休息之所，建风雩亭于院南供门人休息，又在江岸建咏归桥、梅柳堤、船斋、浮桥等，更添书院风采。重建基础设施还不是刘珙对岳麓书院的最主要贡献，更重要的是他请到了时称"东南三贤"之一的著名理学家张栻来书院主持工作。

张栻执掌岳麓教席期间，将岳麓书院推到了其发展的鼎盛时期。张栻得胡宏真传，理学造诣颇深，《宋史》将他与朱熹并列入《道学传》中，可见其学术成就堪与朱熹媲美。张栻在教育上继承老师胡宏的遗志，反对科举利禄之学，提出"造就人才，以传道而济斯民"的办学宗旨，并践行体察求仁、辨别义利、经世致用的为学之道。

张栻的到来，使得岳麓书院成为当时的思想文化高地，吸引了四方士人，群英骤至，人文荟萃，连朱熹也于乾道三年从福建赶到了岳麓，从而有了中国学术史上的一段佳话——朱张会讲。

---

① （清）赵宁：《新修岳麓书院志》卷三。

大师的思想碰撞吸引了无数学人前来聆听，闻者风动，呈现出"马饮则池水立涸，舆止则冠冕塞途"的盛况。据说当时朱、张仅论《中庸》之义即"三日夜而不能合"，可见讨论的热烈、深刻、执着。会讲后，朱熹手书"忠孝廉节"四个大字于讲堂壁间。此次会讲开了书院以会讲方式进行学术交流的先河；此次会讲也是岳麓书院发展史上的一个节点，此后"岳麓之为岳麓，非前之岳麓矣！地以人而重也"①。朱、张学说逐渐成为岳麓书院的学统。

岳麓书院"忠孝廉节"四字碑

张栻主教期间，岳麓书院的院子可能不是最漂亮的、院舍不是最多的，学子人数也不多，实际上只有四斋二十人，但它在思想史上的地位、在学人眼里的地位却是无与伦比的。这一时期是岳麓书院发展的真正高峰——文化机构的地位只能由文化本身来确定。

张栻之后，岳麓书院继续由理学传人掌教。先是乾道五年，胡宏另一高足彪居正主教书院，继而有事功学派陈傅良于孝宗淳熙十五年（1188）进岳麓讲学，又有张栻门下高足、湖湘学派重要人物吴猎受聘担任堂长。光宗绍熙五年（1194），朱熹出任湖南安抚使，再度来到岳麓书院，整饬秩序，肃整学风，并拟按照风水观念改建书院，将书院建

---

① （元）吴澄：《重建岳麓书院记》。

在风雩亭右边寺庙的菜地之上，使其背靠亭脚，面朝笔架山，并建横排厅堂作为讲堂。可惜这些想法未及实施，朱熹已去官他往，设想就只能是设想了。不过，朱熹的再度光临还是使岳麓书院蓬荜生辉，再次进入繁盛时期。淳祐六年(1246)，宋理宗御书"岳麓书院"匾额。300多年后，有人实现朱熹按风水学要求改造书院布局的梦想，那已是后话。

总之，岳麓书院在刘珙的修复及张栻的主教下，浴火重生，放射出了最为耀眼的光芒。书院内部建设完善，有讲堂、藏经阁、宣圣殿作为书院讲学、藏书、祭祀三大事业的专门场地，有足够的学田维持书院的生存和发展所需，有张栻所定的办学宗旨（传道济民）和学规[①]，有完善的管理制度（设有山长、副山长、堂长、讲书、讲书执事、司禄等职管理书院的教学、科研、行政等）。

岳麓书院的教育及其精神在潜移默化中改变着当地的民风士气，这从书院师生与当地守军一起挥戈抗元的斗争中可见一斑。蒙古族骑兵南下之时，忽必烈曾诏令所有官员、使臣、兵马都不得侵扰亵渎书院。然而，覆巢之下，安有完卵！宋恭宗德祐年间，岳麓书院再度被毁。当时，元军围攻潭州城，岳麓书院和湘西书院学生先是撤到城内州学上课，继而随着越发危急的形势，"三学"师生参与到了长沙保卫战中，荷戈登城，与元兵短兵相接，直至城破，岳麓诸生"死者什九"，山长尹谷举家自焚，以死殉国。书院则于至元十三年（1276）被元将阿里海牙夷为平地。岳麓书院与它的先生、学生一起悲壮地结束了在南宋的辉煌历史，归于沉寂，庭院荒芜。然而，岳麓书院这一段血与火的历史也永远载入史册，彪炳千秋，激励来者。

岳麓书院在元朝初年一荒就是十年，直到元世祖至元二十三年才在潭州学正刘必大的主持下得以重建，基本恢复了宋时风貌。元仁宗延祐元年（1314），再次大规模修缮书院。当时郡别驾刘安仁到岳麓书院考

---

① 借用《白鹿洞书院学规》。

察，看到书院建筑破损严重，墙垣剥落，院舍坍塌，于是敦请善化县主簿潘必大董其役负责修缮书院。这次对书院的修整动静很大，"木之朽者易，壁之墁者圬，上瓦下甓，更彻而新"，修复后的书院"前礼殿，旁四斋，左诸贤祠，右百泉轩，后讲堂，堂之后阁曰尊经……"①讲学、藏书、祭祀、游息各得其所，面貌焕然一新。

然而，岳麓书院命途多舛。元至正二十八年（1368），在元明鼎革间，岳麓书院再次毁于兵燹，化作废墟，"列屋颓垣，隐然荒榛野莽之间，其址与食田皆为僧卒势家所据"②。

明朝初年，岳麓书院在明政府倡办学校、打压书院的政策导向下，沉寂了一个多世纪，后来才逐渐恢复元气。其间有宣德七年（1432）和成化五年（1469）两次修复部分建筑（教学并未相应恢复），但旋即又被废止。直到弘治七年（1494），在长沙通判陈钢、知府王瑶、同知王茂元等人的相继修建与经营下，岳麓书院才基本恢复旧观，重现生徒云集、求学问道的景象。据说，当时陈钢奉命监修吉王府，工作做得相当不错。工程结束后，吉王打算给他些赏赐，并征求陈钢的意见。出乎吉王意料的是，陈钢不要金银，也不要田舍，而是要修建吉王府的剩余材料用以修复岳麓书院。另有一个叫彭琢的小官，将家财变卖，全部拿去修书院，家里一穷二白，死时连棺材都没有③。正是有像陈钢、彭琢等人的执着与奉献，才有岳麓书院的一次次新生。

正德初年（1507），书院的建筑结构进行了大调整。当时的守道吴世忠认为书院"风水未美"，于是迁正学基，变更朝向，使主体建筑集中于中轴线上，中轴线前连湘江，后及山巅，配以亭台牌坊，形成了合于中国古代建筑审美观念及风水要求的建筑格局，让朱熹当年的想法终

---

① （元）吴澄：《重建岳麓书院记》。

② （明）杨茂元：《重修岳麓书院记》。

③ 江堤：《书院中国》，湖南人民出版社 2003 年版，第 103 页。

乎得以实现——亭台相济，楼阁相望，山水相融，好一幅壮丽景象。这一建筑布局延续至今，大体未变。

康熙初年，吴三桂兵变，打到湖南，书院第四次因兵祸被毁。康熙二十四年（1685），湖南巡抚丁思孔主持重建书院，并延师招生，恢复了书院的正常工作。为了书院的长远发展，丁思孔还奏请朝廷赐匾赐书。康熙二十六年，朝廷将康熙御书的"学达性天"匾额及十三经、二十一史、经书讲义等送到书院；乾隆九年（1744）又御书"道南正脉"赐予岳麓书院。岳麓书院再次复兴，培养了一大批经国治世的人才，诸如王夫之、陶树、魏源、左宗棠、胡林翼、曾国藩、郭嵩焘、李元度、唐才常、沈荩、杨昌济等人物，他们都是岳麓的骄傲。

乾隆皇帝御笔"道南正脉"

清代书院有一个特点，就是与科举关系密切。比如，书院的山长优先选择科甲出身者，这些人会开展针对科举应考的教学指导活动；书院的教学内容会根据科考内容的变化而调整；祭祀对象除先儒外，还祭拜文昌帝君。有些书院专设有考棚，使书院既是教学场所，也是考场；有些书院出钱资助、奖励应考学生。这样看来，今天有些中学重奖高考成绩好的学生似乎还真有历史渊源。

在这样的大环境下，曾经极力反对书院流于科举利禄之害的岳麓书院也未能免俗。早在康熙年间，岳麓书院山长车万育就在书院建起了文昌阁，供奉文昌帝君神像，每月朔望祭祀，凡岳麓书院"诸生获隽者，

悉得题名其间"①，以示表彰。据统计，从乾隆十年（1745）到清末学制改革的 150 余年间，岳麓书院的山长全是进士出身。重视山长科甲出身背后是对书院科举成绩的重视。

与科举结合无疑会为书院的发展提供更强劲的生命力，但书院也势必因此逐渐丧失创新、独立的学术品格。也许有人认为，书院可以在应试教育中坚守自己的办学特色，但这种说法明显底气不足。所以，清代的岳麓书院尽管出了不少名人，但再也没有了朱张会讲三昼夜不息、上千学生坐听论道的盛景。

光绪二十九年（1903），在清末新政的推动下，延续千年的岳麓书院正式改为湖南高等学堂，此为"湘省大学之始"②。尔后相继改为湖南高等师范学校、湖南工业专门学校，1926 年正式定名为湖南大学，至今弦歌不绝。

千百年来，岳麓书院数次被毁，数度重建，今天仍完好地保存在湖南大学校园内，坚守着当年朱张共订的"忠孝廉节"校训和"整齐严肃"学规；铭刻于书院讲堂中的张栻《岳麓书院记》，则是一缕穿越近千年的精神之光，传递着造就人才、传道济民的理想。

"惟楚有才，于斯为盛"，千年学府的旷世魔力荡涤着三湘大地，吸引着一代代学人去追求、探索。

---

① （清）袁名曜：《重修岳麓书院文昌阁记》。
② 民国二十二年（1933）《湖南年鉴·湖南之高等教育》。

三、洙泗心传之白鹿洞书院

何年白鹿洞？正傍五老峰。

五老去天不盈尺，俯窥人世烟云重。

我欲揽秀色，一一青芙蓉。

举手石扇开半掩，绿鬟玉女如相逢。

风雷隐隐万壑泻，凭涯倚树闻清钟。

洞门之外百丈松，千株尽化为苍龙。

驾苍龙，骑白鹿；泉堪饮，芝可服。

何人肯入空山宿？

空山空山即我屋，一卷黄庭石上读。

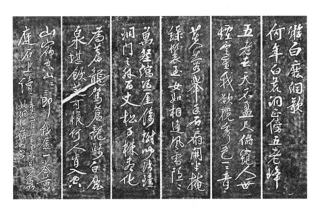

《游白鹿洞歌》拓片

以上所录的这首《游白鹿洞歌》相传是明代万历年间一位瘦骨嶙峋、衣衫褴褛、满身污垢的道人来到白鹿洞书院后所写，也是今天白鹿洞书院的神秘镇院之宝。

如果说岳麓书院是因其千年不绝的弦歌而永载史册；那么，白鹿洞书院则是因其文本智慧而光耀千秋，也因其文本智慧而成为天下书院的楷模，还因皇家的特别眷顾而名重一时。

中国古代书院大多建于风景形胜、环境幽静之地，以便避开市井喧嚣，潜心为学，白鹿洞书院尤其如此。白鹿洞书院位于江西省庐山五老峰南麓后屏山下。庐山云吞雾绕，面目难识，风景独特，无数墨客骚人在此流连忘返。白鹿洞书院倚着后屏山，西有左翼山，南有卓尔山，三山环抱，中有贯道溪穿山而出，山环水合，幽静深邃。书院亭台楼榭即掩映在广袤山林及阵阵松涛之中。

白鹿洞其实不是"洞"，其得名及书院源流可追溯至唐贞元年间。当时，洛阳人李渤、李涉兄弟在这里隐居读书。李渤养有一头白鹿，每天伴随左右，当地人因此称李渤为"白鹿先生"。长庆元年（821），李渤出任江州刺史（今江西九江），重游读书故地，并在此增建台榭、宅舍，广植花木。李渤为官体察下情，为民请命，名声很好；加之其白鹿先生的雅称，以及该地山峦回合、浓荫蔽日、形如洞穴的地理特征，因此，该地被称为白鹿洞。白鹿洞书院即肇始于李渤兄弟在此地的读书活动，书院的报功祠（原称先贤祠）中供奉有李渤塑像。

在白鹿洞中开展大规模的教学活动始于五代。五代南唐升元四年（940），南唐政权在李渤隐居的地方建立学馆，称"庐山国学"（也称"白鹿国庠"）。这是一

李 渤

所相当于国子监的高等学府，国子监九经李善道被任命为洞主。

北宋初年，江州乡贤明起等人在白鹿洞办起了书院，白鹿洞书院正式诞生。书院创办后得到了朝廷的有力支持。太宗太平兴国二年(977)，朝廷应江州知州周述所请，赐给国子监印本九经；太平兴国五年，封洞主明起为褒信县主簿。尽管有朝廷支持，但据李才栋先生考证①，白鹿洞书院在北宋时期运途不济，经历了三起三落，连续办学时间前后相加只有 7 年或 9 年。时间短，又缺乏有影响力的老师，因此书院在北宋的影响并不大。书院在皇祐末年（1054）春毁于兵火后，一直荒废沉寂，瓦砾相杂，湮没在荒草丛林中，直到 120 多年后才在朱熹的精心经营下重获生机，并达到了其发展的历史高度。

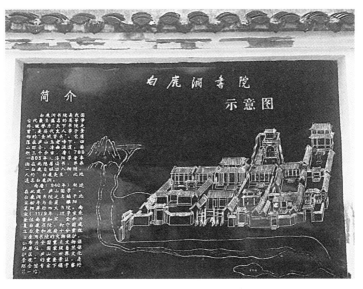

白鹿洞书院示意图

南宋淳熙六年（1179），朱熹知南康军。朱熹在南康励精图治，重视教育，特别是希望以儒家思想教化人心、净化民风。这年秋天，当地大

① 李才栋：《中国书院研究》，江西高校出版社 2005 年版，第 6 页。

旱，朱熹去察看水源时，顺道去了白鹿洞书院遗址查勘考察。实地勘察下来，朱熹被遗址环境深深吸引，说它"无市井之喧，有泉石之胜，真群居讲学、遁迹著书之所"，实乃一块兴办教育的宝地，于是决定尽力修复书院。他委派了军学教授杨大法和星子县令王仲杰专门负责此事。淳熙七年，修建成讲堂和斋舍十多间；同时朱熹还四处筹措资金，购置学田，征集图书。经过一番努力，书院算是基本修复，可以聚众讲学了。

书院修复后，为表示隆重，还专门搞了个开学典礼，朱熹亲率手下官员及师生祭祀先圣先贤，并亲自讲了《中庸》首篇。朱熹从此便"此心聊与此山盟"[1]，为白鹿洞书院的发展壮大可谓殚精竭虑。为建白鹿洞书院，他不惜挪用专项救灾款 30 万缗来修祭祀孔子的大成殿（后来，这成为朱熹的十大罪状之一）；为获朝廷支持，他置朝野讥笑于不顾，执着地请求皇帝赐书、赐额，最终如愿，以开放的胸襟请"道不同"的陆九渊登上书院讲堂，为书院留下了宝贵的《白鹿洞书堂讲义》；请大名鼎鼎的吕祖谦为书院作记……至此，白鹿洞书院是名人荟萃，规制完备，朝廷支持，加之其悠久的历史，书院因此闻名天下。白鹿洞书院的发展进入了鼎盛时期，逐渐成为重要的学术中心。

朱熹之后，其门人故旧及追随者继承其事业，在白鹿洞书院或讲学或兴建，使书院气脉绵延，直到元初都呈现欣欣向荣的景象。

嘉定十年（1217），朱熹之子朱在知南康军，他继承父亲遗志，继续修建书院，"鸠工度材，缺者增之，为前贤之祠、寓宾之馆、阁东之斋、趋洞之路。狭者广之，为礼殿、为直舍、为门、为墉。已具而弊者新之，虽庖湢之属不苟也……其规模宏壮，皆它郡学所不及"[2]。同时，朱熹的高足也经常聚会院中，升堂讲学，阐发师说，听者云集，盛况空前。据记载，朱熹女婿黄榦开讲"乾坤二卦"时，庐山"山南山北士子

---

① （宋）朱熹：《次卜掌书落成白鹿佳句》。

② （宋）黄榦：《南康军新修白鹿洞书院记》。

群集"①，庆幸"只缘身在此山中"。

绍定六年（1233），陆门传人江东提刑兼提举袁甫再次重修和增建白鹿洞书院，并自撰《重修白鹿书院记》和《白鹿书院君子堂记》，此举标志着白鹿洞书院已真正破除门户之见，成为天下学术会通超胜的圣地。

宋元战争时期，白鹿洞书院因地处偏远深山而远离战火，避免了像岳麓书院那样毁灭性的无妄之灾，直到元初，白鹿洞书院一直讲学不断。可惜的是，至元二十四年（1287），一场大火灾让百年儒宫毁于一旦。此后虽有修复，但再没有恢复到南宋时的盛况。至正十一年（1351），书院毁于元末战乱，文物荡尽。此后80多年间，在明初压制书院发展的政策下，白鹿洞书院荆草丛生，瓦砾遍地，弦歌不再。

一直等到明英宗正统年间，白鹿洞书院才又得以重生。正统元年（1436），南康知府翟溥福捐出俸禄重建书院，到正统三年即修复了大成殿、明伦堂、先贤祠等建筑，但是教学活动并未恢复。

成化三年（1467），江西提学李龄等聘请名儒胡居仁到白鹿洞书院讲学，书院这才真正走上了兴复之路。胡居仁是明初崇仁学派始祖吴与弼的学生，学问道德名重一时。他主讲白鹿洞，自然提升了白鹿洞的地位。正德年间，王守仁到江西平乱时，专门带着弟子两次莅临白鹿洞聚众讲学，继陆九渊之后，理学圣地白鹿洞迎来了又一位心学泰斗。明代另一位心学大师湛若水也曾两度跑到书院。有名师才会有名校。至此，白鹿洞书院基本恢复了昔日风采，再次成为学术圣地。

然而好景不长，在万历年间张居正禁毁书院时，白鹿洞书院停办。好在张居正不久即病逝，给事中邹元标上书恢复全国书院，皇帝准奏，白鹿洞书院自然也在恢复之列。

为了用儒家思想收整人心、巩固统治，清朝建立起在中原的政权

---

① （元）脱脱、阿鲁图：《宋史·道学四》卷四三〇《列传一八九》。

后，对儒家思想传播的主阵地——书院给予了特别关照。在此背景下，白鹿洞书院在清朝前期极享荣宠。康熙皇帝为它赐额、赐书，乾隆为它写诗作赋，著名的思想家、文学家黄宗羲、王士祯、查慎行、恽敬、洪亮吉等都先后光临书院讲学。

到晚清时，白鹿洞书院走上了下坡路。究其原因，主要是因为这时的中国教育在欧风美雨的冲击下，已染近代曙光，而书院师生仍埋头于帖括、义理、经训之中，教育理念已跟不上时代大潮，白鹿洞书院面临着来自时代的严峻挑战。再者，由于清朝书院日渐官学化，办学经费在很大程度上仰赖官方支持，但晚清国库空虚，朝廷无力给予书院更多支持，白鹿洞书院的经费出现了严重困难。先是道光三年（1823），江西巡抚程含章奏请朝廷批准以盐务充公银补助书院经费，这些费用暂时解决了膏火费，但书院日常修缮的费用仍无所出。后虽有私人捐款，仍入不敷出。因此，道光二十七年，知府邱建猷呈请粮道邹鸣鹤拨漕运银来支持。然而好景不长，道光三年的盐务改革停止了给书院的拨款，三年后又因漕米停运而停发粮款，白鹿洞书院的运转经费几乎枯竭。与此同时，书院所在地九江又成为太平天国运动的主战场。战火殃及书院，屋宇倒塌，生徒星散，书院被迫停办。

咸丰七年（1857），星子县解元潘先珍挪用本县团练经费开始修葺书院；咸丰十年，白鹿洞书院恢复讲学活动。同治、光绪年间，多任南康知府都对书院进行了修缮，近代洋务名臣李鸿章、刘坤一等还到书院讲学，但书院已难现昔日繁盛。

光绪二十九年（1903 年），白鹿洞书院像其他书院一样在清末新政的浪潮中停止办学，学田归南康府中学管理。宣统二年（1910），在书院旧址上建起了江西高等林业学堂。抗战胜利后，蒋介石曾想迁国立中正大学于此，但未能实现。

新中国成立后，政府采取了一系列措施对白鹿洞书院进行保护和维修。今天，白鹿洞书院已列入全国重点文物保护单位名录，供人凭吊。

白鹿洞书院之所以声名显赫，除了朱熹的重建再造之外，很重要的一个原因是自南唐开始历代帝王对它的青睐。

南唐李氏王朝首先用行动表示了对白鹿洞书院的特别关照。升元四年（940），南唐先主以白鹿洞为基址创办"庐山国学"，设置学田供办学之需，任国子监九经博士李善道为洞主，使它一开始就享有与金陵（今南京）国子监齐名的地位；建隆二年（961），南唐中主（元宗）李璟由金陵迁都南昌途中曾住落星诸（今星子县城），一行人在游览庐山的同时，视察了庐山国学，对学生的诗文大加赞赏；南唐后主李煜，虽治国整军乏术，但颇垂青文教事业，下令割善田数十顷，取其租课作为庐山国学之办学经费，并继续选派国子监通儒经者主理洞事。南唐李氏君主的垂爱使庐山国学一时成为江南学术文化中心。

北宋年间，先是在太平兴国二年（977），太宗皇帝准江州知州周述所请，将国子监刻印的《九经》等书赐给书院，"驿送至洞"；后又有咸平四年（1001），真宗皇帝诏令各地学校、书院修缮孔子殿并赐国子监印本经书，白鹿洞书院因应这一诏令，重塑孔子及弟子像，书院建筑得到进一步修整。

南宋淳熙八年（1181），孝宗皇帝批准朱熹请求，向白鹿洞书院赐书赐额；淳祐元年（1241），理宗皇帝亲自将《白鹿洞书院揭示》手书于国家最高学府——太学，并颁行天下学校遵行，成为各地书院、学校教育的共同准则。理宗皇帝此举事实上是从官方角度将白鹿洞书院树为一面旗帜。

清朝康熙、乾隆两代明君也用行动表达了对白鹿洞书院的尊重和偏爱。康熙二十六年（1687），亲书匾额"学达性天"赐给白鹿洞书院，同时还颁送《十三经注疏》《二十一史》等；康熙五十三年，又格外开恩，在紫禁城澹宁居召见星子县令毛德琦。毛德琦回乡后不负圣恩，为白鹿洞书院增器具、清田亩、核书籍、严课考、修院宇、定规制、勤讲论，重兴文教，并修成清代首部《庐山志》《白鹿洞书院志》。文修武备、好大喜功的乾隆帝不仅于乾隆二年（1737）诏令"书院酌仿朱子白鹿洞规条，立之仪节，以检束其身心"，而且在乾隆四年作《白鹿洞诗》和《白鹿洞赋》以示特别赞赏。兹摘录全诗以飨读者：

> 李渤结庐后，绛帐开紫阳。
>
> 经纶归性命，道德焕文章。
>
> 剖析危微旨，从容礼法场。
>
> 祇今传鹿洞，几席有余香。

乾隆皇帝的大作虽有附庸风雅之嫌，但也确实道出了白鹿洞书院在中国学术及教育史上的独特地位。乾隆九年，乾隆帝又赐白鹿洞书院"洙泗心传"匾额一幅，以示恩宠。

帝王的恩宠会随着时间流逝渐渐淡去，只有文本的智慧才是不朽的永恒。站在白鹿洞书院陈迹顶端的正是其穿越千年仍熠熠生辉的《白鹿洞书院揭示》。

白鹿洞书院朱子祠内部

白鹿洞书院的朱子祠中，在朱熹石像旁边，静静地矗立着"白鹿洞书院教条碑"，碑上刻着朱熹亲自撰写的《白鹿洞书院揭示》。正是因为拥有这一文本，才使得白鹿洞书院成为天下书院的楷模。

淳熙七年（1180），朱熹主持的白鹿洞书院修复工作初告成功，正式开始教学活动。为阐明为学宗旨，规范言行举止，朱熹给书院订立了《白鹿洞书院揭示》①，原文如下：

父子有亲，君臣有义，夫妇有别，长幼有序，朋友有信。

右五教之目。尧舜使契为司徒，敬敷五教，即此是也。学者学此而已。其所以学之序，亦有五焉，其列于左：

博学之，审问之，慎思之，明辨之，笃行之。

右为学之序。学、问、思、辨四者，所以穷理也。若夫笃行之事，则自修身以至处事接物，亦各有要，其列于左：

言忠信，行笃敬。惩忿窒欲，迁善改过。

右修身之要。

正其谊不谋其利，明其道不计其功。

右处事之要。

己所不欲，勿施于人。行有不得，反求诸己。

右接物之要。

熹窃观古昔圣贤所以教人为学之意，莫非使之讲明义理，以修其身，然后推己及人。非徒欲其务记览，为词章，以钓声名、取利禄而已也。今人之为学者，则既反是矣。然圣贤所以教人之法，具存于经，有志之士，固当熟读、深思而问、辨之。苟知其理之当然，而责其身以必然，则夫规矩禁防之具，岂待他人设之，而后有所持循哉？近世于学有规，其待学者为已浅矣；而其为法，又未必

---

① 也称《白鹿洞书院学规》或《朱子书院教条》。

古人之意也。故今不复以施于此堂，而特取凡圣贤所以教人为学之大端，条列如右，而揭之楣间。诸君其相与讲明遵守而责之于身焉。则夫思虑云为之际，其所以戒谨而恐惧者，必有严于彼者矣。其有不然，而或出于此言之所弃，则彼所谓规者，必将取之，固不得而略也。诸君其亦念之哉！（本段是说明学规的跋——作者注）

《白鹿洞书院揭示》"揭之楣间"，以一种温和的方式劝导诸生完善人伦修养，懂得为学之道。《白鹿洞书院揭示》不仅高挂于白鹿洞书院门楣上，其无与伦比的精神魅力更是辐射到了更多的教育机构以及更远的地方。绍熙五年(1194)，朱熹到长沙做官，顺便将《白鹿洞书院揭示》带到了岳麓书院，称为《朱子书院教条》，这一精神由此在湖湘大地传播；淳祐元年（1241），坚定不移支持书院的宋理宗视察太学时，亲书《白鹿洞书院揭示》赐给太学生，进而又颁行天下，《白鹿洞书院揭示》由此成为天下学校共守的教条。

《白鹿洞书院揭示》还走出国门，对朝鲜、日本等国的书院也产生了影响。如朝鲜全罗道长城郡的笔岩书院至今仍悬挂着《白鹿洞书院学规》；顺治七年（1650），日本学者山崎嘉在其《〈白鹿洞学规〉集注序》中说：《白鹿洞书院学规》"明备如此，宜与《小》《大》之书并行"①，此后又有多名日本学者考证《白鹿洞书院揭示》。

实际上，当时的许多书院都有学规，有些书院的学规订立得还非常详尽。比如，吕祖谦制订的《丽泽书院学规》，先后五次进行完善，除了有关士人品格、学习纪律方面的规定外，甚至还规定了衣着、言谈、吊慰、祭钱等活动中的行为规范，还详细规定了对违规者的处罚，如对有违孝悌忠信者先"规之"，后"责之"，如果还达不到要求则"除其籍"，

---

① 　陈谷嘉、邓洪波主编：《中国书院史资料》，浙江教育出版社 1998 年版，第 2580 页。

对那些一年中超过百日辍业未学的则"同志共摈之"。可以说，《丽泽书院学规》对于规范学生行为已是事无巨细，极尽其详。在某种程度上讲，《丽泽书院学规》与《白鹿洞书院揭示》是书院学规的双璧，前者详细规范行为，后者宏观简约普适，二者珠联璧合。但成为书院楷模、对后世产生广泛而恒久影响的是《白鹿洞书院揭示》，这除了与朱熹本人的影响力有关外，更重要的是该揭示本身所蕴藏的人文精神、教育宏旨。

书院作为私人讲学场所，讲究的是性理、涵养、人格、道德，《白鹿洞书院揭示》的正文和跋文都体现了这一特色。跋文中明确指出，为学的目的是明理、修身，通过对圣贤经书的"学、问、思、辨"以明理，并指导行为。这一过程不是外部强加的，是为学者内心滋长出来的，是一个由内到外的过程，而不是外部强制的结果。因此，跋文中朱熹旗帜鲜明地表达了对为学追求记览辞章"以钓声名、取利禄"的反对态度，强调了书院传承圣贤之道以济民的宗旨。

《白鹿洞书院揭示》的正文内容都出自儒家经典，"五教"典出《孟子》，"为学五序"出自《中庸》，"修身之要"来源于《论语》和《易经》，"处事之要"是董仲舒所言，"接物之要"则可在《论语》中找到。从表面上看，《白鹿洞书院揭示》就是一些儒家经典语言的组合，而实际上，它不仅从多个方面反映了儒家文化对人的基本要求，也让人看到了作为理学集大成者的朱熹渴望建立一种永恒和谐的伦理关系的愿望，书院就是他的实验地。《白鹿洞书院揭示》中的伦理关系、为人处事之道，在近个年后的今天仍然散发着真理的光芒，成为社会伦理模式中的基本价值观。普适才得以永生，这也正是白鹿洞书院之精神所在。

朱熹之后，还有一些白鹿洞书院洞主或主讲制订书院学规，其中最值得一提的是胡居仁主教时制订的学规。成化三年和十六年，胡居仁两次应聘到白鹿洞书院主讲。胡居仁得到崇仁学派始祖吴与弼真传，无意科举，专心问学，为学主张"居敬穷理"。在白鹿洞讲学期间，他制订了《续白鹿洞书院学规》，学规共六条：

正趋向以立其志、主诚敬以存其心、博穷事理以尽致知之方、审察几微以为应事之要、克治力行以尽成己之道、推己及物以广成物之功。

《续白鹿洞书院学规》的这六条学规在理念与内容上都与《白鹿洞书院揭示》一脉相承，再次折射出书院的学术特色和白鹿洞书院作为书院标榜的地位。

白鹿洞书院"代表中国近代七百年的宋学大趋势"[1]；《白鹿洞书院揭示》代表南宋以后中国封建社会 700 年书院办学的理念；朱熹、吕祖谦、陆九渊、袁甫、胡居仁……一代代耕耘者，给中华民族留下了一笔丰厚的思想文化遗产。

---

① 胡适：《庐山游记》。

四、山水形胜之石鼓书院

山形如鼓峙江边，旧有朱陵洞口仙。

胜地蒸湘山水合，真儒唐宋七贤传。

云中雁寺国青嶂，村里虹桥隐画船。

千载渊源勤仰止，登楼一望意悠然。

这是清代诗人岳宏誉游石鼓书院后所作的《游石鼓书院谒七贤祠》一诗。读完此诗，即不难明了为什么石鼓书院会被不少学者列入天下名书院（北宋四大书院）：山水形胜、真儒过化、骚客流连、千载渊源……这些正是石鼓的魅力所在。

石鼓书院是一所因自然景观的独特性而致人文荟萃，又因人文荟萃而传名天下的书院。

石鼓书院

石鼓书院位于湖南衡阳蒸水和湘水交汇的石鼓山上。这里风景奇异，"江流环带，最为一郡佳处"[①]，"石鼓"的得名也颇具诗意，令人神往。北魏郦道元的《水经注》中说，此地"山势青圆，正类其鼓，山体纯石无土，故以状得名"；也有说石鼓山是因为三面环水，浪花击石，"鸣石含潜响，雷骇震九天"[②]，其声如鼓，所以名曰"石鼓山"。

山上有著名的朱陵洞，相传为道家朱陵大帝居所，是道家第三洞天福地，素有"朱陵洞内诗千首"的美誉。清代著名思想家王夫之曾作诗盛赞此洞，"洞里瑶光应不夜，步虚人入水晶宫"，《水经注》的记载又将它神秘化，说只要朱陵洞内"湘水所经，鼓鸣，则有兵革之事"，也就是说，它通灵，可以预知战祸。因此，自然环境奇特的石鼓山就有了些许的灵气、神气，引人遐想、神往。

"山不在高，有仙则名"。环境独特的石鼓山因朱陵大帝、因通灵而成为名山，成为许多文人雅士钟情之地。在石鼓山驻留、吟诵的名人数不胜数。东汉建安二十年（215），诸葛亮曾居住石鼓山，督办零陵、长沙、桂阳三郡的军赋；诗圣杜甫大历年间两次停泊于石鼓山下，留诗数首；贞元十九年（803），大文豪韩愈因上书提出轻徭薄赋主张而被贬往广东，永贞元年（805）由广东至湖北途经衡州时，就寓居在石鼓山，并应衡州刺史之请写下《题合江亭刺史邹君》；还有宇文炫、吕温、柳宗元、刘禹锡、范成大、辛弃疾、文天祥、徐霞客等大名鼎鼎的学者接踵至此，或讲学授徒，或赋诗作记，或题壁刻碑，或寻幽揽胜，共同写下石鼓山的人文盛景。石鼓书院就是在这样一个人脉旺盛的地域诞生的。

石鼓书院历史悠久，其雏形是始建于唐元和年间（806—820）的李宽中秀才书院。这个时间比岳麓、白鹿洞都早了一百余年。李宽中，《衡阳通志》称为李宽，是衡州秀才，元和年间在石鼓山合江亭旁结庐

---

① （宋）朱熹：《衡州石鼓书院记》。

② （晋）谀仲初：《观石鼓诗》。

读书，取名寻真观。衡州刺史吕温上山拜访，并作《同恭夏日题寻真观李宽中秀才书院》以记其事，诗中写道：

> 闭院开轩笑语阑，江山并入一壶宽。
>
> 微风但觉杉香满，烈日方知竹气寒。
>
> 披卷最宜生白室，吟诗好就步虚坛。
>
> 愿君此地攻文字，如炼仙家九转丹。

诗中为我们展现了李宽中秀才书院里轩景相宜、杉香满院、竹气清幽、虚坛丹炉、烟雾袅袅的景象，和谐清雅，怡然恬静。在其间披卷吟诵，必定是气定神闲，笑语阑珊，神清气爽，优哉游哉。

差不多时隔两百年后，也就是宋太宗至道三年（997），李宽中族人李士真感佩李宽中的故事，向郡守提出愿意用私财重建书院。此后李士真修葺院舍，广招弟子，开堂讲学，正式建立了石鼓书院。宋仁宗景祐二年（1035），曾担任集贤殿校理之职的刘沆知衡州，将李士真以私财办书院的事情奏报朝廷，并请求赐额、赐田；仁宗准奏，赐"石鼓书院"匾额及学田五顷。石鼓书院从此声名大振，与睢阳、白鹿洞、岳麓三书院一道被马端临并称为"天下四大书院"。李士真后来作为石鼓七贤之一与李宽中、韩愈、周敦颐、朱熹、张栻、黄榦同祀于书院七贤祠中。

不过，石鼓书院很快便改为衡州州学了。据宋人廖行之记载，"景祐三年，诏许衡州立学，自是为学官，书院因废不别建"[①]；仁宗赐额、赐田仅仅一年后，书院就改成了官方州学。

淳熙十二年（1185），部使者潘畤在原址上重建书院。建成房舍数间，悬挂仁宗皇帝所赐的"石鼓书院"匾额，期望为四方有志于学而不屑于科举者提供一个讲学交流的场所。可惜书院尚未建成，潘畤已离职

---

① （宋）廖行之：《石鼓书院记》。

他去。提刑宋若水继承了潘時的事业，继续建设石鼓书院。他别建重屋，供奉先圣先师像，集国子监及本道诸州印书，以丰富书院藏书，为求学者学习提供条件。更为重要的是，他请到了当时学界的一号人物朱熹为书院作记。朱熹在不到 1000 字的《石鼓书院记》中不仅大大褒扬了潘、宋二人的追求与抱负，同时对书院办学提出了殷切希望，期待书院"无以今日学校科举之意乱焉"，弥补学校教育"未尝考德行道义之素"的弊病，告诫书院诸生要辨明义理，有志于为己之学。与此同时，张栻也到院讲学。两位理学大师的登场使石鼓书院再次声名鹊起。

开庆元年（1259），石鼓书院毁于兵火。景定元年（1260），提刑俞琰命山长李访"尽复其观"，黄榦置田 30 亩以供养生徒，书院再闻弦歌。在元初统治者支持书院发展的政策下，石鼓书院继续办学。至元十九年（1292），书院学田曾被灵岩寺僧强占，后经过多任山长长达 60 多年坚持不懈的争讼，才得以收回。元朝末年，书院再次毁于兵祸。

石鼓书院的再次重建是在明永乐十一年（1413），由衡州知府史中出面建起书舍六间，并设礼殿祭祀孔子，建祠堂祭祀韩愈、张栻。此后书院又经过多次修葺，讲学不绝。著名学者湛若水、邹守益等先后到石鼓书院宣扬心学。迎来大师的同时，书院也确立了其学术地位。

嘉靖二十八年（1549），衡州知府蔡汝楠以书院为朱熹、张栻、湛若水、邹守益等圣贤的"过化之地"这缘由，有心将这一人文遗产发扬光大，于是重整书院，扩建斋舍，订立规约，确定以学文敦行、辨志慎习、笃伦常、识仁体为院规，刊刻了《说经札记》《衡湘问辨》《太极问答》等著作，还请时称西蜀四大家之一的赵贞吉等著名学者前来讲学。一时间，书院学风淳厚，诸生环列听讲，宛如邹鲁洙泗讲学的场景；后又经过万历四十年（1612）巡按史记事邓云霄大修书院，增建讲堂、敬义堂、回澜堂、大观楼、仰高楼、砥柱中流坊、棂星门以及风雩、沧浪、禹碑、合江诸亭，石鼓书院可以说是极一时之盛。可惜明末再次毁于兵火，经略洪承畴甚至还将石鼓书院改为他的军事指挥所。

清顺治十四年（1657），偏沅巡抚袁廓宇上奏朝廷，申请重建石鼓书院，顺治帝准奏。于是，在知县余天溥的主持下，开始修复石鼓书院，这也是清朝最早得到朝廷批复重修的书院[①]。此后，书院在康熙、雍正、乾隆、嘉庆、同治年间都屡有修建，规模不断扩大。其间，曾有僧侣侵占七贤祠，巡抚赵申乔出面，驱走了僧侣，将佛像从七贤祠搬出，并命令衡阳县学训导吴炯入住书院，专门督导师生课业。得到官方支持的石鼓书院，其教学以应付举业为主，颇为兴盛。

光绪二十八年（1902），石鼓书院因应形势，改为衡阳官立中学堂，两年后又改为湖南官立南路师范学堂；民国时期，相继改为衡郡女子职业学校和湖南省立第三师范学样。由于石鼓山无法满足发展新型学校的要求，学校迁至金鳌山，石鼓书院旧址成为供人们游览凭吊的文化家园。

石鼓书院大观楼

① 　江堤：《书院中国》，湖南人民出版社2003年版。

然而，这一文化家园在抗日战争中不幸被日寇飞机摧毁了。先是
1939 年 4 月，日军 100 余架飞机轰炸衡阳，石鼓书院损失惨重；后来在
1944 年 6 月的衡阳保卫战中，石鼓山又成为主要阵地，国民党整整一
个师驻防石鼓山。衡阳保卫战是中国人民抗日战争史上敌我双方伤亡人
数最多、正面交战时间最长的一次城市攻防战，被称为"东方的莫斯科
保卫战"。在惨烈的战斗中，石鼓书院陈迹毁灭殆尽，石鼓山成为光秃
秃的焦土。所幸的是，当时守军将书院内 50 多块珍贵的石碑沉入了湘
江以免遭战火毁坏，从而为石鼓书院留下了可以让后人触摸的历史。遗
憾的是，这批石碑在"文革"中悉数被砸。

2007 年，衡阳人仿清代旧制重建了石鼓书院，书院又回到了衡阳
人的身边，人们又可以流连书院内，回望韩愈、苏轼、周敦颐、朱熹、
张栻、黄榦、湛若水、邹守益、赵贞吉等众多学者登台讲学的风采。

五、闹中取静之应天府书院

应天府书院又名睢阳书院，位于河南商丘。商丘是一座历史文化名城，燧人氏在这里发明了人工取火，商部落在此聚居，西周的宋、西汉的梁曾以这里为国都。唐朝时，这里称为睢阳，后周时为归德军治所。宋真宗景德三年（1006）改为应天府，以追念宋太祖应天顺时，建立宋朝；大中祥符七年（1014），应天府升格为南京，成为北宋四京之一（另外三京为东京开封府、西京河南府、北京大名府），所以该书院也称为南京书院。范仲淹的《南京书院题名记》指的就是该书院。商丘毗邻汴河，物产丰盈，交通便利，隋唐时已经发展为大城市。在这样的繁华闹市中诞生的应天府书院，自然有其与众不同的发展路径。

应天府书院的前身是睢阳学舍。五代后晋（936—946）时，当地名

应天书院大门

儒杨悫对教育非常热心，在归德军将军赵直的鼎力支持下，创办了南都学舍，教授生徒。他有个学生叫戚同文，该生不仅事亲至孝，崇信尚义，而且聪慧过人，勤奋异常，投到杨悫门下后坚定不移追随着老师，弃绝仕途，投身教育。杨悫去世后，戚同文接过老师的衣钵，继续办学，将军赵直高其行，"为筑室聚徒，请谒之人不远千里而至"①，戚同文的这一讲学地便是"睢阳学舍"。戚同文一生都在睢阳学舍做教育，成就斐然，"门人以登第者，五六十人"②。据说，北宋建立当年的开科取士，这个学舍就出了进士八人③；又据《宋史》记载，太祖时期，学舍出了三个状元。有这样的办学成就，学舍焉有不兴旺之理。遗憾的是，太平兴国元年（976），年逾古稀的戚同文去世，学舍因此停废，办学中断。

宋真宗大中祥符元年（1008），应天府巨富贤士曹诚热心教育，出资 300 万，"即同文旧居，建学舍百五十间，聚书千五百余卷"④，又博延生徒，重开讲习，应天府书院由此建立。为了让书院有更好的发展前途，曹诚提出"愿以学舍入官"，同时请戚同文之孙戚舜宾主院。大中祥符二年，应天府知府将曹诚事迹上报朝廷后，宋真宗对曹诚之举赞赏有加，同意了他的请求，并赐"应天府书院"匾额。

应天府书院成为私人出资、官方所有的官办书院。政府对该书院也常常网开一面，如宋仁宗天圣三年（1025），应天知府李及提出书院在科考中要增加三个名额，朝廷即准所请，增解额三人。此外，应天府书院还实行免费教育，这使得不少贫寒子弟得以入学研习，范仲淹、孙复、张方平等皆是受益者。

宋仁宗初年，文学家晏殊出任应天知府，聘请著名目录学家王洙

---

① （元）脱脱、阿鲁图：《宋史·隐逸（上）》卷四五七《列传二一六》。

② （元）脱脱、阿鲁图：《宋史·隐逸（上）》卷四五七《列传二一六》。

③ 李红军等：《"一座书院开启一代兴学风"系列——文化厚土孕育明星书院》，《大河报》2008 年 9 月 18 日。

④ （宋）王应麟：《玉海》卷一六七。

为书院"说书"。王洙博学多才，应天府书院在他主持下"名声著天下"。

十年后，应天府书院发生了转型。宋仁宗景祐二年（1035），朝廷将应天府书院改为府学；接着又在庆历三年（1043）升格为南京国子监，与东京国子监、西京国子监鼎足而立，并列为北宋最高学府。应天府书院就此结束了其仅仅27年的历史，但其教育的使命还将伴随北宋王朝始终，

晏 殊

直到靖康元年（1126），金兵南侵，中原沦陷，书院毁于战火。

此后南宋偏安江南，教育中心南移，应天府书院一蹶不振。虽然在明清时期都曾有地方官试图修复书院，但屡建屡毁，未成气候。因此，靖康之后，应天府书院实际上已慢慢地、深深地隐入到了历史的帷幕深处。

应天府书院的办学时间虽然不长，但自有其卓尔不群之处。且不说它建于闹市，兼享市井繁华与书院静谧的特殊环境，也不说它作为官办书院而备享殊荣的光辉历史，这里单单说它的人才培养。应天府书院培养的人才与理学家们所倡导的书院人才观有所不同。朱熹等理学家所创办的书院在人才培养上都强调传道济民、辨明义理，反对一味追求科举功名；而应天府书院则重视培养实用的经世之才，希望培养的学生"进可为卿大夫者，天人其学，能乐古人之道；退可为乡先生者，亦不无矣"。①

---

① （宋）范仲淹：《南京书院题名记》。

事实上，应天府书院从一开始就与科举有着密切关系，官学化后更是成为培养官方所需人才的重要场所。早在杨悫创办南都学舍时就很重视对科举的追求，他极力鼓励优秀学生戚同文通过参加科举考试走向仕途；戚同文主持睢阳学舍期间更是在科举场上取得了巨大胜利，门人登第者达五六十人之多；官学化后的应天府书院几乎就是科举人才的摇篮，"观夫二十年间，相继登科而魁甲，英雄仪羽台阁，盖翩翩焉，未见其止"[1]。

应天府书院主建筑

在应天府书院培养的众多人才及书院众多的主教者中，最值得一提的是被张栻等誉为"本朝第一人"的范仲淹。大中祥符四年（1011），范仲淹因仰慕戚同文的道德文章，不远千里从山东淄州来到商丘入应天府书院求学。当时，应天府书院在戚舜宾主持下，"制为学规，课试讲肄，莫不有法；宁亲休沐，莫不有时；曲尽人情，人尤乐从"，学生朴素刻苦，学风严谨淳厚，在这样的环境里，范仲淹开始了他长达五年的

---

[1] （宋）范仲淹：《南京书院题名记》。

"昼夜苦读"。就学期间，范仲淹作了一首题名为《睢阳学舍书怀》① （一说是《南都书院抒怀》）的诗送给同窗晏殊，诗中写道：

> 白云无赖帝乡遥，汉苑谁人奏洞箫；
> 多难未应歌凤鸟，薄才犹可赋鹪鹩。
> 瓢思颜子心还乐，琴遇钟君恨即消；
> 但使斯文天未丧，涧松何必怨山苗。

诗中的范仲淹是清苦的，但却如颜子一样快乐而满怀希望。书院学风好，范仲淹对自己的要求也很严格。他在书院求学期间，因为家境贫寒，每天只能吃稀饭；冬天读书疲倦了，就用冷水洗脸。有个家在南京的同学看他生活清苦，便送了些美食给他，未曾想到，范仲淹直到这些美食腐坏了也没吃。同学责怪范仲淹，他回答同学说，自己已经安于喝稀饭的生活了，担心这些美食会让自己变得吃不得苦。有如此境界的范仲淹焉能不成就一番事业？大中祥符八年，范仲淹进士及第，从此踏入仕途，真正有了一个可以让他"先天下之忧而忧，后天下之乐而乐"的政治舞台；尽管仕途上起起落落，但他坚守正义的人生信条无日或忘。应天府书院的求学经历对范仲淹的教育主张影响很大。因而，在庆历年间的三兴官学运动中，范仲淹扮演了重要的角色。

十多年后的1027年，范仲淹作为教师再次来到应天府书院。宋仁宗天圣四年（1026），范仲淹因母亲病故，到应天府奔丧守孝。时值同窗晏殊担任应天府知府，兼管理应天府书院。晏殊得知范仲淹居家守丧的消息后，即请范仲淹入院掌教。范仲淹慨然应允，在应天府书院度过了两年教学时光。担任教师的范仲淹仍和学生时代一样勤勉严谨，且事事身体力行。据《范文正公集·年谱》记载：

---

① （宋）范仲淹：《范文正公文集》卷三《睢阳学舍书怀》。

公常宿学中，训督有法度，勤劳恭谨，以身先之，夜课诸生读书，寝食皆立时刻，往往潜至斋舍之，见有先寝者诘之，其人绐云：适疲倦，暂就枕耳。问未寝之时观何书，其人亦妄对。则取书问之，不能对，罚之。

出题使诸生作赋，必先自为之，欲知其难易及所当用意，亦使学者以为法，由是四方从学者辐辏。其后以文学有声名于场屋朝廷者，多其所教也。

从这段记载中，我们不仅看到了一个严厉得近乎苛刻的老师，更看到了一个诲人不倦、堪为表率的先生。别的不说，单单是范仲淹每次给学生出"作文"题都要自己先写一篇以考查难易度及适宜性这一点，就十分难得了。范仲淹对学生不只有严格要求、亲力亲为，更有真心真意、全方位的热情帮助。前面讲到的作为宋初三先生之一的孙复，就是因了范仲淹经济上、精神上、学术上的扶助，才有十年后泰山下"以《春秋》教授学者，道德高迈"的"泰山先生"成就。

范仲淹主教应天府书院虽然不过两年时间，但一时之间"学者辐辏"，"人乐名教，复邹鲁之盛"，俨然中州一大学府。在一定程度上，是道德文章均堪为世范的范仲淹成就了应天府书院的赫赫盛名。所以，应天府书院尽管存在的时间不长，但仍被吕祖谦、王应麟、马端临、全祖望等著名学者列入四大书院名录之中；正是有戚同文、曹诚、王洙、晏殊、范仲淹等人的兴学热诚，才让我们对应天府书院心怀敬仰与感动，让已沉入历史帷幕中的应天府书院依然熠熠生辉。

六、尘消智朗之嵩阳书院

嵩阳书院位于中岳嵩山之阳，因之叫嵩阳书院。书院背靠巍峨中岳，前有山溪潺潺，东西峰峦起伏，院中古柏葱郁，环境清幽，景色宜人，是一个读书的好地方，也是一个参禅、修道的好去处。书院所在地原本是佛、道二教活动所设的道场。早在北魏孝文帝太和八年（484），就有佛教僧侣到此处建立了嵩阳寺；隋朝及初唐时又分别改为嵩阳观和太乙观，这个更名表明道家也来此驻留了。

嵩阳书院

嵩阳书院的历史开始于五代时期。这个时期朝代频换，兵荒马乱，社会动荡，一些学者躲进了僻静山中读书授徒，后唐进士庞式就是其中之一。庞式来到嵩山，即选择在太乙观聚徒讲学，这就是嵩阳书院肇始。后周显德二年(955)，周世宗柴荣将太乙观里的讲学之地赐名为太乙书院。

宋初官学不振，书院一时取代官学成为养士的重要场所，朝廷因此对书院发展采取了积极支持政策，嵩阳书院就是在这样的背景下发展了起来。宋太宗至道元年（995），书院获得了御赐的印本《九经注疏》；至道三年又获赐"太室书院"匾额。宋仁宗景祐二年（1035），诏令在西京洛阳重修院舍，赐学田一顷，并改赐"嵩阳书院"匾额；宝元元年（1038）又赐田十顷。在此期间，司马光、"二程"、范仲淹等名流大师都曾到过嵩阳书院讲学。书院一时间群英荟萃，声名远播，成为士人读书讲学的"儒宫"。但这样的好运未能恒久相随，王安石变法时，书院被劝课农桑者变卖，尽显"垣墙聚蓬蒿，观殿巢鸢鸟；二纪无人迹，荒榛谁扫除"[①]的颓象。直到宋哲宗元祐年间，嵩阳书院才在淮西一位高姓知县的努力争取下，得以修复。

北宋末年，随着金兵南侵，嵩阳书院再次遭受厄运。金大定年间（1161—1190），书院被废，更名为承天宫；元代时又易名为嵩阳宫。这一荒就是300多年，直到明嘉靖八年（1529）才由登封知县侯泰在嵩阳书院旧址重建书院，聚徒延师，并建二程祠。嵩阳书院重新书声琅琅、桃李芬芳。令人惋惜的是，到明末时，书院毁于战火。

嵩阳书院再度真正焕发生机是在康熙十六年（1677）。这一年，登封名儒耿介因在朝中与权臣不合，托病辞职回乡。回到家乡后的耿介致力于教育事业，一心要恢复嵩阳书院的教学活动。于是，他自掏腰包，扩建学舍，置买学田200亩，同时带领弟子开垦荒田100亩，书院重新开张。耿介以阐明程朱学说，继承孔孟道统为己任，广招生徒，倾力办学，四方学子慕名求教，嵩阳书院盛极一时。从康熙十六年到康熙二十八年，经过耿介、学道林尧英、巡抚王日藻、巡抚阎兴邦、知县张埙等人的扩建，书院"有祠、有堂、有居、有斋、有房舍、有义田、有庖福之所、有丽牲之碑，缭以周垣，翼以廊庑，而规制始大备"[②]。书院

---

① （宋）李薦：《嵩阳书院诗》。

② （清）陆继萼：《登封县制·附书院》。

最盛时期，有学田 1750 亩，藏书 2000 余册，生徒数百人，规模可谓大矣。不过，这种盛景并未一直维持下去，从乾隆年间开始，书院就因得不到应有的修缮而日趋衰落、颓败。清末改制时，改为高等小学堂。

嵩阳书院之所以能够名列吕祖谦的四大书院之中，自然有其独到的优势。概括起来，它的优势表现在两方面：

一是王朝最高统治者对嵩阳的情有独钟，赋予了嵩阳书院与众不同的历史底蕴和隆盛声名。唐高宗李治曾两度陪武则天造访嵩山，均以嵩阳观为行宫，名曰奉天宫；后周世宗、宋太宗、宋仁宗先后赐名太乙书院、太室书院、嵩阳书院；乾隆皇帝留下了"书院嵩阳景最清，石幢犹记故宫铭"的诗句。

最有意思的是汉武大帝，他为书院留下了"将军柏"的传奇故事。话说汉武帝元封六年（公元前 110），武帝到嵩山游玩，走到嵩山南麓，见到一株柏树，高大奇伟，枝叶茂密，武帝仰望良久，一高兴就给它封了个"大将军"的称号。武帝继续向前，很快就见到了另一株更高更大更茂盛的柏树，武帝一愣，显然有点后悔先前把大将军名号送了出去，然而，"君子一言，驷马难追"，无奈，只好封这株更大的柏树为"二将军"。武帝一行再向前走，又见到了一株高大威武胜于"二将军"的柏树，武帝已无所谓后不后悔，干脆封了此树为"三将军"。传说故事的结局是，武帝的信口乱封让"二将军""三将军"气愤难平，结果，"二将军"气炸了肚子，成为空心树；"三将军"咽不下这口气，又不敢拿武帝怎样，最后自焚而亡（据说该树毁于明末）；"大将军"一开始笑歪了身子，后来又因觉得于心有愧而低下了头，从此树歪身斜。于是，登封地区就有了这样的民谣："大封小来小封大，先入为主成笑话。'三将军'恼怒自焚死。'二将军'不服肚气炸。'大将军'笑倒墙头上，自觉有愧头低下。是非颠倒两千载，金口玉言谁评价？"

汉武帝嵩山封柏树为将军之事是否确有其事在这里已经不重要了，重要的是两株有数千年树龄的古树仍然苍劲挺拔，郁郁葱葱，屹立于书

将军柏

院东侧，为书院平添了许多神气和灵气。

二是众多名师曾到嵩阳书院主讲，聚拢了书院的人气。范仲淹、司马光、张载、程氏兄弟、王守仁等一众赫赫有名的政治家、文学家、理学家、心学家都曾登临嵩阳书院，升堂开讲，传道解惑，作育英才。

宋神宗熙宁二年（1069），"二程"因与王安石政见不和，退居嵩阳书院聚徒讲学。"二程"在书院摄取儒、佛、道之精华，以洛学观点阐释《大学》《中庸》《论语》《孟子》等经典，宣道劝仪，循循善诱。学生虚来实归，皆有获益。程氏兄弟在嵩阳书院讲学十余年，不仅留下了诸如"程门立雪"这样的美谈，而且成就了洛学的光大事业，开创了理学发展的新阶段。这也正是嵩阳书院的学术价值所在。

嵩阳书院已随着历史的脚步渐行渐远，山风猎猎，书香已不再缭绕。然而，盘龙虬枝的千年古柏还在，它将向一批批造访者讲述那曾经的沧桑与荣光；院中的"立雪堂"一直在讲述着永恒的尊师重道主题；大讲堂里大师千年不绝的智慧，沁入心底，令人肃然起敬。

七、心学阵地之象山书院

象山书院的始创者是陆九渊门人彭兴宗（世昌），而让象山书院名传后世、荣登全祖望南宋四大书院之榜的则是陆九渊本人。据《象山先生全集·年谱》记载，宋光宗淳熙十四年（1187），"门人彭兴宗世昌访旧于贵溪应天山麓张氏，因登山游览，则陵高而谷邃，林茂而泉清，乃与诸张议结庐以迎先生讲学。"用今天的话来说就是，当年陆九渊门人彭兴宗到贵溪（今属江西）拜访朋友，偶然见到应

象山书院旧址题刻

天山超凡脱俗的美景，即决定在这里结庐以迎候恩师讲道。而此时，陆九渊也正好因论奏政事被贬回家乡，以祠禄闲居，有心聚徒讲学。就这样，在光宗淳熙十四年，彭兴宗等人在早已衰败的寺庙故址上建起了一间草庐作为讲学之所，陆九渊也于同年应邀到应天山，开始了他在此长达五年的讲学活动。

应天山距离贵溪城有 70 里之遥，地处荒僻，风景秀丽，气候宜人，吸引了一些名僧前来建寺参佛，乡人因此称此山为"禅师山"，北宋时又改称应天山。陆九渊应邀来到应天山后，见山形如巨象，故而自改应天山为象山，自号象山翁，居处称作象山草堂，讲学处则为象山精舍，

后来更名为象山书院。

象山精舍从建筑到教学、管理都别具一格。如前所述，书院一般都有讲堂、藏书馆、斋舍、祠堂、学田等，以供师生讲学、读书、住宿、祭祀、维持生计开支等。而象山精舍则没有这么多的设施或建筑，它不建斋舍，也不供饮食。生徒都是自带粮食，自己结庐居住。其原因可能是由于彭兴宗、陆九渊的经济都拮据，没有能力建造斋舍、供养学徒。不过，这倒成就了精舍的独特景观：五年间，数千人来到象山，环绕象山精舍结庐而居，如众星捧月一般。每当朝阳升起、夕阳西下之时，伴随清越鸟鸣，炊烟袅袅而起，空蒙山色映衬下，学子们诵读讲习，恍若世外桃源。

岳麓、白鹿洞、丽泽等当时的名书院都很重视制订学规，但在陆九渊主持的象山精舍里，却不立学规，他更看重以个人的人格魅力去影响学生，以自己的行动率先垂范。我们从他升堂讲学的严谨认真中即可窥知一二：到讲学时间，首先是精舍鸣鼓，然后陆九渊乘坐山轿从象山

陆九渊

草堂到象山精舍，"会揖，升讲座，容色粹然，精神炯然"，从容不迫开讲"人之本心"。听讲的人根据一个写有姓名年甲的小牌依次坐定，静心聆听，鸦雀无声。在陆九渊看来，根本没有必要"起炉作灶"劳神费力地订学规，只需如顺风吹火那样，点拨点拨即可。他认为订学规为末，学为人才是本，人本身就具有天赋的伦理品行及是非观念，"若全去末上理会，非惟无益"。简单地说，订学规是在舍本逐末。

陆九渊不订学规并不意味着对学生要放任自流。陆九渊对人对己的要求都很严格，比如在衣着方面，他自己即便在酷暑时节，也是"衣冠必整肃"，不容有丝毫马虎。在陆九渊的垂范之下，象山精舍形成了不成文的规矩，诸如读书时整冠肃容、听课俯首恭听、待人容礼自庄、日常不妄言行等。他自己常常"切己自反，改过迁善"，同时也要求弟子们闭门思过。从这个角度讲，陆九渊自己便是象山书院的学规。

陆九渊的教学也与众不同。他讲课激情澎湃，"音读清响"，还时不时找个助手在旁帮助，他最喜欢的弟子傅季鲁就经常充当他的助手；随兴所至，他还会带着弟子们到自然中去品读感悟。他要求弟子们读书讲求精专，读出自己的见解来……

在陆九渊独具风格的经营下，象山精舍呈现出蓬勃生机。尽管精舍偏居一隅，交通不便，但仍是"四方学徒大聚"，盛况空前，让朱熹也艳羡不已，心向往之，致信陆九渊说"闻象山垦辟架凿之功益有绪，来学者亦甚，恨不得一至其间，观奇揽胜"[1]。

好花不常开，好景不常在。办得有声有色、红红火火的象山精舍很快随着陆九渊的离去而走向了衰落。绍熙二年（1191），陆九渊奉诏知荆门，临行前嘱托傅季鲁代为主掌，并望其将精舍扩成书院。但傅季鲁无法比肩陆九渊，难承衣钵。两年后，陆九渊去世，精舍失去了灵魂，设施简陋且交通实在不便的象山精舍随之逐渐失去往日的辉煌。象山先生扩建精舍为书院的愿望，也暂时搁浅；直到30多年后，才由其再传弟子袁甫完成。

当时袁甫担任江东提刑，到贵溪巡视，顺便去象山精舍拜望。从贵溪回来后，袁甫以应天山交通不便为由，上书朝廷，请求将象山精舍迁建于贵溪县城河对岸三峰山下的徐岩，朝廷准奏。书院于绍定四年（1231）初破土动工修建，年底完成。新修成的书院，有祠堂祭祀陆氏

---

① （宋）陆九渊：《象山先生全集》附年谱。

三先生（九渊、九韶、九龄），有斋舍百楹供学生住读。袁甫还组织人员整理《陆象山文集》作为教学内容，礼聘慈湖学派钱时为堂长主持书院工作（慈湖学派继承了陆九渊的哲学思想，袁甫在学术上也属于该学派），购置学田以养学。袁甫本人亲自到校主讲，以倡"明道"。袁甫的努力很快就见到成效，第二年，应袁甫奏请，理宗皇帝赐给书院"象山书院"的匾额，书院再度兴盛起来，成为南宋象山学派活动的中心，陆九渊的心愿总算得以实现。象山书院成为陆氏心学的大本营，陆门弟子无论官位多高，都以能掌教象山为荣。

象山书院在元代继续办学，但因未曾修葺，又渐趋荒凉，元末毁于战火。直到明成化年间，书院才迎来复兴转机。成化二十年（1484），宪宗皇帝诏令贵溪地方官修复象山书院。

在正德、嘉靖年间的书院发展大潮中，象山书院进入到新的繁荣期。这一时期正是王阳明将心学推向顶峰之际，作为心学大本营的象山书院也就受到了格外的恩宠。先是正德五年（1510），武宗皇帝诏刻"象山书院"四个大字于三峰山的西峰峭壁之上，每个字一米见方，距地超过14米，刚劲隽永，气势非凡，熠熠而生帝王荣宠之光辉。接着，又有以耿介刚直闻名的著名文学家李梦阳凭借其江西提学副使的身份，亲临贵溪，大规模修整书院。修整完毕后，李梦阳又特别邀请当时的名士杨廉、夏言、桂恭等畅游书院。一干文人游书院，要做的最重要的事情就是写诗作赋。游览途中，人人即兴赋诗。如此一来，象山书院在"心学"之外，又增添了不少诗人气质。夏言后来官至内阁首辅，对象山书院给予了特别关照，不仅在院中打造水井，解决书院师生饮水问题，而且在书院附近修建象麓草堂和三峰亭作为读书、休养场所。

如同其他众多书院一样，象山书院也很难自己掌握命运。政治上的风吹草动都会左右书院的生存状态。万历八年（1580），象山书院在张居正禁毁书院的政策下，奉例废除，财产充公，折价出卖。后来，知县伍袁萃出资将书院赎回，改为象山祠。

乾隆十年（1745），沉默了 165 年的象山书院再次移地而生。当时的知县彭之锦将当地梅花墩义学迁到被视为风水宝地的万安寺废址，并题匾"象山书院"。在彭之锦的精心呵护下，经过主教蔡锟父子的悉心经营，象山书院"门墙桃李看何限，胜迹流传冠信州"①，再次人烟昌盛，生机益然。但随着时间流转，万安寺的象山书院建筑逐渐倾圮。

嘉庆十五年（1810），贵溪士绅邱黎照等人倡议集资换个地方再建书院，于是在梅花墩义学旧址上建起了新书院，取名"景峰书院"。为延续"先哲教泽"，道光三年（1813），书院儒生联名上书，请求恢复"象山书院"匾额。第二年，降旨准请，象山书院得以恢复本名。太平军打到贵溪后，清军屯兵梅花墩，书院毁于兵燹。同治二年（1863），知县周葭浦购下城东旧当铺重建书院，象山书院再迁新地。

除贵溪的象山书院外，命名为象山书院的还有 1233 年在陆九渊故乡金溪为纪念陆九渊而建的象山书院、道光年间在福建象山上建的象山书院。如今文化古迹受到各地的热捧，都试图以自己所在地的为正宗，各种各样的争辩不绝于耳，那哪家象山书院更为接近历史上真实的书院呢？笔者认为贵溪象山书院要接近一些。不幸的是，贵溪象山书院屡经迁徙，疲惫不堪，沉入历史深处，胜迹难觅。

---

① 　杨长杰等修：《江西省贵溪县志》卷四之项纯礼《登翠屏楼应山长蔡愚山教诗》。

八、聚朋论道之丽泽书院

丽泽书院位于浙江金华，是南宋理学大师吕祖谦读书讲学会友之所。

吕祖谦家学深厚，家世显赫，他自己少年便科场得意，步入仕途。但由于家丧频发，加之自己身体多病，因此，他实际上只有短短四年在官场，大部分时间是在金华讲学会友。其讲学会友之地即是丽泽书院，也称丽泽堂或丽泽讲堂。

丽泽书院丽泽堂

与岳麓书院、白鹿洞书院、象山书院建于山林旷野不同，丽泽书院就建在吕祖谦家中。宋室南渡后，吕祖谦一家在其曾祖父吕好问的带领下，来到浙江金华，"假官屋以居"。吕祖谦后来即辟出官屋的一半用于讲学。也就是说，丽泽书院只是家居住房的一部分，可见其规模是比较小的。地方虽小，但却是乱世闹市中的一方净土。

"丽泽"之名由吕祖谦精心选定。据嘉靖《金华县志》记载："宋吕成公作书堂于城西，睹前二湖，悦焉，取《易》兑象之义，以'丽泽'名。""丽泽"有两泽相连之意，其水交流有如君子之会。《易》云，"丽泽兑，君子以朋友讲习"。因此，当吕祖谦看到居所前有两湖时，即取周易"兑卦"象义，将自己读书会友讲学之处定名为"丽泽堂"。当时，朱熹曾写信建议命名为"尊贤堂"，被吕祖谦婉言谢绝了，他更看重书堂聚朋交友、讲学论道的意义。

正如吕祖谦所希望的那样，丽泽堂确实成为聚友论道之所。不仅"四方学者皆受业于此"[①]，而且永嘉学派和永康学派的薛季宣、陈傅良、叶适、陈亮等人都曾应邀到丽泽堂共同探讨学问，理学大师朱熹、张栻及心学泰斗陆九渊、陆九龄也在书院留下了足迹。名师云集，群星璀璨，到书院求学者络绎不绝，使得婺州变身为浙中小邹鲁。连朱熹都将长子朱塾送到了丽泽书院求学，不难想见丽泽书院在当时的影响力。在这里，我们看到了一个能够撇开门户之见、兼容并包、各学派可以相互砥砺的丽泽书院。"并包一切"正是丽泽书院的魅力所在。

当然，丽泽书院还有更多吸引四方学者的闪光点。一是丽泽书院有着与各理学门派和而不同的教学内容。吕祖谦的教学内容尽管也推崇义理，以明理躬行为本，但同时，吕氏家学的根基主要是在史学方面。吕祖谦继承家学，读书讲学都特别推崇史学，以经世致用为务。而金兵的大举入侵、中原的成片沦丧、南宋的偏安江南，让深怀忧国之心、报国之志的士人迫切需要探寻到救国良方。因此，吕祖谦重视借鉴历史的经验教训，强调经世致用的观念正好契合了当时的形势和人心，这也使得吕学一时成为显学。二是丽泽书院有着严格的规章制度。从乾道四年到乾道九年，吕祖谦为书院制定了《乾道四年九月规约》《乾道五年规约》《乾道五年十月关诸州在籍人》《乾道六年规约》《乾道九年直日须

---

① （宋）楼钥：《东莱吕太史祠堂记》。

知》等五个学规，对从学者的学习生活、言行举止作了细致的规定。学规倡明了书院"孝悌、忠信、明理、躬行"的基本准则，它规定学生中若有诸如亲在别居、亲没不葬、因丧婚聚、宗俟讼财、侵犯公财、喧噪场屋、游荡不检等行为，则一概给予退学处理。严格的学规、规范的管理为书院赢得了很好的声誉。这些恐怕也是朱熹将儿子送入吕氏门下的原因之一吧。

吕祖谦去世之后，其弟吕祖俭继承家兄遗志，继续在丽泽书院讲学传道。但在庆元二年（1196）的"庆元党案"中，吕氏兄弟牵涉其中，丽泽书院随之没落。直到嘉定元年（1208），在吕氏门人的请求下，官府才重修丽泽书院。重修后的书院有所扩大。除建屋十余楹外，还专门建有遗书阁收藏吕祖谦生前著作，建祀室（端平年间改为成公祠）祭祀吕祖谦，朱熹、张栻同享香火，他的弟弟吕祖俭也配祀其中。书院正式挂起了"丽泽书院"的匾额。

特别值得一提的是遗书阁的修建。它不仅收藏了吕祖谦生前的著作，而且开始大量刊刻书籍，使丽泽书院比前面提到的四大书院多了一项功能——刻印图书。遗书阁刊印的吕祖谦《新唐书》三十五卷和司马光《切韵指掌图》二卷至今仍存，成为藏书家的珍宝。

淳祐六年（1246），婺州知州许应龙将丽泽书院迁到双溪河畔，进行了重建，并奏请宋理宗御赐匾额；咸淳元年（1265），丽泽书院又迁至旌孝门外的印光寺故址，此后即一直落户于此。宋末元初，著名学者时少章、何基、王柏、金履祥等先后受聘到丽泽书院担任山长、主讲，书院兴学不断，从学者甚众。但丽泽书院在大德年间毁于大火。后来一度重建，又在元末被毁。

明朝时，书院多次重建。先是在天顺年间（1457—1464），吕氏后裔吕济晟、吕重濂重建丽泽书院，并追回被占学田。接着是在明成化三年（1467），浙江都指挥使司佥事辛访命令金华知府李嗣负责重修丽泽书院；嘉靖十四年（1536），巡按御史张景责令金华府通判汪昉负责再修丽泽书院。但丽泽书院在明末终因遭兵燹而毁。

从"丽泽堂"到"丽泽书院"，书院历经宋、元、明三代，断断续续办学470余年，对浙江学术文化的繁荣贡献卓著。丽泽弟子将丽泽之学传播到了全国各地，宋、明、清时期，在浙江、湖南、山东、山西、广东、广西、甘肃等省又出现了12所丽泽书院。这些散布各地的丽泽书院以及东林书院的"丽泽堂"、五峰书院的"丽泽祠"等都在向世人诉说着丽泽书院的卓尔不群。因此，规模不大的丽泽书院被全祖望列入南宋四大书院，也是实至名归。

九、顿渐同归之鹅湖书院

宋朝叶梦得有《鹅湖山》诗云：

鹅王牧群鹅，浊世肯下游。

积水近天阙，有时戏沉浮。

老禅天人师，领略倾九州。

初开选佛场，坐断诸峰头。

当时江东西，海纳吞众流。

岁晚徙山麓，华堂跨龙楼。

至今韦公碑，照耀苍崖幽。

陈迹记往昔，登临纵冥搜。

重来岁月疾，俯仰五十秋。

抚事一太息，何从问马牛。

惟余拱把木，百尺环道周。

成坏各有时，干戈今少休。

空怀三宿恋，为汝半日留。

钟声远送客，雾雨昏林丘。

叶诗中所描绘的是鹅湖山的风景与鹅湖山的人文。古往今来，鹅湖山下的人文胜景莫过于那场理学与心学的"华山论剑"——鹅湖之会。

鹅湖书院位于江西铅山县鹅湖山麓，其雏形是信州刺史杨汝砺在朱熹、吕祖谦及陆九渊、陆九龄兄弟谢世后，为纪念他们的"鹅湖会讲"而修建的"四贤祠"。淳祐十年（1250），朝廷赐"四贤祠"名为"文宗书院"，其书院之名由此开始；明景泰四年（1453）重建时正式更名为"鹅湖书院"。

鹅湖书院

康熙年间对鹅湖书院进行了多次大规模的整修和扩建，包括新筑山门、牌坊、大堂、浮池、拱桥、碑亭、御书楼，两侧建厢房数十间，作为士子读书之所。康熙帝还为御书楼题联"章岩月朗中天镜，石井波分太极泉"，门额为"穷理居敬"。

铸就鹅湖书院卓越地位的即是那两次令人荡气回肠的"鹅湖之会"，它们是学术文化史上的璀璨明珠，不仅照亮了那个时代，也映照到了今天，令人感佩万端。

第一次"鹅湖之会"发生在朱熹和陆九渊两位大师之间。朱、陆二人都是道学宗师，然而，他们同"道"，却不同"理"。

朱熹主张"性即理"，天理先天存在，但对天理的体认需"格物致知""即物穷理""今日而格一物焉，明日又格一物焉，积习既多，然后脱然有贯通处"[①]。在朱熹看来，只要每天坚持体察事物之理，慢慢便可

---

① （宋）朱熹：《大学或问》卷二。

由一事一物之理到万事万物之理，日积月累，自然会贯通天理。陆九渊则看重人心，力主"心即理"，人的修养应以"发明本心"为根本。何为"本心"？陆九渊说："恻隐，仁之端也；羞恶，义之端也；辞让，礼之端也；是非，智之端也。此即是本心"①。所以，教人即是"存心、养心、求放心"。陆九渊直接批评朱熹教人"格物致知"是"支离事业"，是远离本心的"最大害事"。朱、陆二人在"由物及理"和"由心及理"之间各执一词，针锋相对。

既推崇朱学，又欣赏陆学，为学一向"心平气和，不立崖异"的吕祖谦站了出来，希望调和朱、陆，于是一手促成了第一次鹅湖之会。

淳熙元年（1174），陆九渊登门拜访吕祖谦。数日的切磋学问、相与论道后，吕祖谦对陆九渊的"笃实敬直"赞赏有加，称赞为"流辈中少见其比""朋游间未易多得"。第二年春天，吕祖谦到福建拜访朱熹，这一次拜访让吕祖谦着实感到了朱、陆学说的重大分歧。他有心居间调解。吕祖谦返回时，朱熹一路相送，途经江西铅山，并暂时留居鹅湖寺。机会难得，吕祖谦当即写信邀请陆九渊、陆九龄兄弟前往鹅湖寺相会论学，意图消弭分歧，"会归于一"。然而，学术思想的分歧不是那么轻易可以调和的。1175 年 6 月，陆氏兄弟来到鹅湖寺，一场面对面唇枪舌剑的交锋由此开始。

朱、陆双方见面后，陆九龄借向吕祖谦讨教诗歌之机，首先赋诗一首以言志：

孩提知爱长知钦，古圣相传只此心。

大抵有基方筑室，未闻无址忽成岑。

留情传注翻榛塞，着意精微转陆沉。

珍重友朋相切琢，须知至乐在于今。

----

① （宋）陆九渊：《象山先生全集》附年谱，这"四心"见于《孟子·告子上》。

　　陆九龄诗中明确阐述了陆学对"心"的基本主张。听了陆九龄的诗，朱熹幽幽地对吕祖谦说："子寿早已上子静船了也"（子寿、子静分别是陆氏兄弟二人的字）。紧接着，陆九渊和诗一首①：

> 墟墓兴哀宗庙钦，斯人千古不磨心。
> 涓流积至沧溟水，拳石崇成泰华岑。
> 易简工夫终久大，支离事业竟浮沉。
> 欲知自下升高处，真伪先须辨古今。

　　陆九渊诗中除自信满满地强调"易简工夫终久大"外，同时指责朱熹学说为"支离事业"。陆九渊诗中锋芒尽显，让朱熹很不高兴，双方各自休息。后来，朱熹和诗回敬道：

> 德义风流夙所钦，别离三载更关心。
> 偶扶藜杖出寒谷，又枉篮舆度远岑。
> 旧学商量加邃密，新知培养转深沉。
> 却愁说到无言处，不信人间有古今。

　　朱熹在诗中批评陆学尽废讲学、不信古今的做法只是"易简工夫"。

　　双方争论的焦点实际是为学之法。朱熹强调"格物致知"，通过多读书、多观察事物来穷尽先天存在的事物之理。陆氏兄弟则从"心即理"出发，主张"发明本心"，心明则万事万物的道理自然贯通，不必多读书，也不必忙于考察外界事物；去此心之蔽，就可以通晓事理，所以尊德性、养心神是最重要的。随同赴会的陆氏门人朱亨道总结了双方分歧："元晦之意，欲令人泛观博览，而后归之约。二陆之意，欲

---

① 　毛礼锐：《中国教育通史》第三卷，山东教育出版社 1985 年版，第 237 页。

先发明人之本心，而后使之博览。朱以陆之教人为太简，陆以朱之教人为支离。"① 从表面上看，这只是一个为学之法、教人之道的不同观点，但其本质则是认识论上的重大分歧，很难"会归于一"。在鹅湖论辩中，双方剑拔弩张，相互诘难，最后不欢而散。尽管吕祖谦想让朱陆"会归于一"的愿望落空了，但鹅湖之会如空谷之音，永远回荡在历史的天空。

鹅湖之会是一场堪称典范的学术盛会，论者言辞激烈，鞭辟入里，执着地捍卫自己的"理"；听者凝神会心，只觉酣畅淋漓；场面壮阔，有学者，还有官员，"会者百人，云雾聚，一何盛也"②。在书院所挂的《鹅湖论辩》图中，我们犹能感到一种静默、深邃，让人只能仰望。鹅湖之会上，大师们的思想分歧几同水火，然而，交流却是平等、坦诚的，乃至彼此佩服。陆九龄给论辩定的调即是"珍重友朋相切琢"；朱熹不仅认为当时的"警切之诲，佩服不敢忘"，而且还于淳熙八年（1181），在陆九渊率门人造访时，邀请陆九渊登上朱学大本营——白鹿洞书院的讲席。陆九渊讲了"君子喻于义，小人喻于利"一章，闻者动容，朱熹大加赞赏，并记书于简，刻石记事。陆九渊的这个讲义及石碑成为白鹿洞书院的重要财富，它不只蕴藏着文本智慧，更记录了同一书院兼容不同学派的一段不同凡响的学术历史。

第一次鹅湖相会探讨的是道德文章、哲学命题，第二次鹅湖之会忧心的则是家国天下、时代命运。

第二次鹅湖之会的主角本应是陈亮、辛弃疾与朱熹，但朱熹未能到场，只有陈、辛二人在寒雪中剑胆琴心，慷慨抒怀。

辛弃疾的文才武略及忧国忧民情怀家喻户晓，无须赘述。这里说一说第二次鹅湖之会的发起人陈亮。

---

① （清）黄宗羲等：《宋元学案·槐堂诸儒学案·朱亨道传》。
② （明）郑以伟：《游鹅湖及诸洞记》。

陈亮（1143—1194）是永康学派的重要代表，在文学、哲学、教育等领域都卓有成就。陈亮出生地浙江永康在南宋政治中心的辐射区内，常"睹国势之日非，慨言有经略四方之志"①。因此，青年时期的陈亮既领悟《大学》《中庸》要旨，还探究古人用兵成败之道，广交豪杰之士，希望能在抗金复国大业上有所作为。乾道年间的宋金和议初成后，面对"天下忻然幸得苏息"、已然不知亡国之恨的冷漠氛围，陈亮忧心如焚、深感不安，他"然犹上此论，无所遇，而枉门之计始

陈 亮

决，于是首尾盖十年矣"②。陈亮在抗金主张得不到朝廷支持后，不得已回家读书讲学，并逐渐形成了致力于关注现实、经世致用的事功之学。

回家读书讲学的陈亮始终将目光投向现实，关心关注抗金大业，并为此多次上书孝宗皇帝。事功的陈亮与探究义理的朱熹在学术上显然有重大分歧，二人在王霸义利、天理人欲、三代汉唐、醇儒成人等方面展开了激烈论争。特别是面对国破山河碎的局势，陈亮对于朱熹写信叫他"以醇儒自律"的劝诫很不以为然，认为"醇儒"们"研习义理之精微，辨析古今之同异，原心于秒忽，较礼于分寸"，对于解决现实问题毫无益处。他提倡"成人"的教育，即要培养造就文有处世之才、武有料敌之智的文武兼修的"一世英雄"。第二次鹅湖之会即在此背景下发起。

---

① 童振福：《陈亮年谱》，商务印书馆1936年版。

② （宋）陈亮：《陈亮集·中兴论后记》。

淳熙十四年（1187），已禅位孝宗的宋高宗病逝，意味着遵循高宗议和路线以示孝道的孝宗可以一展收复故土的志向了。眼见北伐有望，陈亮即致书朱熹和同道中人辛弃疾，邀约到鹅湖一会，共谋北伐大计。

1188 年的冬天，陈亮来到信州见到了病榻上的辛弃疾。见到陈亮，辛弃疾的病好了大半，"我病君来高歌饮，惊散楼头飞雪"，快慰、欣喜之情溢于笔端，也流淌在陈、辛二人踏雪煮酒、纵论世事、诗词唱和的会谈中。在鹅湖山，陈亮与辛弃疾白天煮酒放歌，抒发豪情壮志；夜晚抵足而眠，相互启发。两位壮怀激烈文采飞扬的爱国诗人在此尽情抒发着他们的报国之志。当然，他们也在等待着被陈亮誉为一代宗师的朱熹的到来。可惜，朱熹最终未能如约前往。久等朱熹未至，陈亮多少有些怅然。相见的第十一天，陈亮"飘然东归"。对于陈亮东归，辛弃疾恋恋不舍，第二天打马急追，希望能够再挽留他一些时日。然而，"雪深泥滑，不得前矣"，辛弃疾心中的感伤可想而知，为此，他赋《贺新郎》以表达惜别之情。此后两人长歌互答，互相勉励，惺惺相惜。在此略选一二，以领略他们的风骨情怀。

辛弃疾与陈亮作别后赋《贺新郎·把酒长亭说》：

把酒长亭说。看渊明、风流酷似，卧龙诸葛。何处飞来林间鹊，蹙踏松梢残雪。要破帽、多添华发。剩水残山无态度，被疏梅、料理成风月。两三雁，也萧瑟。

佳人重约还轻别。怅清江、天寒不渡，水深冰合。路断车轮生四角，此地行人销骨。问谁使、君来愁绝？铸就而今相思错，料当初、费尽人间铁。长夜笛，莫吹裂。

陈亮作答《贺新郎·寄辛幼安和见怀韵》：

老去凭谁说？看几番、神奇臭腐，夏裘冬葛。父老长安今馀几？后死无仇可雪。犹未燥、当时生发！二十五弦多少恨，算世间、那有平分月！胡妇弄，汉宫瑟。

树犹如此堪重别。只使君、从来与我，话头多合。行矣置之无足问，谁换妍皮痴骨？但莫使、伯牙弦绝。九转丹砂牢拾取，管精金、只是寻常铁。龙共虎，应声裂。

辛弃疾

　　无论从学术地位还是历史影响来讲，第二次鹅湖之会都无法与第一次鹅湖之会相提并论。然而，第二次鹅湖之会却在我们心中留下了更多的感动："两三雁，也萧瑟""龙共虎，应声裂"，"长亭把酒""伯牙弦绝"，那是两位挚友的倾诉，两个文人的放歌，两个为时势所造却难展抱负的英雄的呐喊。

　　因为有朱、陆深究道德文章，有陈、辛心忧家国天下，我们对鹅湖书院肃然起敬。哲学智慧与爱国情怀即是鹅湖书院的两盏明灯，映照千秋。两次鹅湖之会开创了中国学术史的新境界，著简在册，昭如日星。

十、专事"推普"之正音书院

我国古代书院中，有一类书院既与传统书院的儒、佛、道传播研讨无关，也与祭祀纪念无涉，那就是正音书院。"正音"被看作名词即指"官音"、普通话，作动词则指"矫正乡音"。可见，正音书院可视为专门推广普通话的学校，"闽中郡县皆有正音书院，即为教授官音之地"①。

对于一个地广人多的大一统国家而言，各地都有极富特色而又在一定程度上妨碍彼此交流的方言。要使国家政令顺畅、沟通无碍，不仅需要"车同轨""书同文"，还需要"语同音"。为此，我国历史上历朝历代都非常重视统一语音的问题。

我国古代通用语言称"雅言"，后来也叫"官音""正音""官话"等。据记载，最早的"雅言"是西周时首都镐京地区的语言，孔子讲学用的就是这种"雅言"，这才可保证来自四面八方的学子都能听得懂。儒家经典之一的《尔雅》就是一部规范古代语言的著作。周以后，虽然各个朝代因国都位置不一，确定通用语言的基础方言有所不同，但有一点是共同的，那就是每个正统王朝都不遗余力地规范雅言、推广雅言：隋有《切韵》、唐有《唐韵》、宋朝有《大宋重修广韵》《集韵》《礼部韵略》等；元朝时，统治者歧视汉语，朝廷通用蒙古语，于是，中华大地上是蒙古语、汉语、蒙汉混合语通行；明朝颁布有《洪武正韵》，以恢复汉语的正统性和影响力。

清朝建立后，一度以满语为通用语言，明确要求满族人说满语、写

---

① （清）徐珂：《清稗类钞·教育类·正音书院》。

满文，甚至在北京开设了专门学校推广满语、满文。然而，由于满语在发音和语法上都不成熟，词汇量又少，无法满足文明水平比较高地区的表达沟通需要，加之汉人的抵制，以满语为通用语言显然行不通。因此，清朝统治者需要有另外的语言来帮助它巩固统治。最终，确定了以北京汉人的语言为基础的通用语言。

雍正年间，皇帝谕令将普通话推广到福建、广东一带。雍正六年（1728），雍正帝颁布谕旨："凡官员有莅民之责，其言语必

雍正帝

使人人能晓，然后可以通达民情，熟悉地方事宜而办理无误。是以古者六书之制，必使谐声会意，娴习语音，皆所以成遵道之风，著同文之治也。朕每引见大小臣工，凡陈奏履历之时，惟有闽、广两省之人，仍系乡音，不可通晓。夫伊等以现登仕籍之人，经赴部演礼之后，其敷奏对扬，尚有不可通晓之话，则赴任他省，又安能宣读训谕，审断词讼，皆历历清楚，使小民共知而共晓乎？官民上下，语言不通，必致吏胥从中代为传述，于是添饰假借，百弊丛生，而事理之贻误者多矣。且此两省之人，其语言既皆不可通晓，不但伊等历任他省，不能深悉下民之情，即伊等身为编氓，亦不能明白官长之意。"①

雍正皇帝说得很清楚，如果不懂普通话，很难做官。仔细想一想，雍正帝的担忧是很有道理的。如果闽粤籍的大员进京述职、面圣，他们

---

① （清）施鸿保：《闽杂记·正音书院》。

所说的闽南话、粤语等方言比较难理解。

皇帝发了话，相关大臣立即制定严格措施以保证闽、粤普通话的推广。据嘉庆十五年《学政全书》记载："凡系乡音读书之处，谕令有力之家，先于邻近延请官话读书之师，教其子弟，转相授受，以八年为限。八年之外，如生员、贡、监不能官话者，暂停其乡试，学政不准送科举；举人不能官话者，暂停其会试，布政使不准起文送部；童生不能官话者，府、州、县不准取送学政考试，俟学习通晓官话之时，再准其应试。通行凡有乡音之省，一体遵行"①。要求凡有乡音的地方，都需遵照上述谕令推广普通话，重点是将通晓官话作为参加科考的必要条件。

正音书院就是在这样的背景下设立的，一场由官方主导的推广官话运动拉开了帷幕。谕旨颁布后，福建、广东两省的督抚、学政即刻厉行落实。雍正七年，两省州县纷纷设立正音书院或正音社学，广招秀才举子学习普通话，两省的乡试要求考生必须掌握官话，学政甚至还亲自面试。福建首先在"省城四门设立正音书馆，教导官音"，但由于每个书馆仅容十余人，而全省士民人数众多，显然是杯水车薪，僧多粥少。福建巡抚、学政只好下令各府州县另择场所，以教官音。这样，各地正音书院纷纷建立起来。据统计，雍正七年福建全省建立的正音书馆、书院就达110所。一年能够将一项政策如此高效率地落实，足见这项工作的紧迫性及地方官员的重视程度。

正音书院大多设在学员较集中的坊巷，院舍有些是新建的，也有不少附设于已有建筑中，例如，宗教寺观、孔庙、文昌阁、奎光阁等，还有些设在原来的官学、书院内。正音书院主要是官办，在经费上，除了经营学田的收入外，还有一些官银投入，正音教职的薪酬由官方支付；书院不设山长、斋长等，其日常管理一般由当地行政长官或教官负责，教官地位与县上主持教育行政的长官相当。在教师遴选上，为保证教学

---

① （清）素尔讷等：《钦定学政全书校注》卷五九。

效果，雍正十二年专门下旨"设额外正音教职，于浙江、江西举贡内拣选送补"①，即专门从外地选派正音教师，加强师资力量。事实上，因为外来教师完全不懂当地方言，这势必影响其教学的针对性及沟通的有效性。

受到各级重视的正音书院的教学成效如何呢？从常理来讲应该有很好的预期，因为它既有外部压力（科考条件）激发学子的学习积极性，又有官方的大力支持。但实际情况并非如此，从乾隆二年（1737）发表的部议中可知一二。部议写道："查福建语音不正，屡奉世宗宪皇帝谕旨，肫切训诲，雍正六年奏准，限定八年学习改正；雍正十二年钦奉谕旨，令再展限四年……乃迄今已逾两载，而通晓官话者寥寥无几……外省人员处一傅众咻之地，实难成功，应将两省咨送教职撤回。查州县为亲民之官，而教官有董率士子之责，应行令该督抚、学政，转饬各州县，凡校士、课农与士民相见之时，常以官话相劝示，而教官于月课生童时，逐一悉心教导，务期通晓官音，不使狃于积习。其有能厘正一州一邑者，该督抚遇有保荐之时，一并叙入政绩；其漫不经心者，记过示惩。但不必勒定年限，以俟从容之化。"②

看来，福建推广官话的工作收效甚微，用了差不多十年的时间来"正音"，然而，通晓官话者仍是"寥寥无几"。为此，朝廷作出了两个决定：一是撤回原来从浙江、江西派去的专任正音教职，改由地方官全权负责组织地方"正音"教学，而且将地方官推广官话的成绩与政绩考核、仕途升降挂钩；二是放开年限，不再规定八年之期或十二年之期。由当地既懂方言又通晓官话的人员负责"正音"，这应该是比较明智的选择；但是，取消年限的做法无疑是对那些"漫不经心"者网开一面，给了他们一个大大的可钻漏洞。

---

① 民国《永春县志》卷一三。
② （清）素尔讷等：《钦定学政全书校注》卷五九。

乾隆十年，部议又议准："闽省士民不谙官音，雍正七年间，于省城四门设立正音书馆，教导官音。但通省士民甚多，一馆之内仅可容十余人，正音固难普及。况教习多年，乡音仍旧，更觉有名无实。应照乾隆二年裁撤额外教职之例，将四门正音书馆裁汰"。继八年前撤出专职教师后，正音书馆也被裁汰了，接着各地正音书院相继淡出，如蒲城县的正音书院"雍正七年，知县张秉纶将祠田拨入正音书院，祀事遂废。后书院奉裁。乾隆十六年……谕将田还祠"①；邵武的正音书院也命运相似，于雍正七年建立，后奉裁，乾隆十七年，知府刘嗣孔将书院所在地改为邵公祠②。这些书院的创建和停办是当时正音书院命运的一个缩影，正如《清稗类钞·教育类·正音书院》所记："各处正音书院，上谕所建。无如地方官悉视为不急之务，日久皆颓废。乃至嘉道时，仅有邵武城一所，然亦改课制艺矣。"另据清末探花商衍鎏说："初时甚为认真，无如地方官悉视为不急之务，日久皆就颓废，至嘉庆、道光时，福建仅存邵武郡城一所，然亦改科制，广东则更无闻矣。"③由此可见，"正音"效果不佳，确应由地方官表面重视、实则虚与委蛇的态度买单。

正音书院的"正音"成效不佳是不争的事实。然而，在推广普通话的事业上，雍正帝及正音书院有着筚路蓝缕之功。现在从邵武到浙西江山一带还通行一种官话，那就是当时办"正音书院"的结果。即便在今天，推广普通话仍然是一件意义非凡、惠及子孙的工作。希望能从历史中找到一点智慧。

① 《蒲城县志》卷一三。

② 《重纂邵武府志》卷一二。

③ 同治继修《南海县志》。

后 记

　　书院是我国古代独有的文化现象，它的出现为繁荣学术文化、传播中华文明及推进世界文明向前发展都作出了重大贡献。对于书院历史，我们在以往的教学科研中多有涉猎。2008年年底，北京师范大学历史系的光中学长来渝组稿，谈及打算出版一本有关书院故事的书，没有多想就一口应承下来。接着，曹华清同志开始了紧张的资料收集和初稿撰写工作。随着写作的推进，我们发现要在浩如烟海的书院研究中推陈出新、披沙沥金，写一部既通俗易懂，又兼具学术性、知识性和可读性的书院故事，不是想象中的那么轻松简单。

　　"求木之长者，必固其根本；欲流之远者，必浚其泉源"。故此，我们花了许多的精力查阅和熟悉相关文献资料，光中兄的信任鼓励也因此成了我们再次学习、梳理、消化书院知识的好机会。其实，关于书院，可以写出很多的专题，如书院组织管理、书院特色文化、书院学术传承、书院教育体系、书院藏书刻书、书院建筑风格、书院与科举考试、书院教师与学生、书院教学与课程等都可以深入挖掘。但由于水平有限，对上千年书院的文化宝库，我们只是做了挂一漏万、蜻蜓点水式的分析介绍，希望能用深入浅出的语言勾勒出书院历史的真实状态，让读者了解书院发展历程中的一些独特的人与事，更好地弘扬我国书院优秀的历史文化。书中不对之处，敬祈方家不吝指正！在写作和修订的过程中，我们参阅了大量的文献资料和前人的研究著述，谨此向有关专家学者致以由衷的谢忱！

《中国书院的故事》曾在山东画报出版社一版再版，入选全国农家书屋采购目录，得到读者们的肯定与好评。更名为《中国书院旧事》后，在历时一年多的修订中，我们在前版框架体系的基础上补充了一些新内容、修改了一些文字表述、增添了一些图片，以期给广大读者带来更有故事性、趣味性的阅读体验。本书能够顺利出版，得益于齐鲁书社昝亮先生、傅光中先生的鼎力支持，以及人民出版社编辑、校对等诸多同志的辛勤付出，在此特别鸣谢！

曹华清　别必亮

2019 年 8 月完稿于重庆、2020 年 3 月改于北京